[개정증보판]
민법총칙 사례연습

정진명

개정증보판 머리말

　법은 규범과 사실의 양면을 가지고 있으므로 법을 고찰할 때에는 어느 하나의 요소에만 편중해서 안 되며 모든 것을 고려한 종합적인 판단이 필요하다. 특히 민법은 사인 사이의 법률관계를 규율하는 법규범이므로 규범과 사실에 대한 올바른 이해가 필요하다. 하지만 민법총칙은 논리적이고 체계적인 장점을 가지고 있는 반면, 법규범에 대한 이해가 어렵고 또한 구체적 사례에 대한 적용이 쉽지 않다. 그리하여 민법총칙을 현실의 분쟁과 연결하여 법규범을 이해하고 이를 통하여 사례해결 능력을 함양시키고자 2017년 「민법총칙 사례연습」을 출간하였다. 그러나 초판은 '민법' 전반에 대한 관점에서 사안을 구성하다 보니 '민법총칙'이 가지는 체계와 내용적 한계를 간과한 부분이 없지 않았다.

　이번 개정 증보판은 다음과 같이 그 내용을 변경하였다.

　첫째, 민법총칙의 체계에 맞추어 7개의 사례를 추가하였다.

　둘째, 최근까지 제정되거나 개정된 법령을 반영하였고, 또한 새로 나타나거나 변경된 판례도 보완하였다.

　셋째, 초판의 몇 가지 어색한 문장표현과 매끄럽지 못한 논리 구성 등을 보완하고 수정하였다.

　이번 개정 증보판을 내는 데에는 무엇보다도 독자들의 호응과 격려가 큰 도움이 있었다. 사안에 대한 논리 전개 및 문장 표현 등에 대한 독자들의 꼼꼼한 평가는 늘 개정에 대한 부담이 되었는데, 이번 개정으로 어느 정도 짐을 덜 수 있게 되었다. 또한 점점 더 열악해지는 출판환경 속에서 동방문화사 조형근 사장님의 격려는 증보판 출판에 큰 힘이 되었다. 모든 분들에게 이 자리를 빌어 감사드린다.

2021년 9월

단국대학교 법과대학 연구실에서

정 진 명

머 리 말

 법학은 인간이 사회생활을 영위하는 가운데 부닥치는 문제를 해결하기 위하여 마련한 법이라는 제도적 장치를 연구하는 학문이다. 법학을 배우고 연구하는 것은 생활인으로서 사회에서 바르게 사는 원리와 지식을 터득하는 것일 뿐만 아니라 직업인으로서 법률적 직무를 수행할 수 있는 능력을 익히는 것이기도 하다. 그러므로 법학교육의 목적은 법률적 직무의 수행을 위한 것이어야 하며, 법학교육에 있어 극복되어야 할 과제는 추상적인 법규범의 요건과 효과만을 분석하고 검토하는 것이 아니라 구체적 사안에 대해서 올바른 해답을 찾을 수 있는 능력을 기르는 것이다.
 민사법은 일반 시민 사이의 법률관계를 규율의 대상으로 하므로 사안을 해결하는 방법과 능력이 더욱 필요한 법률이다. 그러나 민사법은 법규범의 추상성과 사안의 다양성으로 인하여 사실관계를 법적으로 분석하여 그 해답을 찾아내는데 많은 어려움이 있다. 특히 법을 처음 공부하는 학생들이 마주하는 민법총칙은 개념의 추상성과 개념간의 체계적 상관성으로 인하여 법률개념을 정확하게 이해하고 이를 구체적 사안에 적용하기가 매우 어렵다. 따라서 추상적 법규범을 구체적 사안에 적용하는 연습을 통하여 법률개념에 대한 이해도를 높이고, 사안에서 문제점을 찾아내는 능력을 기르는 것이 법학교육이 추구하는 목표이기도 하다.
 이 책에 실린 20개의 사례문제는 민법총칙의 기본적인 법률개념을 이해하기 위한 것이지만 그 내용은 민법총칙에 한정하지 않고 채권과 물권, 가족법의 내용도 담고 있다. 이는 민법총칙이 가지는 '총칙'이라는 특성에 기인한 것이며, 또한 현실적으로 거의 모든 사안은 하나의 법률개념만을 가지고 해결할 수 없다는 것을 의미한다. 특히 이 책은 학생들이 사안을 분석하여 법률관계를 추출하고, 그것에 법규범을 적용하는 논리적 사고를 기르는데 초점을 두었다. 그렇기 때문에 이 책은 사안, 사안의 개요, 문제의 제기, 당사자 확정, 청구 및 항변의 존부, 권리의 존부에 대한 입증, 사안의 해결 그리고 참고판례의 순으로 문제를 구성하였다. 또한 이 책은 민법을 처음 공부하는 학생들을 위한 것인 만큼 중요한 학설과 판례만을 인용하였고, 필요한 경우에는 필자의 의견을 밝혔으나 가능한 한 판례에 따른 해결책을 제시하였다. 나아가 이 책은 시험보다는 강의를 목적으로 집필한 관계로 사안은 주로 중요한 판례를 토대로 구성하였으며, 내용은 사안의 해결에 이르는 논리적 과정을 설명하는데 주안점을 두었다.

이 책을 쓰는 데는 기존의 민법총칙 교과서와 사례연습 교과서, 그리고 주요판례에 대한 평석을 참고하였다. 기존의 교과서 및 기출문제에서 많은 시사점을 받은 반면, 이와 차별화된 문제해결 방법을 제시하는 것이 또 다른 어려움이었음을 부인할 수 없다. 이 책을 펴내는 데에는 여러 분의 도움이 있었다. 먼저 필자를 학문의 길로 이끌어주신 은사이신 서 민 선생님은 변함없는 지도와 격려를 해 주셨고, 지자람 법학석사, 남재원 법학석사, 황수호 군이 원고에 대한 검토와 교정을 봐 주었으며, 동방문화사 조형근 사장님은 강의안이었던 원고를 출판하도록 용기를 주었다. 모든 분들에게 감사드린다.

2017년 2월

단국대학교 법과대학 연구실에서

정 진 명

목차

제1장 서 장

민사사례 해결방법론 ·· 3
   Ⅰ. 들어가는 말 ·· 3
   Ⅱ. 민사사례 ··· 4
   Ⅲ. 민사사례의 해결방법 ··· 13
   Ⅳ. 맺는 말 ·· 25

제2장 민법총칙

1. 기본문제 ··· 29
[1] 관습법의 효력 ··· 29
   Ⅰ. 문제의 제기 ·· 29
   Ⅱ. 종중총회의 소집통지가 유효한지의 여부 ································ 30
   Ⅲ. 사안의 해결 ·· 34
[2] 권리남용 ·· 40
   Ⅰ. 문제의 제기 ·· 40
   Ⅱ. 甲의 권리행사 ··· 41
   Ⅲ. 甲의 사용이익 반환 청구 ··· 43
   Ⅳ. 사안의 해결 ·· 45
[3] 태아의 권리능력 ··· 48
   Ⅰ. 문제의 제기 ·· 48
   Ⅱ. 甲의 X에 대한 손해배상청구 ··· 49

Ⅲ. 丙의 X에 대한 권리행사 ·· 50
　　Ⅳ. 동시사망의 추정 ·· 53
　　Ⅴ. 사안의 해결 ·· 54

[4] 미성년자의 법률행위(1) ·· 56
　　Ⅰ. 문제의 제기 ·· 57
　　Ⅱ. 甲과 乙 사이의 법률관계 ······································· 58
　　Ⅲ. 甲과 丙 사이의 법률관계 ······································· 63
　　Ⅳ. 사안의 해결 ·· 67

[5] 미성년자의 법률행위(2) ·· 71
　　Ⅰ. 문제의 제기 ·· 72
　　Ⅱ. 甲과 丙의 乙에 대한 권리 주장 ···························· 72
　　Ⅲ. 乙의 항변 ·· 76
　　Ⅳ. 사안의 해결 ·· 80

[6] 피한정후견인의 법률행위 ·· 82
　　Ⅰ. 문제의 제기 ·· 83
　　Ⅱ. 甲에 대한 한정후견 개시의 심판 ·························· 83
　　Ⅲ. 甲과 乙의 丙에 대한 권리 주장 ···························· 84
　　Ⅳ. 사안의 해결 ·· 86

[7] 부재자의 재산관리 ·· 87
　　Ⅰ. 문제의 제기 ·· 88
　　Ⅱ. 丙의 채권 회수행위의 유효성 ······························· 88
　　Ⅲ. 丙의 재산관리인으로서의 지위 ····························· 90
　　Ⅳ. 丙의 처분행위의 유효성 ······································· 91
　　Ⅴ. 사안의 해결 ·· 92

[8] 실종선고의 요건과 효과 ·· 94
　　Ⅰ. 문제의 제기 ·· 95
　　Ⅱ. 甲에 대한 실종선고 ·· 95
　　Ⅲ. 甲의 실종선고 취소 ·· 96
　　Ⅳ. 사안의 해결 ·· 102

[9] 비법인사단의 법률관계 ·· 103
    Ⅰ. 문제의 제기 ··· 104
    Ⅱ. 甲의 법적 성격 ·· 105
    Ⅲ. 甲의 권리능력 ··· 106
    Ⅳ. 丁의 대표권제한 위반의 효과 ··························· 109
    Ⅴ. 사안의 해결 ··· 111

[10] 법인의 불법행위(1) ·· 116
    Ⅰ. 문제의 제기 ··· 118
    Ⅱ. B의 A에 대한 권리행사 ································· 118
    Ⅲ. A의 권리행사 ·· 124
    Ⅳ. 사안의 해결 ··· 125

[11] 법인의 불법행위(2) ·· 127
    Ⅰ. 문제의 제기 ··· 128
    Ⅱ. B의 A에 대한 대출금 반환청구 가부 ··················· 128
    Ⅲ. B의 권리행사 ·· 130
    Ⅳ. A의 甲에 대한 권리행사 ································· 132
    Ⅴ. 사안의 해결 ··· 133

[12] 정관에 의한 대표권 제한 ······································ 136
    Ⅰ. 문제의 제기 ··· 136
    Ⅱ. 甲의 대표행위 ··· 137
    Ⅲ. A의 丙에 대한 책임 ····································· 138
    Ⅳ. 甲의 A에 대한 책임 ····································· 141
    Ⅴ. 사안의 해결 ··· 142

[13] 재단법인의 출연재산 귀속 ···································· 144
    Ⅰ. 문제의 제기 ··· 145
    Ⅱ. A의 권리행사 ·· 145
    Ⅲ. 乙의 항변권 행사 ·· 149
    Ⅳ. 丙의 항변권 행사 ·· 150
    Ⅴ. 사안의 해결 ··· 150

[14] 법률행위의 해석 ·· 152
　Ⅰ. 문제의 제기 ·· 152
　Ⅱ. 매매계약의 성립 여부 ·· 153
　Ⅲ. 착오에 의한 취소 여부 ······································ 154
　Ⅳ. 부동산 물권변동 여부 ······································· 155
　Ⅴ. 사안의 해결 ·· 156

[15] 반사회질서 법률행위 ··· 158
　Ⅰ. 문제의 제기 ·· 160
　Ⅱ. 甲의 권리행사 ·· 160
　Ⅲ. 이미 지급된 무효 부분 이자의 반환청구 가부 ············ 163
　Ⅳ. 사안의 해결 ·· 164

[16] 비진의 의사표시 ·· 168
　Ⅰ. 문제의 제기 ·· 169
　Ⅱ. 甲의 乙에 대한 권리행사 ···································· 169
　Ⅲ. 乙의 甲에 대한 항변 ··· 173
　Ⅳ. 사안의 해결 ·· 176

[17] 통정허위표시 ·· 179
　Ⅰ. 문제의 제기 ·· 180
　Ⅱ. 甲의 권리행사 ·· 180
　Ⅲ. 丁의 항변권 행사 ·· 185
　Ⅳ. 사안의 해결 ·· 186

[18] 착오에 의한 의사표시 ······································· 188
　Ⅰ. 문제의 제기 ·· 189
　Ⅱ. 甲의 乙에 대한 권리행사 ···································· 190
　Ⅲ. 甲과 乙의 법적 의무 ··· 195
　Ⅳ. 사안의 해결 ·· 200

[19] 동기의 착오와 법률행위의 일부 취소 ···················· 202
　Ⅰ. 문제의 제기 ·· 203
　Ⅱ. 동기의 착오를 이유로 하는 취소 여부 ···················· 203
　Ⅲ. 일부 취소의 인정 여부 ······································ 206

Ⅳ. 사안의 해결 ·· 207

[20] **강박에 의한 의사표시** ·· 210
　　　Ⅰ. 문제의 제기 ·· 211
　　　Ⅱ. 甲의 乙에 대한 권리행사 ································ 212
　　　Ⅲ. 甲의 丙에 대한 권리행사 ································ 217
　　　Ⅳ. 사안의 해결 ·· 219

[21] **일상가사대리와 표현대리** ···································· 222
　　　Ⅰ. 문제의 제기 ·· 223
　　　Ⅱ. 甲의 권리행사 ·· 224
　　　Ⅲ. 乙의 권리행사 ·· 228
　　　Ⅳ. 甲의 항변 ·· 230
　　　Ⅴ. 사안의 해결 ·· 230

[22] **복대리와 표현대리** ·· 233
　　　Ⅰ. 문제의 제기 ·· 234
　　　Ⅱ. 丙의 대리권 인정 여부 ···································· 234
　　　Ⅲ. B의 권리행사 ·· 235
　　　Ⅳ. 사안의 해결 ·· 239

[23] **표현대리와 무권대리** ·· 242
　　　Ⅰ. 문제의 제기 ·· 243
　　　Ⅱ. 丙의 甲에 대한 권리행사 ································ 243
　　　Ⅲ. 丙과 甲 사이의 법률관계 ································ 246
　　　Ⅳ. 丙의 乙에 대한 권리행사 ································ 249
　　　Ⅴ. 사안의 해결 ·· 251

[24] **무권리자의 처분행위** ·· 252
　　　Ⅰ. 문제의 제기 ·· 253
　　　Ⅱ. 丙의 X에 대한 소유권 취득 여부 ························ 253
　　　Ⅲ. 甲이 乙의 처분행위를 추인한 경우에 당사자 사이의 법률관계 ········ 254
　　　Ⅳ. 甲이 乙의 처분행위를 추인하지 않은 경우에 당사자 사이의 법률관계 ·· 258
　　　Ⅴ. 사안의 해결 ·· 261

[25] 유동적 무효 ··· 264
　Ⅰ. 문제의 제기 ·· 265
　Ⅱ. 유동적 무효상태에서의 권리관계 ································· 266
　Ⅲ. 확정적 무효상태에서의 법률관계 ································· 269
　Ⅳ. 확정적 유효상태에서의 법률관계 ································· 269
　Ⅴ. 사안의 해결 ··· 270

[26] 소멸시효의 완성 ·· 277
　Ⅰ. 문제의 소재 ··· 278
　Ⅱ. 소멸시효 완성 효과 ··· 278
　Ⅲ. 소멸시효 완성 후 일부 변제의 효과 ·························· 279
　Ⅳ. 종속된 권리에 대한 소멸시효의 효력 ······················· 281
　Ⅴ. 사안의 해결 ··· 284

2. 종합문제 ··· 287

[27] 부동산 이중매매 ··· 287
　Ⅰ. 문제의 제기 ··· 288
　Ⅱ. X의 소유권자의 권리행사 ·· 289
　Ⅲ. 乙이 가지는 권리와 구제수단 ···································· 294
　Ⅵ. 丁의 법적 지위와 구제방법 ·· 300
　Ⅴ. 사안의 해결 ··· 301

　민법조문색인 ··· 305
　판례색인 ·· 307
　사항색인 ·· 310

제1장

서장

민사사례 해결방법론[1)]

I. 들어가는 말

　법은 규범적 해결을 필요로 하는 구체적 사안에 대하여 올바른 해결을 제시하는 것을 그 실천적 임무로 한다. 그러므로 법학교육은 추상적인 법규범의 요건과 효과만을 개념적으로 분석·검토하는 데서 벗어나 법률적 직무의 수행을 준비하여야 한다. 이러한 법률적 직무는 매우 다양하지만, 민사법의 관점에서는 분쟁의 결정(예컨대, 법관의 직무), 분쟁의 준비(예컨대, 변호사의 직무), 분쟁의 회피 및 다른 권리의 형성(예컨대, 법률자문변호사, 기업의 법률고문, 공증인의 직무)에 맞추어지게 된다.

　특히 개별적 사안에 있어 분쟁의 결정은 도대체 어떤 근거로 분쟁이 결정되는지에 대한 의문과 함께 그러한 결정이 일반적으로 정당한 것인지에 대한 의문에 직면하게 된다. 이러한 의문은 사안에 대한 결정이 법규범과 어떠한 관계에 있는지에 모아지며, 결국 사안을 해결하여야 할 자(이하에서는 '수험자'로 표기한다)를 법규범의 선택과 그에 대한 이해 사이에 놓이도록 한다. 여기서 법률 속에 존재하는 대부분의 법규범은 단순한 포섭에 의하여 그 적용이 허용되는 것이 아니라 오히려 사안에 대한 보다 광범위한 구체화를 필요로 한다. 그러므로 수험자는 제시된 사안을 법률 또는 판례에서 도출된 기준에 따라 구체화하여야 하며, 사안의 올바른 결정을 위하여 의문이 없도록 이러한 절차를 계속하여야 한다.

---

1) 이 글을 쓰는데 참고한 자료로는 金亨培, 民法演習, 法文社, 1997; 白泰昇, "民事事例 解決方法 및 示範答案", 考試界 제39권 5호(447호), 155-166면; Medicus, Grundwissen zum Bürgerlichen Recht, 3. Aufl., 1997, Köln u.a.; ders, Bürgerliches Recht, 17. Aufl., 1996, Köln u.a.; Brühl, Die juristische Fallbearbeitung in Klausur, Hausarbeit und Vortrag, 3. Aufl., 1992, Köln u.a.; Michalski, Übungen im Zivilrecht für Anfänger, 1997, Köln u.a.; Fikentscher, Schuldrechtspraktikum, 1972, Berlin.

II. 민사사례

1. 사안이란?

민사사례는 민사법에 의한 해결을 필요로 하는 사안이다. 이는 일정한 당사자가 권리·의무의 존재 또는 그 실현을 둘러싸고 벌이는 법률분쟁을 말한다. 예컨대, 교통사고가 발생한 경우에 당사자들이 사고의 경과에 대하여 서로 상반되는 주장을 내세우면 사안이 될 수 있다. 그러나 당사자가 사고의 경과에 대하여 합의하면 관련보험으로 처리되므로 사안이 되지 못한다. 그러므로 수험자는 사안의 해결 이전에 우선 사건이 실제로 어떻게 일어났는지를 밝혀야 한다. 실무적으로 이러한 "사건의 사안화"에는 많은 어려움이 있으며, 법률분쟁은 사건이 표준적인 사안으로 확정되는 때 결정된다.

그러나 수험자가 실제로 사건을 조사할 필요는 없다. 왜냐하면 수험자에게 주어진 사안은 원칙적으로 논쟁의 여지없는 표준적인 것이며, 다만 경우에 따라 일정한 사정이 밝혀지지 않았음이 사안에서 명시적으로 표시되기 때문이다.

결국 수험자는 주어진 사안을 여러 번 읽어 **당사자관계, 청구의 목적 및 사건의 시간적 경과**를 정확하게 파악하여야 한다. 이 과정에서 수험자는 사안을 자의로 변경하거나 왜곡하거나 선판단을 내려서는 안 된다. 이러한 오류를 피하기 위하여 수험자는 사안의 객관적인 내용을 스케치할 필요가 있다.

2. 사안에서 질문

1) 질문에 대한 인식방법

수험자에게 제시되는 사안은 여러 가지 법률관계와 관련을 가지므로 다양한 질문이 제시될 수 있다. 예컨대, 교통사고에 관한 사안에서 피해자

甲이 사고에 대하여 책임이 있는 운전자 乙에게 손해배상을 청구할 수 있는지, 피해를 야기한 자동차 보유자 丙에게도 손해배상을 청구할 수 있는지의 여부가 질문된다. 또한 자동차 보유자 丙이 교통사고에 책임이 있는 운전자 乙에게 구상권을 행사할 수 있는지의 여부도 질문될 수 있다. 이와 같이 질문은 다양하게 제시될 수 있으므로 수험자는 사안에 대한 해결에 들어가기에 앞서 다음과 같은 규칙들을 유의하여야 한다.

첫째, 수험자는 가능한 한 신속하게 **다수의 질문에 대한 난이도를 어떻게 분류하여야 할 것인지**에 대하여 생각하여야 한다. 대부분 뒤의 질문은 앞의 질문에 대한 부가 질문인 경우가 많으므로 뒤의 질문은 비교적 사소한 질문으로 간주될 수 있다. 예컨대, 교통사고에 관한 사안에서 사고를 야기한 자동차 운전자 乙에게 손해배상 요건(제750조)이 확정되면 자동차 보유자 丙에 대한 손해배상은 법률에 의하여(물적 손해에 대하여는 제756조 제1항 전단에 의하여, 그리고 타인의 생명과 신체에 대한 손해에 대하여는 자동차손해배상보장법 제3조에 의하여) 처리될 수 있다. 그러나 경우에 따라서는 앞의 질문이 뒤의 질문을 이끌어내는 중요한 매개요소가 되기도 한다. 이러한 질문에서 수험자는 종종 앞의 쉬운 질문에 대하여만 폭넓게 다루고, 뒤의 중요한 질문에 대하여는 시간부족으로 인하여 충분히 다루지 못할 수 있다. 그러므로 수험자는 부여된 시간을 사안의 난이도에 적절하게 분담하여 기술하여야 한다.

둘째, 수험자는 사안에 질문의 순서가 명시되지 않는 한 **제시된 질문의 순서에 따라 기술하여야** 한다. 왜냐하면 사안의 작성자는 질문의 순서를 정할 때 앞의 질문이 뒤의 질문에 대하여 미리 예측하고 추측할 수 있는 문제를 출제하기 때문이다. 예컨대, 교통사고에 관한 사안에서 자동차 보유자 丙이 피해자 甲에게 책임을 지는지의 여부 및 어떠한 근거에서 책임을 지는지가 확정되면 자동차 운전자 乙에 대한 자동차 보유자 丙의 구상권은 어렵지 않게 해결될 수 있다. 그러나 앞의 질문이 어렵다고 생각하여 뒤의 질문을 먼저 풀기 시작한 수험자는 아마도 심한 혼란에 빠지게 될 것이다.

2) 질문의 유형

수험자는 먼저 질문의 요지를 파악하여야 한다. 질문의 요지는 대부분 사안의 끝에 제시되지만 사안에 따라서는 사안 중에 소송상 청구의 방식으로 제시될 수 있다. 그리고 이러한 질문의 요지는 결론에서 다시 언급되어야 하며, 결국 사안의 해결방식은 질문의 유형에 따라 다르게 구성된다.

(1) **구체적** 질문유형에서는 청구권자와 청구목적이 사안에서 제시되며, 다만 청구가 받아들여 질 수 있는지에 대하여만 질문된다. 예컨대, 교통사고에 관한 사안에서 "피해자 甲은 자동차 운전자 乙에게 손해배상을 청구할 수 있는가?"와 같은 질문이다. 이러한 질문유형에서는 제시된 질문에 대하여 의미 있는 쟁점만 기술하여야 한다. 그렇지 않으면 수험자는 비본질적인 것에 시간을 헛되이 낭비하게 되고, 또한 불필요한 실수를 할 위험이 있다. 그러므로 수험자는 "피해자 甲이 자동차 보유자 丙에게 손해배상을 청구할 수 있는가", 또는 "자동차 보유자 丙은 자동차 운전자 乙에게 구상권을 행사할 수 있는가"에 대하여는 다룰 필요가 없다.

(2) **포괄적** 질문유형에서는 당사자들에게 의미 있는 모든 청구권들을 다루어야 한다. 예컨대, 교통사고에 관한 사안에서 "당사자들 사이의 법률관계를 설명하시오?" 또는 "피해자 甲은 피해를 어떻게 구제받을 수 있는가?"와 같은 질문이다. 이러한 질문유형에서는 가능한 한 명확하고 간결한 법적 사고에 의하여 해결하여야 한다. 특히 여러 가지 법적 사고의 실마리가 겹치거나 또는 서로 뒤엉키지 않게 하여야 한다. 그러므로 수험자는 "누가 누구에게 무엇을 어떠한 근거로 청구할 수 있는가?"의 형식으로 답안을 작성하여야 한다. 예컨대, 교통사고에 관한 사안에서, 첫째로 누가 누구에게(청구권자): 甲이 乙에게, 甲이 丙에게, 丙이 乙에게, 둘째로 무엇을(청구목적): 손해배상, 구상금의 반환을, 셋째로 어떠한 근거에 의하여(청구권의 기초): 제750조, 제756조 제1항 전단, 제3항, 자동차손해배상보장법 제3조에 의하여 간결하게 다루어야 한다. 그리고 포괄적 질문유형에서

도 다루지 않아야 할 쟁점은 배제하여야 하며, 답안은 각 쟁점들에 대한 난이도에 맞추어 작성하여야 한다.

3. 사안의 기본구조로서 청구권과 항변권

1) 청구권의 구성

민사사례에 있어 무엇에 대하여 질문되는지에 대한 모든 것은 대개 청구의 목적에서 알 수 있다. 그러므로 수험자가 청구권이 어떻게 제시되는지에 대한 질문에 대답하기 위해서는 청구권의 구성에 기초를 두고 사안을 해결하여야 한다.

(1) 청구권이란 무엇인가?

청구권이란 특정인이 다른 특정인에 대하여 일정한 행위를 요구할 수 있는 권리이다. 즉 "청구한다"는 것은 권리자가 상대방에게 작위(예컨대, 대금의 지급, 물건의 반환) 또는 부작위(예컨대, 소유권침해금지)를 요구하는 것이다.

(2) 청구권은 어디에서 근거하는가?

가) **법률행위로부터**: 청구권은 대부분 당사자 쌍방의 자유로운 의사의 합치인 계약에 의하여 발생한다. 계약에서 당사자 쌍방은 상대방에게 행한 자신의 약속에 구속되는데, 계약이 당사자 일방에 대하여만 부담을 지우는 때에는 하나의 청구권만 발생한다. 예컨대, 이는 "당사자 일방이 무상으로 재산을 상대방에게 수여하는 의사를 표시하고 상대방이 이를 승낙"함으로써 성립하는 증여계약에서 볼 수 있다(제554조). 이에 반하여 당사자 쌍방이 의무를 부담하는 계약에 있어서는 최소한 두 개의 청구권이 발생할 수 있다. 예컨대, "당사자 일방이 재산권을 상대방에게 이전할 것을 약정하고 상대방이 그 대금을 지급할 것을 약정"함으로써 성립하는 매매에 있어서는(제563조), 매도인은 매수인에게 "매매의 목적이 된 권리를

이전"하여야 할 의무를 부담하며 매수인은 매도인에게 그 "대금을 지급"하여야 할 의무를 부담한다(제568조). 그러므로 이러한 계약에서는 특히 "급부 없으면 반대급부도 없다"는 원칙이 고려되며, 당사자 일방의 급부의무의 위반은 상대방에게 청구권을 발생시킨다.

　　나) **법률의 규정**으로부터: 법률의 규정에 의하여 발생하는 청구권은 다양할 뿐만 아니라 수없이 많으므로, 그 발생근거에 따라 채권에 기한 청구권과 물권에 기한 청구권으로 나뉜다. 먼저 채권에 기한 대표적인 청구권으로는 채무불이행(제390조)이나 불법행위(제750조)로 인한 손해배상청구권, 부당이득의 반환청구권(제741조 이하), 사무관리자의 비용상환청구권(제739조) 그리고 계약해제로 인한 원상회복청구권(제548조) 등이 있다. 이에 반하여 물권에 기한 대표적인 청구권으로는 소유권에 기한 물권적 청구권(제213조, 제214조), 점유권에 기한 물권적 청구권(제204조 내지 제206조) 그리고 상린관계에 기한 각종의 청구권(제216조 이하) 등이 있다.

　　한편 청구권은 법률에 다양하게 규정되어 있으므로 법률의 문구에서 청구권을 밝히는 작업이 필요하다. 하나는 **적극적인 표현**의 경우로, 예컨대 "청구할 수 있다"(제390조 전단)와 같이 규정되어 있다. 다른 하나는 **소극적인 표현**의 경우로, 예컨대 "책임이 있다"(제750조) 또는 "의무가 있다"(제548조)와 같이 규정되어 있다. 이러한 표현들은 법률에 규정된 청구근거를 나타내며, 이들이 수식하는 목적어가 곧 청구의 목적이 된다.

　　다) **보충적 청구권**(praeter legem)으로부터: 법률에 청구규범이 직접 규정되어 있지 않은 경우에도 법률적 유추, 관습법, 일반적 법원칙에 의하여 청구권이 발생할 수 있다.

　　첫째, **법률적 유추**는 다시 유추해석과 반대해석으로 나뉘는데, **유추해석**(Analogieschluss)은 입법자가 법률요건 T1에 대하여 R이라는 법률효과를 규정하면서 동일한 법률요건 T2에 대하여 동일한 법률효과를 명시적으로 규정하고 있지 않는 경우에 "같은 종류는 동일하게 취급한다"는 원칙에 의하여 적용하는 해석기술이다. 이는 순수한 논리적 해석절차가 아니라 법률요건의 유사성에 관한 가치에 대하여 필요 불가결한 해석기술로서,

예컨대 제536조 제2항에서 제536조 제1항 본문을 지정하는 것과 같다. 이와 유사한 개념으로는 준용(die entsprechende Anwendung)이 있는데, 이는 법규를 제정할 때 법률의 간결을 위하여 비슷한 사항에 관하여는 유사한 다른 법규를 적용할 것을 규정하는 것이다. 이는 해석기술이 아니라 입법기술의 하나로서, 예컨대 물권적 청구권(제214조)을 지정하는 제290조(지상권에의 준용), 제301조(지역권에의 준용), 제319조(전세권에의 준용), 제370조(저당권에의 준용)가 있다. 그리고 채권법에는 대표적으로 채무불이행에 대한 제393조(손해배상의 범위), 제394조(손해배상의 방법), 제396조(과실상계), 제399조(손해배상자의 대위)를 불법행위에 준용하는 제763조가 있다.

이에 반하여 **반대해석**(Umkehrschluss)은 입법자가 동등성을 배제하여 법문의 규정 이외의 사항에 대하여는 법률효과가 미치지 않는다고 하는 해석기술이다. 예컨대, 제99조 제2항은 "부동산 이외의 물건은 동산이다."라고 규정함으로써 제98조에 규정된 물건에는 동산과 부동산만 인정하는 것이다.

둘째, **관습법**은 자연적으로 발생한 관행이나 관습이 사회구성원에 의하여 일반적으로 인정되는 법적 확신 내지 법적 인식을 수반하고, 국가권력에 의하여 법규범으로 승인되어 강행되는 법규범을 말한다. 우리 민법 제1조는 "민사에 관하여 법률에 규정이 없으면 관습법에 의하고"라고 명시하여 관습법의 보충적 효력을 인정하고 있으며, 제106조는 "법령 중의 선량한 풍속 기타 사회질서에 관계없는 규정과 다른 관습이 있는 경우에 당사자의 의사가 명확하지 아니한 때에는 그 관습에 의한다."고 규정하여 사실인 관습이 법률행위 당사자의 의사를 보충함을 밝히고 있다.[1] 다만, 사실인 관습은 제106조에 따라 강행법규가 있거나 또는 당사자의 의사가

---

[1] 관습법과 사실인 관습의 차이에 대하여는 대판 1983. 6. 14, 80다3231: "관습법은 바로 법원으로서 법령과 같은 효력을 갖는 관습으로서 법령에 저촉되지 않는 한 법칙으로서의 효력이 있는 것이며, 이에 반하여 사실인 관습은 법령으로서의 효력이 없는 단순한 관습으로서 법률행위의 당사자의 의사를 보충함에 그치는 것이다."

명확한 때에는 배제된다. 그리고 민법 제185조는 "물권은 법률 또는 관습법에 의하는 외에는 임의로 창설하지 못한다"고 규정하여 물권의 종류와 내용에 관한 한 성문법과 대등한 효력을 인정하고 있다.[2] 이는 강행법규 위주로 구성되어 있는 물권법 영역에서 성문법이 관습법에 의하여 대체되고 있는 현상을 예정한 것이라고 볼 수 있다.

셋째, 일반적 법원칙이 있다. 이는 사물의 본성이나 경험측을 의미하며, 사회구성원이 생활상 준수하지 않으면 안 된다고 생각하는 객관적인 원리이다. 우리 민법 제1조는 "관습법이 없으면 조리에 의한다."고 규정하여 조리의 법원성을 인정하고 있다.

(1) 청구권 규범은 어떠한 구조를 띠는가?

가) 청구규범: 일정한 법률효과를 의욕하는 청구목적은 청구규범에서 시작된다. 예컨대, 권리자가 "물건의 반환"을 청구하는 경우에 청구규범으로서 대표적인 것으로는 제213조 본문과 제741조를 고려할 수 있다. 제213조 본문은 "소유자는 그 소유에 속한 물건을 점유한 자에 대하여 반환을 청구할 수 있다."고 규정하여 물건의 반환을 청구하는 자는 "소유권"을, 청구의 상대방은 청구권자의 물건을 "점유"하고 있어야 한다. 이에 반하여 제741조는 "법률상 원인 없이 타인의 재산 또는 노무로 인하여 이익을 얻고 이로 인하여 타인에게 손해를 가한 자는 그 이익을 반환하여야 한다."고 규정하여 물건의 반환을 청구하는 자는 법률상 원인 없이 "손해를 입은 자"이어야 하고, 그 상대방은 "이익을 얻은 자"이어야 한다.

한편 "손해의 배상"을 청구하는 경우에 청구규범으로서 대표적인 것으로는 제390조 전단과 제750조를 들 수 있다. 제390조 전단은 "채무자가 채무의 내용에 좇은 이행을 하지 아니한 때에는 채권자는 손해배상을 청구할 수 있다."고 규정하여 채권자는 채무자에게 "채무불이행"을 이유로 "손해의 배상"을 청구할 수 있다. 이에 반하여 제750조는 "고의 또는 과실로

---

[2] 이에 대한 해석론으로서 보충적 효력설, 대등적 효력설, 변경적 효력설이 대립하고 있다.

인한 위법행위로 타인에게 손해를 가한 자는 그 손해를 배상할 책임이 있다."고 규정하여 손해를 입은 피해자는 손해를 가한 가해자에게 "불법행위"를 이유로 "손해의 배상"을 청구할 수 있다.

나) 보조규범: 보조규범은 청구규범의 구성요건적 표지를 충족시키며, 그 적용에 있어 청구규범을 보조한다. 예컨대, 제213조 본문에서 소유자는 "소유권"을 가지는 자로서 소유권을 취득하기 위해서는 공시방법을 충족시켜야 한다. 그러므로 법률행위에 의한 물권의 취득에 관한 제186조와 법률의 규정에 의한 물권의 취득에 관한 제187조는 청구권자의 구성요건 표지를 보조하는 역할을 수행한다. 이에 반하여 "점유한 자"에 대하여는 점유권의 취득에 관한 제192조 및 그 태양에 관한 제197조가 보조한다. 제213조와 비교하여 제741조에서 "재산"은 제554조의 증여계약의 목적물에서, "노무"는 제655조의 고용계약의 대상에서 보조규범을 찾을 수 있다. 그러나 "법률상의 원인 없이"라는 구성요건적 표지는 보조규범을 발견할 수 없으므로 해석에 의하여 그 구체적 의의를 찾을 수밖에 없다.

한편 제390조에서 "채무의 내용에 좇은 이행이 아닌 것"은 표지에 "불이행"으로 규정하고 있지만 그 내용이 무엇인지 모호하다. 그러므로 "불이행"의 구체적인 내용에 대하여, 특히 법적 규정이 없는 "불완전이행"과 "수령지체"에 대하여는 논란이 있다. 이와 마찬가지로 제750조에서 "위법행위로 인한"의 내용이 무엇인지 모호하므로 여기서도 구체적으로 "위법성"을 결정하는데 많은 논란이 있다.

다) 반대규범: 청구규범의 모든 요건이 충족되는 경우에도 그 효과는 여전히 확정되지 않을 수 있다. 즉 경우에 따라서는 청구규범에 대한 반대규범이 존재할 수 있다. 예컨대, 제213조 단서와 같이 점유자가 "그 물건을 점유할 권리가 있는 때에는" 소유자의 반환청구를 거절할 수 있다. 또한 제390조 단서와 같이 채무자가 고의나 과실 없이 "이행할 수 없게 된 때에는" 채권자의 손해배상청구를 거절할 수 있다.

2) 항변권의 구성

민사사례에서 청구권자의 청구가 받아들여 질 것인지에 대한 최종적인 판단은 상대방의 항변권 행사 여부에 달려 있다. 그러므로 수험자는 질문에 대한 해결에 있어 반드시 항변권을 검토하여야 한다.

(1) 항변권이란 무엇인가?

항변권(광의의 의미)은 청구권의 행사에 대하여 그 작용을 저지할 수 있는 권리이다. 즉 "항변한다"는 것은 청구에 대한 이행의 거절(예컨대, 매매대금을 지급하였다, 물건의 반환이 불가능하다)을 의미한다. 이와 같이 **항변권**(Einrede, 협의의 의미)은 상대방이 주장하는 청구권의 존재는 인정하지만 일정한 사유에 기하여 그 행사를 저지할 수 있는 권리인 좁은 의미의 항변권과 권리의 존재 자체를 부인하는 **직권판단**(Einwendung, '권리부인'으로 표현하기도 함)으로 구분된다.

(2) 항변권은 어떠한 것이 있는가?

가) **직권판단**(Einwendung): 상대방에게 청구권이 없다는 것을 이유로 하는 항변으로서, 이는 다시 발생 시기에 따라 권리장애적 직권판단과 권리소멸적 직권판단으로 나뉜다. 먼저 **권리장애적 직권판단**(die rechtshindernde Einwendung, '권리불발생의 항변'으로 표현하기도 함)은 청구권의 기초에 소극적 법률요건이 존재함을 이유로 청구권의 성립 자체를 저지하는 항변권이다. 즉 이는 항변의 법률요건이 청구의 법률요건과 동시에 또는 그 이전에 존재하여야 한다. 예컨대, 의사능력 흠결, 강행법규 위반(제105조), 선량한 풍속 기타 사회질서 위반(제103조), 불공정한 법률행위(제104조), 통정허위표시(제108조), 원시적 이행불능 등 일반적인 법률행위의 무효사유가 이에 속한다. 이에 대하여 **권리소멸적 직권판단**(die rechtsvernichtende Einwendung, '권리소멸의 항변'으로 표현하기도 함)은 일단 성립된 청구권을 이후에 소멸시키는 항변권이다. 이는 항변의 법률요건이 청구의 법률요건보다 뒤에 발생되어야 한다. 예컨대, 변제(제461조), 대물변제(제466

조), 공탁(제487조), 상계(제493조 제2항), 경개(제500조), 면제(제506조), 혼동(제507조) 등 채권의 소멸원인이나 해제조건의 성취(제147조 제2항), 소멸시효의 완성(제162조), 후발적 이행불능, 면책적 채무인수 등이 이에 속한다. 그리고 해제·해지권, 취소권, 상계권 등 사법상 형성권의 행사에 의하여 일단 발생한 법률효과를 배제하는 경우도 이에 속한다.

나) 항변(Einrede, '권리행사 저지의 항변'(die rechtshemmende Einwendung)으로 표현하기도 함)은 상대방의 주장을 저지하는 이의권이다. 이는 다시 권리행사 저지의 효력에 따라 연기적 항변권과 영구적 항변권으로 나뉜다. **연기적 항변권**(die dilatorische Einrede)은 청구권의 행사를 일시적으로 저지하는 이의권으로, 예컨대 채권으로는 채무자의 동시이행의 항변권(제536조), 보증인의 최고·검색의 항변권(제437조)이 있으며, 물권으로는 유치권자의 유치권(제320조)이 있다. 이에 대하여 **영구적 항변권**(die peremptorische Einrede)은 일단 발생한 청구권을 영구적으로 저지하는 이의권으로, 예컨대 상속인의 한정승인의 항변권(제1028조)이 있다.

III. 민사사례의 해결방법

1. 서

민사사례에서 인식의 대상은 그 해결을 필요로 하는 권리·의무 또는 법률관계이다. 이러한 권리·의무관계는 청구의 대상이 되는 사안, 즉 법률요건 또는 법적 원인에 의하여 발생한다. 그런데 사안은 법률효과의 발생을 가져오는 원인으로 확정되기 전의 사실관계이므로 법률요건의 충족여부는 결국 주어진 사안을 법률요건의 내용에 따라 분석하는 방식으로 이루어지게 된다.

민사사례의 해결은 이론적으로는 법률요건을 검토하고 그에 적합한 법률효과를 사안에 부여하는 것이 원칙이다. 그러나 방법론적으로는 법률효과에 대한 당사자의 주장이 선행되고, 그에 대한 법률효과를 어떻게 부여할 것인가에 맞추어 법률요건을 검토하게 된다. 그러므로 민사사례에서는 먼저 당사자가 주장하는 권리가 무엇인가, 그러한 권리가 발생하기 위해서는 어떠한 **법률요건**이 갖추어져야 하는가, 그러한 **법률요건**이 주어진 사안에 적합한가, 끝으로 당사자가 주장하는 **법률효과**가 주어진 사안에 부합하는가의 여부를 검토하여야 한다.

2. 사례해결의 준비

수험자는 주어진 사안을 가능한 한 간결·명료하게 해결하여야 한다. 그러나 대부분의 사안은 1인의 청구권자가 1인의 상대방을 대상으로 하나의 청구권만 행사하는 경우는 많지 않다. 그리고 청구권자의 청구권을 구성하는 청구규범은 여러 가지가 있다. 그러므로 수험자는 사안의 해결에 들어가기에 앞서 먼저 **청구권자의 수**, **청구상대방의 수**, **청구목적의 수**를 검토한 다음, 그 사안에서 갖추어져야 할 **청구규범**을 찾아야 한다. 특히 청구규범은 규범 자체 또는 그에 근거한 법률제도가 다른 청구규범에 영향을 미칠 수 있으므로 선순위 규범을 우선적으로 검토하여야 한다. 선순위 규범의 우선적 검토는 후순위 규범의 검토에서 발생할 수 있는 구성의 혼란을 피할 수 있게 한다.

1) 청구권자의 다수

청구권자의 다수성은 사안의 해결에 있어 최상의 분류관점을 형성한다. 이는 구체적 질문유형에서는 대부분 사안에서 밝혀진다. 예컨대, "피해자 甲은 자동차 운전자 乙에게 손해배상을 청구할 수 있는가?"와 같은 질문에서 청구권자는 이미 확정되어 있다. 그러나 포괄적 질문유형에서는 청구권자의 다수성이 질문의 배후에 은폐된다. 예컨대, "당사자들 사이의 법률관계를 설명하시오?"라는 질문에서 누가 청구권자가 될 것인지는 사안의 설명에서 구체화된다. 그러므로 청구권자의 다수성은 여러 사람에 의하여 야기된 변화에 법적 이익이 있을 때에만 검토될 수 있다. 예컨대,

甲이 乙에게, 甲이 丙에게, 그리고 乙이 丙에게 청구권을 행사할 수 있는 경우에 청구권의 다수성이 존재하게 된다. 그러나 예외적으로 청구의 상대방에 따른 분류도 필요할 수 있다. 예컨대, 불가분채권 또는 연대채권에서 각 채권자는 모든 채권자를 위하여 채무자에게 그 이행을 청구할 수 있으며(제409조), 물권관계에서 수인의 물권자(합유자 또는 공유자)는 물건 위에 부담을 지는 자에게 그 실행을 청구할 수 있다. 그 밖에 동일한 사고에 의하여 피해를 입은 수인의 피해자가 가해자를 상대로 손해배상을 청구하거나, 제3자 보호효 있는 계약에서 제3자는 계약상의 채권자와 함께 청구권자가 될 수 있다.

2) 청구상대방의 다수

청구상대방의 다수성은 청구권자의 다수성 보다 더 중요하다. 왜냐하면 사안의 해결은 주로 청구권자의 법익을 어떻게 보호할 수 있는가의 관점에서 다루어지기 때문이다. 또한 이는 청구의 목적을 찾는데 많은 도움을 주는데, 채권에서는 대표적으로 분할채무(제408조), 불가분채무(제409조), 연대채무(제413조), 보증채무(제428조)와 같은 다수당사자의 채권관계에서 발생한다. 특히 채무자와 인수인이 채권자에 대하여 동등한 지위를 가지는 병존적 채무인수, 동일한 손해에 대하여 배상의무자가 각각 전액 배상의무를 부담하는 경우(예컨대, 제755조의 사용자 또는 감독자의 배상의무, 제756조의 사용자 또는 감독자의 배상의무, 제759조의 점유자 또는 보관자의 배상의무, 제35조 제1항의 이사 기타 대표기관의 배상의무), 그리고 공동불법행위(제760조)와 같은 부진정연대채무에서도 발생한다. 이에 대하여 물권에서는 주로 물건의 공유 또는 합유에 기한 소유형태의 경우에 발생한다.

3) 청구목적의 다수

청구의 목적은 청구권자가 추구하는 사안의 최종적인 해결책으로서 수험자는 사안에서 찾을 수 있는 모든 청구목적들을 고려하여야 한다. 그러나 사안에서 청구목적은 하나에 그치지 않고 대부분 중첩적으로 또는 택일적으로 발생한다. 따라서 청구목적이 다수인 사안에서는 우선 그 존재양식에 따라 구분하여야 한다.

먼저 **청구목적이 중첩적으로** 발생하는 대표적인 사례로는, 계약의 이행청구에서 채무인 대여금반환청구권과 대여금의 이자에 대한 지급청구권, 채무불이행에서 손해배상청구권(제390조)과 계약해제권(제544조 내지 제546조), 불법행위에서(타인의 신체, 자유, 또는 명예를 해하거나 기타 정신상의 고통을 가한 경우) 손해배상청구권(제750조)과 위자료청구권(제751조), 명예훼손의 경우에 손해배상과 명예회복에 필요한 적당한 처분(제764조), 채권자 취소권에서 사해행위의 취소와 원상회복(제406조 제1항 전단)을 들 수 있으며, 물권에서는 본권에 기한 물권적 청구권(제213조, 제214조)과 점유권에 기한 물권적 청구권(제204조 내지 제206조)이 있다. 이 중에서 가장 문제되는 사례는 채무불이행에 기한 손해배상청구권과 불법행위에 기한 손해배상청구권이 중첩적으로 발생하는 사안이다.

다음으로 **청구목적이 택일적으로** 발생하는 대표적인 사례로는, 청구권자가 물건의 반환 또는 물건의 가액을 청구하는 약정, 무권대리인의 상대방에 대한 계약의 이행 또는 손해배상의 책임(제135조 제1항), 점유자의 지출액 청구 또는 필요비의 상환청구(제203조 본문)(전세권의 경우에는 제310조 제1항), 전세권설정자의 원상회복청구 또는 손해배상청구(제311조 제2항), 권리의 일부가 타인에게 속한 경우에 선의의 매수인의 감액청구 또는 계약해제(제572조 제3항)가 있다.

이와 같이 청구목적이 다수 존재하는 경우에 수험자는 청구권의 통일적인 설명을 추구하여야 한다. 즉 수험자는 청구권자, 청구의 상대방을 기준으로 청구목적을 구체적으로 검토하여야 하며, 특히 중첩적으로 인정되는 규범들을 빠짐없이 언급하여야 한다. 다만, 청구목적의 선택에 있어 청구권자가 청구목적을 보충적으로 요구하고, 그리고 제1의 청구가 관철될 수 있으면 그 이외의 검토는 분명 필요없거나 제한된다.

4) 청구규범 검토의 순서

사안을 간결, 명료하게 해결하기 위해서는 사안에서 발견한 청구규범을 일정한 순서에 따라 검토하여야 한다. 왜냐하면 하나의 청구규범은 다른 청구규범에 대한 선결문제가 될 수 있기 때문이다. 이러한 합목적성의 측면에서 청구규범은 계약상의 청구권, 계약체결상의 과실에 의한 청구권, 사무관리상의 청구권, 물권적 청구권, 불법행위에 의한 청구권, 부당이득에 의한 청구권의 순서로 검토되어야 한다.

청구규범 중에서 가장 먼저 검토되어야 할 규범은 **계약상의 청구권**이다. 계약은 당사자들이 자신들의 의사에 따라 법률관계를 규율하는 규범으로 다른 청구권의 내용과 범위에 직접 영향을 미치기 때문이다. 그러므로 계약상의 청구권은 계약의 흠결을 예정한 사무관리의 법률관계보다 우선하여야 하는데, 그 이유로 사무관리는 위임계약이 존재하지 않는 경우에 본인의 의사에 적합하도록 관리하여야 하며(제734조 제2항, 제737조 단서 참조), 관리자의 지위는 위탁 없는 수임인의 지위와 비슷하기 때문이다(제738조의 준용에 의한 제683조 내지 제685조의 적용). 다음으로 계약은 물권에 대항할 수 있는 물건을 점유할 권리를 유출하므로(제213조 단서 참조) 물권적 청구권에 앞서 검토되어야 한다. 그리고 계약에 의한 청구권은 불법행위에 의한 청구권보다 특별하다. 그 이유로는 계약은 소멸시효(제162조 제1항과 제766조의 비교), 상계제한(제496조 참조), 입증에서 불법행위에 의한 청구권보다 유리할 뿐만 아니라 위법성 판단과 관련하여 계약이 우선적으로 고려될 수 있기 때문이다. 끝으로 계약은 재화와 노무의 이전에 대한 법적 원인을 근거지우므로 이러한 원인의 결여를 이유로 하는 부당이득에 의한 청구권보다 앞서 검토되어야 한다.

계약체결상의 과실에 의한 청구권은 계약상의 청구권 뒤에 검토되어야 하지만, 불법행위에 의한 청구권보다 앞서 검토되어야 한다. 현재 계약체결상의 과실책임 인정 여부에 대하여는 논란이 있으나 계약당사자 사이에는 계약의 성립과정에서 계약관계와 유사한 신뢰관계가 형성되었다고 볼 수 있다. 이에 근거하여 신의칙상 주의의무가 발생하고 이를 위반하여 발생한 책임이 계약체결상의 과실책임이므로 계약책임의 일종이라고 볼 수 있다. 그리고 신뢰책임은 불법행위에 의한 과실책임보다 그 정도가 약하기 때문이다.

계약체결상의 과실에 기한 청구권 다음에는 **사무관리상의 청구권**이 검토되어야 한다. 사무관리상의 청구권은 긴급사무관리의 경우에는 고의나 중과실에 의한 손해에 대하여만 책임을 지며(제735조), 또한 계약과 유사하게 관리자가 본인을 위하여 지출한 비용을 청구할 수 있으므로(제739조 제1항) 불법행위에 의한 청구권보다 우선한다.

다음으로 **물권적 청구권**은 불법행위에 의한 청구권이나 부당이득에 의한 청구권보다 앞서 검토되어야 한다. 물권적 반환청구에서 파생되는 점유자의 회복자에 대한 반환청구의 범위(제201조)는 부당이득에 의한 반환범위(제748조 제1항)의 특칙을 이루며, 선의점유자의 경우에는 경우에 따라 불법행위에 의한 청구권을 배제할 수 있다.

끝으로 **불법행위에 의한 청구권과 부당이득에 의한 청구권**에는 선행성에 대한 어떠한 관계도 없다. 즉 양자는 그 제도의 취지와 요건, 효과를 달리하므로 순서와 관계없이 별개로 검토하여야 한다. 그러나 불법행위에 의한 청구권은 법률상 원인을 제공하므로 부당이득에 의한 청구권에 앞서 검토되어야 한다고 본다.

3. 법적용

1) 법적용이란?

법적용이란 법규범의 추상적, 일반적 용태에 대한 지시가 구체적인 개개의 사안에 적합한 것으로 평가되는 경우에 그 사안에 법규범의 효과를 부여하는 것을 말한다. 즉 법규범과 사안이라는 두 개의 연결점으로부터 권리상태에 대한 결과를 구체적인 사례에 연결하는 작업이다. 그러므로 이러한 작업을 위해서는, 첫째로 **사안을 확정**하여야 하며, 둘째로 사안에 해당하는 **법규범을 매개**하여야 하며, 셋째로 협의의 의미에서의 **법적용**을 수행하여야 한다.

2) 사안의 확정

법적용은 그 자체가 목적이 아니라 일정한 생활관계에서 발생하는 법률문제에 대하여 해결책을 제시하는 것이다. 그러므로 **법적용의 선 순위는 법규범에 있지 않고 사안에 있다.** 사안은 법적용의 목표와 범위를 정하는 중요한 요소인데, 이는 사안작성자가 법적으로 불명확한 요소들을 제거하고 법률적 쟁점만 들어있는 상태로 제시된다. 그러므로 수험자가 사안을 확정하는 것은 그리 어렵지 않다. 다만, 예외적으로 분쟁의 결정에 현저히 중요한 기준이 될 수 있는 사실들이 사안에서 제시될 수 있는데, 이러한 사실들은 대개 사안에 대하여 내려진 판결의 내용을 알고 있는지를 묻는 경우에 사용된다. 예컨대, 선의·악의, 정당한 대리인이라는 신뢰, 소유의 의사, 본인의 의사 등과 같이 내부적 용태를 이끌어내는 법률사실들이 이에 해당된다.

3) 해당 법규범의 매개

사안이 확정되면 사안에서 제기된 문제점을 내포하고 있는 법규범을 매개하여야 한다. 여기서 법규범은 우선 **질문에서 제시된 청구목적에 해당하는 법률효과를 가진 법규범**을 찾아야 한다. 예컨대, "물건의 반환"을 청구하는 경우에 청구권의 검토는, ① 계약의 내용에서(당사자의 합의 또는 원상회복청구의 내용), ② 물권적 청구권에서(제213조 본문), ③ 부당이득 반환청구에서(제741조) 해당 법규범을 찾을 수 있다. 여기서 청구권의 검토순위는 선행 규범을 우선적으로 검토하고, 후행 규범의 검토도 빠뜨려서는 안 된다. 다음으로 매개된 법규범의 법률효과가 사안에서 요구하는 법률문제에 적합한 것인지를 검토하여야 한다. 만일 매개된 법규범이 구체적인 사안에 부적합하면 더 이상 검토하여서는 안 된다.

4) 협의의 의미에서의 법적용

법규범(대전제)과 사안(소전제)이 정해지면 **개별적 사례에 대한 구체적인 법률효과를 부여하기 위한 두 가지 전제의 비교**, 즉 고유한 의미의 법적용이 시작된다. 그러나 수험자는 즉시 사안에 대한 포괄적인 포섭에 들어가기에 앞서 법규범과 사안에 대하여 충분히 검토하여야 한다.

(1) 법규범(대전제)의 해체

법적용에서는 먼저 **이미 발견한 법규범을 그 본질적 구성부분으로 해체하여야 한다**. 즉 수험자는 법규의 어떠한 요소가 법률요건을 구성하며, 또한 어떠한 법률효과를 형성하는지에 관하여 정확히 알고 있어야 한다. 예컨대, 제750조는 "고의(T1) 또는 과실(T1)로 인한 위법행위로(T2) 타인에게 손해(T3)를 가한 자(T4)는 그 손해를 배상할 책임이 있다(R)"고 규정하고 있는데, 이는 네 개의 법률요건(T1 내지 T4)과 하나의 법률효과(R)로 해체할 수 있다. 다른 한편 물권의 전형적 사례인 제245조 제1항은 "20년간(T1) 소유의 의사(T2)로 평온(T3), 공연(T4)하게 부동산(T5)을 점유하는 자(T6)는 등기함으로써(T7) 그 소유권을 취득한다(R)"고 규정하여 일곱 개의 법률요건(T1 내지 T7)과 하나의 법률효과(R)로 이루어져 있다. 이와 같이 법규범상의 양 요소들은 서로 조건적으로 결부되어 있으며, 구성요건이 모두 충족되는 경우에만 비로소 법률효과가 발생한다.

그러나 경우에 따라서는 법률의 규정에서 발견되지 않는 법률요건들이 있다. 예컨대, 제750조에서는 가해자가 불법행위능력을 가지고 있어야 하며, 가해행위와 손해 사이에는 인과관계가 있어야 한다는 요건이 추가적으로 필요하다. 이러한 추가요건은 불법행위라는 법률제도에서 유래하는 만큼 수험자는 각 법률제도에서 유래하는 추가요건들을 항상 인식하고 있어야 한다. 이에 반하여 제245조 제1항에서는 추가요건이 문제되지 않고 오히려 법률요건의 적용이 문제로 된다. 즉 제245조 제1항은 제245조 제2

항에 비하여 선의가 요구되지 않는다는 점, 점유의 사실만 있으면 소유의 의사, 평온, 공연의 요건이 추정되므로 별도로 검토할 필요가 없다는 점(제197조 제1항), 그리고 제245조 제1항은 제187조의 예외이므로 반드시 등기를 하여야 한다는 점을 유의하여야 한다.

끝으로 법규범의 해체에서는 모든 법률요건이 관철되어야 하는지(중첩적 요건) 아니면 다수의 법률요건 중에서 어느 하나만 충족되면 성립하는지(택일적 요건)를 주의하여야 한다. 예컨대, 제750조에서 "고의"와 "과실"은 하나의 택일적 요건(T1)으로 되며, 제245조 제1항에서 "소유의 의사", "평온", "공연"은 중첩적 요건(T1, T2, T3)으로 된다. 그리고 법률효과도 대부분 하나의 효과규정만 두고 있으나, 예컨대 제551조는 "계약의 해지 또는 해제는 손해배상의 청구에 영향을 미치지 아니한다."고 규정하여 제548조 제1항 본문의 원상회복과 손해배상을 중첩적으로 인정하고 있다.

(2) 법률요건의 해석

법규범을 사안의 포섭에 적합하게 그 본질적 구성부분으로 해체한 경우에도 대부분의 사례에서는 법률요건 표지의 의미가 항상 명백하지 않다. 이는 사안에서의 추상적인 언어관행에서 유래할 뿐만 아니라 법조문에서도 유래한다. 왜냐하면 법조문은 수많은 장래의 사안들에 적합하도록 추상적으로 구성된 반면 사안에서의 언어관행은 많은 범위에서 이러한 법조문의 추상적인 정확성을 내포하지 못하기 때문이다. 그러므로 언어관행은 다양한 해석가능성과 그 필요성을 가지며, **개별적인 법률요건 표지의 내용과 사정거리**는 법적용의 가장 중요한 과제가 된다. 예컨대, "전세 산다"라는 일상용어는 엄격하게는 물권인 전세권을 의미하지만 경우에 따라서는 일반인 사이에 임대차를 지칭하는 경우가 있다. 반면 집을 "넘겼다"라는 일상용어는 집을 "매도"한 것인지, 집을 "인도"한 것인지 아니면 집을 "양도"한 것인가의 법적 의미가 논쟁될 수 있다. 그리고 "노트북을 빌렸다"라는 일상용어는 문구만으로는 그 법률관계가 임대차인지 아니면 사용대차인지를 알 수 없다.

(3) 포섭

사안이 명확해지고 그리고 법규범이 그 본질적 구성요소로 해체되면, 곧이어 포섭이 시작된다. 그러나 이 경우에도 법률요건과 사안의 비교를 결코 포괄적으로 처리하여서는 안 된다. 오히려 각각의 **개별적 법률요건에 대하여 사안에서 이에 상응하는 구성요소를 찾아야** 한다. 각각의 구성요소는 상호 대응되어야 하며, 주의 깊게 합의점을 찾아야 한다. 그리하여 사안이 모든 법률요건의 구성요소에 충족되면 비로소 법률효과가 구체적인 개별적 사안에 적용된다. 만일 사안에서 어느 하나의 구성요소라도 찾을 수 없다면 법률효과는 구체적인 사안에 적용할 수 없다. 예컨대, 교통사고에 관한 사안에서 ① 고의 또는 과실, ② 위법성, ③ 손해발생, ④ 인과관계라는 법률요건의 구성요소가 사안에서의 요건사실과 완전히 일치하는 경우에만 손해배상청구권이라는 법률효과가 발생한다.

(4) 법률효과의 구체화

대부분의 사안에서는 포섭이 충족되면 곧바로 구체적인 법률효과가 확정된다. 그러나 경우에 따라서는 **구체적인 법률효과의 매개를 위한 기타의 요건에 대한 확정**이 요구될 수 있다. 그러므로 법률효과는 부분적으로는 정확한 용태의 지시 이전에 개별적인 사안에 대하여 충족되어야 할 일반적인 법률개념에 의하여 결정된다. 예컨대, 법규범이 손해배상의무를 명시적으로 규정하여도 구체적인 법률효과의 인식에 있어서는 다음의 세 가지가 검토될 수 있다. 첫째 손해배상을 부담하는 행위에는 어떠한 법률효과가 귀속되는가?(손해배상의 종류), 둘째 법률효과 가운데 어느 것이 배상 가능한 손해로 되는가?(손해의 범위, 제393조), 셋째 손해배상은 어떠한 방식으로 행하여지는가?(손해배상의 방법, 제394조)이다.

(5) 법률효과의 실행

법규범은 생활관계에 대하여 하나의 구체적인 법률효과를 예정하는데 지나지 않으므로 사안에서의 해결은 단순한 규정 자체로 끝나지 않는다.

이와 같이 법률효과 자체는 행위자의 수권에 존재하므로 규범의 수령자가 그것을 향유하고자 할 때에는 그 실행을 적극적으로 표시하여야 한다. 이러한 실행에는 두 가지의 요소를 검토하여야 한다. 하나는 민사법에 규정된 형성권인데, 이는 당사자가 그러한 권한을 행사하고자 표시하는 때 법률효과의 변동을 야기할 수 있다. 예컨대, 동의권(제5조, 제10조), 취소권(제142조), 추인권(제143조 제2항), 계약의 해제·해지권(제543조), 상계권(제493조 제1항), 매매의 일방예약완결권(제564조 제1항) 약혼해제권(제805조), 상속포기권(제1041조)이 이에 속한다. 다른 하나는 당사자가 일정한 기간 내에 권리를 행사하지 않으면 그 권리가 소멸하는 제척기간이다. 예컨대, 취소권의 소멸(제146조), 점유보유·회수청구권의 소멸(제204조 제3항, 제205조 제3항), 도품·유실물 반환청구권의 소멸(제250조 본문), 매도인의 담보권 행사기간(제574조), 도급인의 담보권 행사기간(제671조 제2항)이 이에 속한다. 다만 제척기간에 의한 권리의 소멸은 법원이 당연히 고려하여야 하는 직권사항이므로 당사자가 이를 주장할 필요가 없지만 판결을 준비하는 권리자의 측면에서는 이 기간을 반드시 고려하여야 한다.

끝으로 의무자가 자신에 속한 법률상의 용태의무를 임의로 이행하지 않는 경우에 권리자는 법원에 그 실행을 청구할 수 있다(강제이행, 제389조 제1항).

4. 법률효과의 검토

어떤 권리의 성립을 위한 법률요건이 충족되어 일정한 법률효과가 부여되는 경우에도 최종적으로 그러한 법률효과가 사안에서 제시된 질문에 적합한지의 여부를 검토할 필요가 있다. 여기서 실체법상 검토를 요하는 것으로는 **법률효과가 귀속되는 주체, 물건의 귀속관계, 권리행사의 타당성** 등이 있다.

1) 법률효과의 귀속주체

민사법은 사적 자치의 원칙에 따라 행위자에게 법률행위의 효과가 귀속된다. 그러나 경우에 따라서는 일정한 법률효과가 행위자의 행위와 분리되는 경우가 생긴다. 여기에는 한편으로 법률에 의하여 타인의 행위의 결과가 귀속되는 경우와, 다른 한편으로 행위자의 외관형성에 의하여 타인의 행위의 법률효과가 귀속되는 경우가 있다. 전자의 대표적인 사례로는 대리인의 대리행위(제114조 제1항), 이행보조자의 이행행위(제391조), 제3자를 위한 계약에 있어서 제3자의 청구(제539조 제1항), 피용자의 불법행위(제756조 제1항 본문), 이사의 대표행위(제59조 제1항 본문) 채권자의 대위권 행사(제404조 제1항), 취소권 행사(제406조 제1항) 등이 있다. 후자의 대표적인 사례로는 표현대리행위(제125조, 제126조, 제129조), 표현수령권자에 대한 선의의 변제(제470조, 제471조, 제518조) 등이 있다.

2) 물건의 귀속관계

민사사례는 일정한 당사자가 권리·의무의 실현을 둘러싸고 벌이는 법률분쟁으로 대부분 청구권의 목적으로 설명된다. 그러나 물권관계 사안의 경우에는 예외적으로 청구권이 아닌 일정한 법적 지위에 대한 분쟁이 문제로 된다. 즉 "누가 물건의 소유자인가?", "등기는 정당한가?" 등의 질문이 그것이다.

이러한 물권적 사안의 해결을 위해서는 법적으로 현저한 것으로 고려되는 모든 사건의 시간적 편성을 검토하여야 한다. 여기서 시간적 편성은 구체적인 날짜의 적시뿐만 아니라 일정한 사건의 시간적 언명도 포함한다. 왜냐하면 물권은 물권의 공시방법인 등기(제186조)와 인도(제188조 제1항)에 의하여 물권관계가 확정될 뿐만 아니라 법률의 규정에 의하여 물권이 변동(제187조 및 기타의 소유권 취득)될 수 있기 때문이다. 특히 시간적 편성은 물권의 순위(부동산등기법 제4조 제1항) 및 가등기의 효력(부동산등기법 제5조, 제91조)에 중요한 의미가 있다.

또한 물권적 사안에서는 시간적 편성에 반하는 공신의 원칙을 고려하여야 한다. 물권은 공시방법을 통하여 물권 질서를 유지하지만 거래의 신속을 위하여 공신의 원칙을 채택하고 있다. 그러므로 동산물권에 관한 사안에서는 항상 선의취득(제249조)을 유의하여야 한다.

3) 권리행사의 타당성

민사사례의 해결은 결국 사안이라는 소전제에 법규범이라는 대전제를 적용하여 구체적인 결론을 도출하는 작업이므로 이러한 작업의 결과가 공평의 이념에 비추어 타당한지의 여부를 검토하여야 한다. 왜냐하면 민사분쟁의 해결은 공평의 이념에 그 기초를 두고 있기 때문이다. 이러한 공평의 기준은 무엇보다도 권리·의무의 내용에 대하여 법률을 획일적으로 적용함으로써 발생하는 엄격성을 완화해 주는 기능을 갖는 신의성실의 원칙(제2조 제1항)에서 찾을 수 있다. 신의성실의 원칙은 권리의 행사와 의무의 이행에 적용되며, 권리의 행사가 원칙에 반하는 때에는 권리남용(제2조 제2항)이 된다. 청구권자의 권리행사가 권리남용으로 되면 법률은 그 청구에 조력하지 아니하며, 형성권이 남용되면 법률관계 변동의 효과가 발생하지 않는다. 한편 의무의 이행이 신의칙에 반하는 때에는 채무불이행의 책임을 지게 된다. 이러한 검토를 통하여 사안에 대한 결론은 법규범의 사회성·공공성을 구체적으로 실현해 나가게 된다.

IV. 맺는 말

우리 민법은 공통적인 사항은 총칙으로 일반화하고, 각 편은 서로 유기적인 관계로 구성되어 있는 관계로 민법 각 편의 단편적인 지식만으로는 간단한 사안조차 해결할 수 없다. 그러므로 법학교육은 추상적인 법규범에 대한 해석론에서 벗어나 구체적인 사안을 체계적이고 포괄적으로 해결하는 방법을 통하여 법의 실용성을 살리는 방향으로 나아가야 한다.

특히 민사사례의 해결은 그 결론에 이르기까지 얼마만큼 체계적이고 치밀하게 구성하느냐에 따라서 법을 바르게 해석하고 적용하는 기술을 습득할 수 있을 뿐만 아니라 구체적인 사안에 대한 법적 해결을 구하는 과정에서 법적 사고의 능력이 함양될 수 있다.

결국 법규범의 내용과 체계를 논리 정연하게 학습하고 이를 구체적인 사안에서 제대로 적용하여 올바른 해결을 제시하기 위한 최소한의 방법론으로서 민사사례 해결방법은 장차 법의 실천적 임무를 수행하고 법학교육을 효율적으로 이끄는 의미 있는 수단이 될 것이다.

제2장

민법총칙

1. 기본문제

[1] 관습법의 효력

사례*

甲은 종중 乙에 속하는 성년 여자이다. 乙은 丙을 중시조로 하는 종중으로서 종중재산을 분배하기 위하여 종중총회를 소집하였다. 乙의 종중규약 제3조는 "본회는 丙의 공동후손으로서 성년이 되면 회원 자격을 가진다."고 규정되어 있다. 하지만 乙은 종중총회에 여성이 참석한 적이 없으며, 종중은 성년의 남자를 구성원으로 하여 자연적으로 성립된다고 보았고, 특히 위 종중규약은 공동선조의 후손 중 성년 남자만이 종원이 된다고 해석하여 甲에게는 종중총회의 소집통지를 하지 않았다. 乙의 종중총회 결의는 유효한가?

[개요]

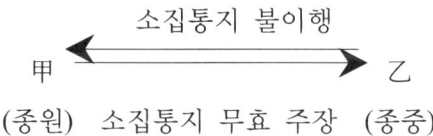

甲   乙
(종원) 소집통지 무효 주장 (종중)

[해결]

Ⅰ. 문제의 제기

甲은 乙의 종중규약 제3조가 회원(종원) 자격을 남자로 제한하고 있지 않으므로 자신도 乙의 회원 자격을 갖는다고 주장할 수 있을 것이다. 이에 대하여 乙은 종래 관습법에 따르면 여성은 종원이 될 수 없으므로 乙

---

* 이 사안은 대법원 2005. 7. 21. 선고 2002다1178 전원합의체 판결에 기초하여 구성한 것이다.

의 종중규약 제3조가 회원 자격을 명시적으로 남자로 제한하고 있지 않더라도 甲은 乙의 회원 자격을 갖지 못한다고 항변할 수 있을 것이다. 사안에서는 乙의 종중총회 소집통지가 유효한지에 따라 결의의 효력이 결정될 것이다.

Ⅱ. 종중총회의 소집통지가 유효한지의 여부

1. 종중의 법적 지위

종래의 판례는 관습상의 단체인 '종중'을 "공동선조의 분묘수호와 제사 및 종원 상호 간의 친목을 목적으로 하여 공동선조의 후손 중 성년 남자를 종원으로 하여 구성되는 종족의 자연적 집단"이라고 정의하였다. 종중은 공동선조의 사망과 동시에 그 자손에 의하여 성립되는 것으로서 종중의 성립을 위하여 특별한 조직행위를 할 필요가 없다. 그리고 종중은 반드시 특별하게 사용하는 명칭이나 서면화된 종중규약이 있어야 하거나 종중의 대표자가 선임되어있는 등 조직을 갖추어야 하는 것도 아니다. 한편 종원은 자신의 의사와 관계없이 당연히 종중의 구성원이 되는 것이어서 종원 중 일부를 종원으로 취급하지 않거나 일부 종원에 대하여 종원의 자격을 영원히 박탈하는 내용으로 종중규약을 개정하는 것은 종중의 본질에 반하며, **혈족이 아닌 자나 여성은 종중의 구성원이 될 수 없다**고 하였다.

사안에서 乙은 종중으로서의 법적 지위를 가지며, 종래의 판례에 따르면 甲은 乙의 종원으로 될 수 없다.

2. 종중 구성원에 대한 종래 관습법의 효력

1) 관습법의 성립요건

우리 민법 제1조는 관습법이 민법의 법원(法源)임을 명문으로 규정하고 있다. 관습법이 성립하려면, 첫째 관행이 존재하여야 하며, 둘째 그 관행이 법규범이라고 일반에 의하여 의식될 정도에 이르러야 하고(법적 확신의 취득), 셋째 그 관행이 헌법을 최상위 규범으로 하는 전체 법질서에 반하지 아니하는 것으로서 정당성과 합리성이 있다고 인정될 수 있어야 한다. 판례는 "'관습법'이란 사회의 거듭된 관행으로 생성한 사회생활규범이 사회의 법적 확신과 인식에 의하여 법적 규범으로 승인·강행되기에 이른 것"을 말하고, 그러한 관습법은 법원(法源)으로서 법령에 저촉되지 아니하는 한 법칙으로서 효력이 있다고 한다(대판 1983. 6. 14, 80다3231), 또한 "사회의 거듭된 관행으로 생성한 어떤 사회생활규범이 법적 규범으로 승인되기에 이르렀다고 하기 위하여는 헌법을 최상위 규범으로 하는 전체 법질서에 반하지 아니하는 것으로서 정당성과 합리성이 있다고 인정될 수 있는 것이어야 하고, 그렇지 아니한 사회생활규범은 비록 그것이 사회의 거듭된 관행으로 생성된 것이라고 할지라도 이를 법적 규범으로 삼아 관습법으로서 효력을 인정할 수 없다고 할 것이다."고 판시하고 있다(대판(전) 2003. 7. 24, 2001다48781). 이러한 **관습법의 성립요건은 그 자체로서 효력요건이기도 하다.**

사안에서 乙의 종중규약이 관습법으로 승인되었다고 하더라도 사회 구성원들이 그러한 관행의 법적 구속력에 대하여 확신을 갖지 않게 되었다거나, 사회를 지배하는 기본적 이념이나 사회질서의 변화로 인하여 그러한 관습법을 적용하여야 할 시점에 전체 법질서에 부합하지 않게 되었다면 그러한 관습법은 법적 규범으로서 효력이 없다.

2) 종중 구성원의 자격을 성년 남자로 제한하는 종래 관습법의 효력

(1) 판례의 다수의견

판례의 다수의견은 "종원의 자격을 성년 남자로만 제한하고 여성에게는 종원의 자격을 부여하지 않는 종래 관습에 대하여 우리 사회 구성원들이 가지고 있던 법적 확신은 상당 부분 흔들리거나 약화되어 있고, 무엇보다도 헌법을 최상위 규범으로 하는 우리의 전체 법질서는 개인의 존엄과 양성의 평등을 기초로 한 가족생활을 보장하고, 가족 내의 실질적인 권리와 의무에 있어서 남녀의 차별을 두지 아니"하고 있다고 우리 사회 법질서의 변화를 설시한 다음, "종래의 관습은 공동선조의 분묘수호와 봉제사 등 종중의 활동에 참여할 기회를 출생에서 비롯되는 성별만에 의하여 생래적으로 부여하거나 원천적으로 박탈하는 것으로서 위와 같이 변화된 우리의 전체 법질서에 부합하지 아니하여 정당성과 합리성이 있다고 할 수 없다."고 한다. 이와 같이 판례의 다수의견은 **종중 구성원의 자격을 성년 남자만으로 제한하는 종래의 관습법은 이제 더 이상 법적 효력을 가질 수 없게 되었다고** 한다.

(2) 판례의 소수의견

판례의 소수의견은 "고유한 의미의 종중에 있어서 종원의 가장 주요한 임무는 공동선조에 대한 제사를 계속 실천하는 일이고, 따라서 종원은 기제·묘제의 제수, 제기 구입, 묘산·선영 수호, 제각 수리 등을 비롯한 제사에 소요되는 물자를 조달·부담하는 것이 주된 임무였으며, 종원의 이러한 부담행위는 법률적으로 강제되는 것이 아니고 도덕적·윤리적 의무에 불과하여, 그들의 권리가 실질적으로 침해되는 바가 없었으므로 법률이 간섭하지 않더라도 무방하다."고 한다. 이와 같이 판례의 소수의견은 **관습법과 전통의 힘에 의하여 종래의 종중관습법 중 아직까지는 용인되는 부분이 있을 수 있다고** 한다.

3) 소결

종중 구성원의 자격을 성년 남자로 제한하는 종중규약은 헌법상 남녀평등의 원칙(헌법 제11조 제1항, 제36조 제1항)에 위반되어 더 이상 관습법으로서 법적 효력을 가질 수 없다. 따라서 종래의 판례에 터 잡아 甲이 乙의 구성원이 아니라고 한 乙의 종중규약은 더 이상 법적 효력이 없다.

3. 종중 구성원의 자격

1) 종중규약의 효력이 소멸된 경우 종중 구성원의 자격

판례의 다수의견은 "성문법이 아닌 관습법에 의하여 규율되어 왔던 종중에 있어서 그 구성원에 관한 종래 관습은 더 이상 법적 효력을 가질 수 없게 되었으므로, 종중 구성원의 자격은 민법 제1조가 정한 바에 따라 조리에 의하여 보충될 수밖에 없다."고 한다. 즉 민법 제1조는 "민사에 관하여 법률에 규정이 없으면 관습법에 의하고 관습법이 없으면 조리에 의한다."고 규정하고 있으므로 종중 구성원의 자격은 종래의 관습법인 종중규약이 아니라 조리에 의하여 보충되어야 한다.

이 경우 종중 구성원의 자격은 "종중이란 공동선조의 분묘수호와 제사 및 종원 상호간의 친목 등을 목적으로 하여 구성되는 자연발생적인 종족집단이므로 종중의 이러한 목적과 본질에 비추어 볼 때 **공동선조와 성과 본을 같이 하는 후손은 성별의 구별 없이 성년이 되면 당연히 그 구성원이 된다고 보는 것이 조리에 합당하다.**"고 한다(대판 2007. 9. 6, 2007다34982).

2) 종중규약의 효력이 소멸된 경우 소급효의 인정 여부

종중 구성원의 자격에 관한 대법원 견해의 변경은 그 동안 판례에 의하여 법률관계가 규율되어 왔던 종중제도의 근간을 바꾸는 것이다. 그런데 이와 같이 변경된 견해를 소급하여 적용한다면 최근에 이르기까지 수십 년 동안 유지되어 왔던 종래의 판례를 신뢰하여 형성된 수많은 법률관계의 효력을 일시에 좌우하게 되어 법적 안정성과 법치주의의 원리에 반하게 된다. 따라서 이와 같이 **변경된 대법원 견해는 대상판결 선고 이후의 종중 구성원의 자격과 이와 관련하여 새로이 성립되는 법률관계에 대하여만 적용된다**고 한다. 다만, 판례는 "이와 같이 변경된 견해가 적용되지 않는다면, 이는 구체적인 사건에서 당사자의 권리구제를 목적으로 하는 사법 작용의 본질에 어긋날 뿐만 아니라 현저히 정의에 반하게 되므로 원고들이 피고 종회의 회원(종원) 지위의 확인을 구하는 이 사건 청구에 한하여는 위와 같이 변경된 견해가 소급하여 적용되어야 한다."고 판시하였다.

3) 소결

사안에서 甲은 공동선조와 성과 본을 같이 하는 乙의 후손이므로 성년인 이상 성별의 구별 없이 당연히 乙의 구성원이 된다.

4. 종중총회 소집통지의 효력

종중총회는 특별한 사정이 없는 한 족보에 의하여 소집통지 대상이 되는 종중원의 범위를 확정한 후 국내에 거주하고 소재가 분명하여 통지가 가능한 모든 종중원에게 개별적으로 소집통지를 함으로써 각자가 회의와 토의 및 의결에 참가할 수 있는 기회를 주어야 하고, **일부 종중원에게 소집통지를 결여한 채 개최된 종중총회의 결의는 효력이 없다**(대판 2007. 9. 6, 2007다34982). 사안에서 乙이 종원인 甲에게 소집통지를 함이 없이 개최된 종중총회의 결의는 모두 무효이다.

Ⅲ. 사안의 해결

여성은 종원이 될 수 없다는 乙의 종중규약 해석은 변화된 우리의 전체 법질서에 부합하지 아니하므로 그 효력이 없다. 그 결과 종중 구성원의 자격에 관한 관습법인 종중규약의 효력이 없게 되어 조리에 의하여 보충되어야 하며, 공동선조와 성과 본을 같이 하는 후손은 성별의 구별 없이 성년이 되면 당연히 그 구성원이 된다는 조리에 따라 甲도 당연히 乙의 구성원이 된다. 따라서 乙이 甲에게 여성이라는 이유로 종중총회 소집통지를 하지 않은 채 개최된 乙의 종중총회 결의는 효력이 없다.

참고판례

1. 대법원 2005. 7. 21. 선고 2002다1178 전원합의체 판결

[1] 관습법이란 사회의 거듭된 관행으로 생성한 사회생활규범이 사회의 법적 확신과 인식에 의하여 법적 규범으로 승인·강행되기에 이른 것을 말하고, 그러한 관습법은 법원으로서 법령에 저촉되지 아니하는 한 법칙으로서의 효력이 있는 것이고, 또 사회의 거듭된 관행으로 생성한 어떤 사회생활규범이 법적 규범으로 승인되기에 이르렀다고 하기 위하여는 헌법을 최상위 규범으로 하는 전체 법질서에 반하지 아니하는 것으로서 정당성과 합리성이 있다고 인정될 수 있는 것이어야 하고, 그렇지 아니한 사회생활규범은 비록 그것이 사회의 거듭된 관행으로 생성된 것이라고 할지라도 이를 법적 규범으로 삼아 관습법으로서의 효력을 인정할 수 없다.

[2] 사회의 거듭된 관행으로 생성된 사회생활규범이 관습법으로 승인되었다고 하더라도 사회 구성원들이 그러한 관행의 법적 구속력에 대하여 확신을 갖지 않게 되었다거나, 사회를 지배하는 기본적 이념이나 사회질서의 변화로 인하여 그러한 관습법을 적용하여야 할 시점에 있어서의 전체 법질서에 부합하지 않게 되었다면 그러한 관습법은 법적 규범으로서의 효력이 부정될 수밖에 없다.

[3] [다수의견] 종원의 자격을 성년 남자로만 제한하고 여성에게는 종원의 자격을 부여하지 않는 종래 관습에 대하여 우리 사회 구성원들이 가지고 있던 법적 확신은 상당 부분 흔들리거나 약화되어 있고, 무엇보다도 헌법을 최상위 규범으로 하는 우리의 전체 법질서는 개인의 존엄과 양성의 평등을 기초로 한 가족생활을 보장하고, 가족 내의 실질적인 권리와 의무에 있어서 남녀의 차별을 두지 아니하며, 정치·경제·사회·문화 등 모든 영역에서 여성에 대한 차별을 철폐하고 남녀평등을 실현하는 방향으로 변화되어 왔으며, 앞으로도 이러한 남녀평등의 원칙은 더욱 강화될 것인바, 종중은 공동선조의 분묘수호와 봉제사 및 종원 상호간의 친목을 목적으로 형성되는 종족단체로서 공동선조의 사망과 동시에 그 후손에 의하여 자연발생적으로 성립하는 것임에도, 공동선조의 후손 중 성년 남자만을 종중의 구성원으로 하고 여성은 종중의 구성원이 될 수 없다는 종래의 관습은, 공동선조의 분묘수호와 봉제사 등 종중의 활동에 참여할 기회를 출생에서 비롯되는 성별만에 의하여 생래

적으로 부여하거나 원천적으로 박탈하는 것으로서, 위와 같이 변화된 우리의 전체 법질서에 부합하지 아니하여 정당성과 합리성이 있다고 할 수 없으므로, 종중 구성원의 자격을 성년 남자만으로 제한하는 종래의 관습법은 이제 더 이상 법적 효력을 가질 수 없게 되었다.

[별개의견] 남계혈족 중심의 사고가 재음미·재평가되어야 한다는 점에 대하여는 수긍한다 하더라도 종중의 시조 또는 중시조가 남자임을 고려할 때, 종중에 있어서의 남녀평등의 관철의 범위와 한계에 대하여는 보다 신중한 검토가 필요하고, 특히 종중은 다른 나라에서 유래를 찾아보기 어려운 우리나라에 독특한 전통의 산물이므로, 헌법 제9조에 비추어 우리의 전통문화가 현대의 법질서와 조화되면서 계승·발전되도록 노력하여야 할 것인바, 고유한 의미의 종중에 있어서 종원의 가장 주요한 임무는 공동선조에 대한 제사를 계속 실천하는 일이고, 따라서 종원은 기제·묘제의 제수, 제기 구입, 묘산·선영 수호, 제각 수리 등을 비롯한 제사에 소요되는 물자를 조달·부담하는 것이 주된 임무였으며, 종원의 이러한 부담행위는 법률적으로 강제되는 것이 아니고 도덕적·윤리적 의무에 불과하여, 그들의 권리가 실질적으로 침해되는 바가 없었으므로 법률이 간섭하지 않더라도 무방하다고 보기 때문에 종래의 관습법상 성년 남자는 그 의사와 관계없이 종중 구성원이 된다고 하는 부분은 현재로서는 문제될 것이 없고, 결국 관습법과 전통의 힘에 의하여 종래의 종중관습법 중 아직까지는 용인되는 부분이 있을 수 있다는 것을 이유로, 그러한 바탕 없이 새롭게 창설되는 법률관계에 대하여서까지 다수의견이 남녀평등의 원칙을 문자 그대로 관철하려는 것은 너무 기계적이어서 찬성할 수 없다.

[4] [다수의견] 종중이란 공동선조의 분묘수호와 제사 및 종원 상호간의 친목 등을 목적으로 하여 구성되는 자연발생적인 종족집단이므로, 종중의 이러한 목적과 본질에 비추어 볼 때 공동선조와 성과 본을 같이 하는 후손은 성별의 구별 없이 성년이 되면 당연히 그 구성원이 된다고 보는 것이 조리에 합당하다.

[별개의견] 일반적으로 어떤 사적 자치단체의 구성원의 자격을 인정함에 있어서 구성원으로 포괄되는 자의 신념이나 의사에 관계없이 인위적·강제적으로 누구든지 구성원으로 편입되어야 한다는 조리는 존재할 수 없으며 존재하여서도 안 되는데, 주지하는 바와 같이 결사의 자유는 자연인과 법인 등에 대한 개인적 자유권이며, 동시에 결사의 성립과 존속에 대한 결사제도의

보장을 뜻하는 것이고, 그 구체적 내용으로서는 조직강제나 강제적·자동적 가입의 금지, 즉 가입과 탈퇴의 자유가 보장되는 것을 말하며, 특히 종중에서와 같이 개인의 양심의 자유·종교의 자유가 보장되어야 할 사법적 결사에 있어서는 더욱 그러하다는 점 등에서 공동선조와 성과 본을 같이 하는 후손은 성별의 구별 없이 성년이 되면 조리에 따라 당연히 그 구성원이 된다고 보는 다수의견의 견해에는 반대하고, 성년 여자가 종중에의 가입의사를 표명한 경우 그 성년 여자가 당해 종중 시조의 후손이 아니라는 등 그 가입을 거부할 정당하고 합리적인 이유가 없는 이상 가입의사를 표명함으로써 종중 구성원이 된다고 보아야 한다.

[다수의견에 대한 보충의견] 별개의견이 본인의 의사와 관계없이 종중 구성원이 되는 점에 대하여 결사의 자유와 양심의 자유 등을 들어서 부당하다고 비판하는 것은 종중의 본질과 종중이 통상적인 사단법인 또는 비법인사단과 구별되는 특성을 고려하지 않은 것일 뿐만 아니라, 본인의 의사와 관계없이 종중 구성원이 되는 점이 왜 성년 남자에게는 문제될 것이 없고 성년 여성에게만 문제가 되는지 납득하기 어렵고, 성별에 의하여 종원 자격을 달리 취급하는 것은 정당성과 합리성이 없다.

[5] 종중 구성원의 자격에 관한 대법원의 견해의 변경은 관습상의 제도로서 대법원판례에 의하여 법률관계가 규율되어 왔던 종중제도의 근간을 바꾸는 것인바, 대법원이 이 판결에서 종중 구성원의 자격에 관하여 '공동선조와 성과 본을 같이 하는 후손은 성별의 구별 없이 성년이 되면 당연히 그 구성원이 된다.'고 견해를 변경하는 것은 그동안 종중 구성원에 대한 우리 사회 일반의 인식 변화와 아울러 전체 법질서의 변화로 인하여 성년 남자만을 종중의 구성원으로 하는 종래의 관습법이 더 이상 우리 법질서가 지향하는 남녀평등의 이념에 부합하지 않게 됨으로써 그 법적 효력을 부정하게 된 데에 따른 것일 뿐만 아니라, 위와 같이 변경된 견해를 소급하여 적용한다면, 최근에 이르기까지 수십 년 동안 유지되어 왔던 종래 대법원판례를 신뢰하여 형성된 수많은 법률관계의 효력을 일시에 좌우하게 되고, 이는 법적 안정성과 신의성실의 원칙에 기초한 당사자의 신뢰보호를 내용으로 하는 법치주의의 원리에도 반하게 되는 것이므로, 위와 같이 변경된 대법원의 견해는 이 판결 선고 이후의 종중 구성원의 자격과 이와 관련하여 새로이 성립되는 법

률관계에 대하여만 적용된다고 함이 상당하다.

[6] 대법원이 '공동선조와 성과 본을 같이 하는 후손은 성별의 구별 없이 성년이 되면 당연히 그 구성원이 된다.'고 종중 구성원의 자격에 관한 종래의 견해를 변경하는 것은 결국 종래 관습법의 효력을 배제하여 당해 사건을 재판하도록 하려는 데에 그 취지가 있고, 원고들이 자신들의 권리를 구제받기 위하여 종래 관습법의 효력을 다투면서 자신들이 피고 종회의 회원(종원) 자격이 있음을 주장하고 있는 이 사건에 대하여도 위와 같이 변경된 견해가 적용되지 않는다면, 이는 구체적인 사건에 있어서 당사자의 권리구제를 목적으로 하는 사법작용의 본질에 어긋날 뿐만 아니라 현저히 정의에 반하게 되므로, 원고들이 피고 종회의 회원(종원) 지위의 확인을 구하는 이 사건 청구에 한하여는 위와 같이 변경된 견해가 소급하여 적용되어야 할 것이다.

2. 대법원 2003. 7. 24. 선고 2001다48781 전원합의체 판결

[다수의견] 사회의 거듭된 관행으로 생성한 어떤 사회생활규범이 법적 규범으로 승인되기에 이르렀다고 하기 위하여는 그 사회생활규범은 헌법을 최상위 규범으로 하는 전체 법질서에 반하지 아니하는 것으로서 정당성과 합리성이 있다고 인정될 수 있는 것이어야 하고, 그렇지 아니한 사회생활규범은 비록 그것이 사회의 거듭된 관행으로 생성된 것이라고 할지라도 이를 법적 규범으로 삼아 관습법으로서의 효력을 인정할 수 없는바, 제정 민법이 시행되기 전에 존재하던 관습 중 "상속회복청구권은 상속이 개시된 날부터 20년이 경과하면 소멸한다."는 내용의 관습은 이를 적용하게 되면 20년의 경과 후에 상속권침해가 있을 때에는 침해행위와 동시에 진정상속인은 권리를 잃고 구제를 받을 수 없는 결과가 되므로 소유권은 원래 소멸시효의 적용을 받지 않는다는 권리의 속성에 반할 뿐 아니라 진정상속인으로 하여금 참칭상속인에 의한 재산권침해를 사실상 방어할 수 없게 만드는 결과로 되어 불합리하고, 헌법을 최상위 규범으로 하는 법질서 전체의 이념에도 부합하지 아니하여 정당성이 없으므로, 위 관습에 법적 규범인 관습법으로서의 효력을 인정할 수 없다.

[반대의견] 법원으로서는 관습법이 다른 법령에 의하여 변경·폐지되거나 그와 모순·저촉되는 새로운 내용의 관습법이 확인되기 전까지는 이에 기속되어 이를 적용하여야 하고, 만일 관습법이 헌법에 위반된다면 그 이유로 이

를 적용하지 아니할 수 있을 뿐이지 막연히 불합리하다거나 정당성이 없다는 등의 사유를 이유로 판례변경을 통하여 그 적용을 배제할 수는 없는바, 법원은 대법원 1981. 1. 27. 선고 80다1392 판결에 의해 "상속회복청구권은 상속이 개시된 날부터 20년이 경과하면 소멸한다."는 내용의 관습이 관습법으로 성립하여 존재하고 있음을 확인·선언한 이래 여러 차례에 걸쳐 이를 재확인하여 왔으며, 한편 민법 시행 전의 폐지된 조선민사령은 상속에 관한 사항은 관습에 의한다고 규정하였고, 민법은 부칙 제25조 제1항에서 "이 법 시행 전에 개시된 상속에 관하여는 이 법 시행일 후에도 구법의 규정을 적용한다."라고 규정하였으며, 1977. 12. 31. 법률 제3051호로 개정된 민법 부칙 제5항 및 1990. 1. 13. 법률 제4199호로 개정된 민법 부칙 제12조 제1항에서도 각각 같은 내용의 경과규정을 두고 있으므로, 위 관습법이 다른 법령에 의하여 변경·폐지되거나 그와 모순·저촉되는 새로운 내용의 관습법이 확인되지 아니한 이상 법원으로서는 민법 시행 전에 있어서의 상속에 관한 법률관계에 해당하는 상속회복청구에 대하여 위 관습법을 적용할 수밖에 없다.

[반대의견에 대한 보충의견] 관습법은 성문법률을 보충하는 효력을 가지는 것이기는 하지만 법률의 효력을 가지는 것이어서 그러한 관습법에 위헌적 요소가 있는 경우 우리의 성문법률 위헌심사제도 아래에서는 헌법재판소를 통한 위헌선언이 이루어질 길이 없고 법원에 의하여 위헌성이 판정되고 그의 적용이 배제되어야 할 터이므로 그렇게 되면 실질상 위헌법률선언과 같은 결과를 낳을 것인바, 그 경우에는 헌법상 법치주의 원칙에서 나온 법적 안정성 내지 신뢰보호원칙에 바탕을 둔 위헌결정의 불소급효원칙의 정신에 따라 그 선언이 있는 날 이후로만 그 관습법의 효력이 상실되도록 함이 상당하다.

3. 대법원 2007. 9. 6. 선고 2007다34982 판결

종중총회는 특별한 사정이 없는 한 족보에 의하여 소집통지 대상이 되는 종중원의 범위를 확정한 후 국내에 거주하고 소재가 분명하여 통지가 가능한 모든 종중원에게 개별적으로 소집통지를 함으로써 각자가 회의와 토의 및 의결에 참가할 수 있는 기회를 주어야 하고, 일부 종중원에게 소집통지를 결여한 채 개최된 종중총회의 결의는 효력이 없으나, 그 소집통지의 방법은 반드시 직접 서면으로 하여야만 하는 것은 아니고 구두 또는 전화로 하여도 되고 다른 종중원이나 세대주를 통하여 하여도 무방하다.

[2] 권리남용

> **사례***
>
> 甲은 2000년 6월 丙으로부터 토지 X를 구입하였는데, X에는 농업용수용 관개수로의 일부로 사용되고 있는 수로 Y가 개설되어 있었다. Y는 약 300헥타아르에 이르는 농지에 농업용수를 공급할 뿐만 아니라 Y 주변의 토지들은 그 지상에 주택들이 모두 건축되어 있어 새로이 농업용수용 관개수로를 개설하는 것이 곤란하고, 만일 Y를 폐쇄할 경우 새로운 수로개설에는 많은 비용과 시간이 소요될 것으로 예상된다. 하지만 甲은 2021년 7월 X에 건물을 건축하기 위하여 사전 협의 없이 Y를 관리하는 乙에게 Y의 철거를 청구하였다. 한편 乙은 丙으로부터 Y의 설치 및 X에 대한 사용 승낙을 받았다고 주장하고 있으나 이를 입증하지 못하고 있다.
> [문제1] 甲의 乙에 대한 Y의 철거청구는 정당한가?
> [문제2] 甲은 乙에게 임료 상당의 사용이익 반환을 청구할 수 있는가?

[개요]

```
    甲   ─────────────▶   乙
(소유권자)   Y의 철거청구    (수로관리자)
```

[해결]

Ⅰ. 문제의 제기

(1) 甲은 X의 소유권자로서 X에 개설된 Y를 관리하는 乙에게 Y의 철거를 청구할 수 있을 것이다. 이에 대하여 乙은 甲에게 다른 방법으로는

---

* 이 사안은 대법원 1991. 10. 25. 선고 91다27273 판결에 기초하여 구성한 것이다.

몰라도 Y를 폐쇄하는 방법으로 소유권을 행사하는 것은 권리남용에 해당한다고 항변할 수 있을 것이다. 또한 乙은 甲이 장기간에 걸쳐 자신의 권리를 행사하지 않았으므로 甲의 권리가 실효되었다고 항변할 수 있을 것이다.

(2) 甲은 乙에게 X의 사용에 대한 임료 상당의 사용이익 반환을 청구할 수 있을 것이다. 이에 대하여 乙은 甲에게 X의 사용에 대한 이의 제기가 없었으므로 X의 사용에 대한 승낙을 받은 것으로 신뢰하였다고 항변할 수 있을 것이다.

II. 甲의 권리행사

1. 甲의 법적 지위

甲은 X의 소유권자로서 X를 사용, 수익, 처분할 수 있다(제211조). 따라서 甲은 X를 사용하기 위하여 X에 개설된 乙에게 Y의 철거를 청구할 수 있다. 다만, 甲의 권리행사가 소유권의 공공성에 반하는 것은 아닌지에 대한 검토가 필요하다.

2. 甲의 권리행사가 권리남용인지의 여부

甲의 소유권 행사가 권리남용이 되기 위해서는(제2조 제2항),

첫째, 권리의 행사가 있어야 한다. 여기서 '권리'는 엄격한 의미의 권리만을 의미하는 것이 아니고 넓은 의미의 법적 지위도 포함한다. 사안에서 甲은 乙에게 자신이 가진 X에 대한 소유권에 기하여 Y의 철거를 청구하였다.

둘째, 권리행사가 신의칙에 반하여야 한다. 이 경우 어느 권리행사가 권리남용이 되는지의 여부는 개별적이고 구체적인 사안에 따라 판단되어야 한다. 즉 '권리남용'은 권리자가 그 권리를 행사함으로 인하여 사회적,

경제적으로 얻는 이익보다 상대방에게 과대한 손해를 입히는 결과가 됨에도 불구하고, 권리자가 권리행사라는 구실로 상대방에게 손해를 가할 것만을 목적으로 하거나 또는 객관적으로 우리의 통념상 도저히 용인될 수 없는 부당한 결과를 자아내는 등 공공복리를 위한 권리의 사회적 기능을 무시하고, 신의성실의 원칙과 국민의 건전한 권리의식에 반하는 행위를 하는 것을 뜻한다(대판 1991. 10. 25, 91다27273). 사안에서 甲이 Y를 폐쇄하는 방법으로 X의 소유권을 행사하는 것은 甲 자신에게는 큰 이익이 없는 반면에 乙에게는 새로운 수로개설을 위한 막대한 시간과 비용이 필요하며, 乙과 X의 이용에 대한 사전 교섭이나 합의가 없었다. 이 경우 甲의 乙에 대한 Y의 철거청구는 재산권 행사는 공공복리에 적합하게 행사해야 한다는 기본원칙에 반한다.

셋째, 권리자에게 가해 의사가 필요한지에 대해서는 논란이 있다. 이에 대해서 판례는 주관적 요건만으로 충분하다고 한 것(대판 1980. 5. 27, 80다484 등)과 주관적 요건이 갖추어지거나 객관적 요건이 갖추어지면 충분하다고 한 것(대판 1991. 10. 25, 91다27273 등)과 객관적 요건만 갖추어지면 충분하다고 한 것(대판 1961. 10. 19, 4293민상204)이 있다. 최근에 이르기까지 다수의 판례는 주관적 요건과 객관적 요건을 요구하고 있다(대판 2010. 2. 25, 2009다58173 등). 즉 최근 몇몇 판례는 주관적 요건의 완화를 시도하고 있지만, 토지소유권의 행사에는 원칙적으로 가해 의사라는 주관적 요건을 요구하고 있다. 사안에서 甲은 2000년 6월 丙으로부터 X를 구입할 때부터 X에 Y가 개설되어 있다는 사실을 알고 있었고, X에 Y가 설치되어 오랜 기간 동안 이용되어 왔으나 이에 대한 사전 교섭이나 협의가 없었고, 다른 방법으로는 몰라도 Y의 폐쇄하는 방법으로 소유권을 행사하는 것은 甲 자신에게는 큰 이익이 없는 반면에 乙에게는 새로운 수로개설을 위한 막대한 시간과 비용이 필요하므로 권리남용에 해당한다.

결론적으로 甲의 乙에 대한 Y의 철거청구는 권리남용에 해당하므로 甲의 청구의 효력이 발생하지 않는다

2. 甲의 소유권이 실효되었는지의 여부

甲의 X에 대한 소유권과 이러한 소유권에 기한 물권적 청구권은 소멸시효에 걸리지 않는다(통설). 이처럼 甲의 권리행사가 소멸시효에는 걸리지 않지만, 신의칙상 실효의 원칙이 적용되는지에 대한 검토가 필요하다.

실효의 원칙이 적용되기 위해서는,

첫째, 권리자가 장기간에 걸쳐 그 권리를 행사하지 아니함에 따라 그 의무자인 상대방이 더 이상 권리자가 그 권리를 행사하지 아니할 것으로 신뢰하였어야 한다(대판 1995. 8. 25, 94다27069). 사안에서 甲은 2000년 6월 丙으로부터 X를 구입할 때부터 X에 Y가 개설되어 있다는 사실을 알고 있었고, X에 Y가 설치되어 오랜기간 동안 이용되어 왔으나 이에 대한 사전 교섭이나 협의가 없었으며, 다른 방법으로는 몰라도 Y를 폐쇄하는 방법으로 X의 소유권을 행사하지는 않을 것으로 믿었다.

둘째, 권리자가 권리행사의 기회가 있어서 그것을 기대할 수 있었는데도 그 권리행사를 하지 않아 상대방이 이를 신뢰할 만한 정당한 기대를 가지게 되었어야 한다. 사안에서 甲이 장기간 아무런 이의가 없었다는 사정만으로 X의 사용에 관하여 甲의 묵시적 승낙이나 동의가 있었다고 할 수 없고, 甲이 X에 Y가 설치되어 있다는 사실을 알고서 丙으로부터 X를 취득하였다고 하여 甲이 X에 대한 소유권 행사가 제한된 상태를 용인하였다고 할 수도 없다(대판 1993. 3. 23, 92다39372).

결론적으로 甲이 X에 설치되어 있는 Y에 대하여 자신의 권리를 장기간 행사하지 않았다는 사정만으로 甲의 권리행사에 당연히 실효의 원칙이 적용된다고 할 수 없다.

III. 甲의 사용이익 반환 청구

1. 甲의 법적 지위

甲은 X의 소유권자로서 X에 대한 사용, 수익, 처분의 권능을 가진다

(제211조). 따라서 甲은 乙에게 X에 대한 사용대가인 임료 상당의 이득의 반환을 청구할 수 있다. 이 경우 甲은 X의 소유권자로서 물권적 청구권과 부당이득반환청구권을 가지므로 양자의 경합이 문제된다. **통설**은 이득자가 단순히 점유만을 취득하고, 따라서 손실자가 물권적 청구권을 가지는 경우에도 그들 사이의 관계는 부당이득 관계라고 보고, 이 경우 민법이 규정하는 점유자와 본권자 사이의 관계에 관한 규정(제201조 내지 제203조)은 이러한 특수한 부당이득 반환의 내용을 규정한 것이라고 한다. **판례**는 선의의 점유자에 대하여 제748조 제1항에 우선하여 제201조 제1항을 적용하고 있다(대판 2003. 11. 14, 2001다61869).

2. 甲의 사용이익 반환 청구

(1) 사용이익 반환 여부

민법 제201조 제1항에 의하여 과실수취권이 인정되는 '선의의 점유자'란 과실수취권을 포함하는 권원이 있다고 오신한 점유자를 말하고, 그와 같은 오신을 함에는 오신할 만한 정당한 근거가 있어야 한다(대판 1981. 8. 20, 80다2587 등). 그러나 악의의 점유자는 수취한 과실을 반환하여야 하며, 소비하였거나 과실로 인하여 훼손 또는 수취하지 못한 경우에는 그 과실의 대가를 보상하여야 한다(제201조 제2항). 사안에서 乙은 甲에게 Y의 설치 시에 丙이 어떠한 이의를 제기하지 않았으므로 X를 사용할 권원이 있다고 주장한다. 그러나 이러한 사정만으로는 乙이 X에 대한 점유의 권원이 있다고 오신한 데 정당한 근거가 있다고 할 수 없다. 따라서 乙은 악의의 점유자에 해당하므로 甲은 乙에게 임료 상당의 부당이익, 그에 따른 법정이자, 위 부당이득 및 이자액에 대한 지연이자의 지급을 청구할 수 있다(대판 2003. 11. 14, 2001다61869).

(2) 사용이득 반환 범위

타인의 토지 위에 정당한 권원 없이 시설물을 설치·소유함으로써 사실상 소유자가 그 과소토지 부분을 자신이 원하는 용도로 사용할 수 없게 된 경우에 그 토지의 소유자는 당해 토지 전부에 대한 사용불능으로 인한 손해를 입게 되었다 할 것이다(대판 1993. 3. 23, 92다39372 참조). 이 경우 토지 소유자의 과소토지 부분에 대한 사용불능은 당해 시설물의 설치로 인하여 발생한 것이므로 사회통념상 그 과소토지 부분도 당해 시설물을 설치·소유한 자가 사용·수익하고 있다고 봄이 상당하고, 이렇게 풀이하는 것이 부당이득 제도의 이념인 공평의 원칙에도 부합하므로 타인의 토지 위에 정당한 권원 없이 시설물을 설치·소유한 자는 사용이 불가능하게 된 그 과소토지 부분을 포함한 당해 토지 전부에 대한 임료 상당의 이득을 소유자에게 반환할 의무가 있다. 사안에서 Y는 X의 일부에 해당한다고 하더라도 손해의 범위는 X의 전부에 대해서 평가되므로, 乙은 甲에게 X의 전부에 해당하는 임료 상당의 이득을 반환할 의무가 있다.

IV. 사안의 해결

(1) 甲의 乙에 대한 Y의 철거청구는 권리남용에 해당하므로 그 청구의 효력이 발생하지 않는다. 그러나 甲이 장기간 Y에 대한 자신의 권리를 행사하지 않았다는 사정만으로는 甲의 권리행사에 대하여 실효의 원칙을 인정하기 어렵다.

(2) 甲은 乙에게 X에 대한 사용대가인 임료 상당의 이득의 반환을 청구할 수 있으며, 乙은 악의의 점유자에 해당하므로 甲에게 임료 상당의 부당이익, 그에 따른 법정이자, 위 부당이득 및 이자액에 대한 지연이자를 지급하여야 한다. 이 경우 Y는 X의 일부에 해당한다고 하더라도 손해의 범위는 X의 전부에 대해서 평가되므로, 乙은 甲에게 X의 전부에 해당하는 임료 상당의 이득을 반환할 의무가 있다.

참고판례

1. 대법원 1991. 10. 25. 선고 91다27273 판결

권리남용이라 함은, 권리자가 그 권리를 행사함으로 인하여 사회적, 경제적으로 얻는 이익보다 상대방에게 과대한 손해를 입히는 결과가 됨에도 불구하고, 권리자가 권리행사라는 구실로 상대방에게 손해를 가할 것만을 목적으로 하거나 또는 객관적으로 우리의 통념상 도저히 용인될 수 없는 부당한 결과를 자아내는 등 공공복리를 위한 권리의 사회적 기능을 무시하고, 신의성실의 원칙과 국민의 건전한 권리의식에 반하는 행위를 하는 것을 뜻한다고 할 것으로서 어느 권리행사가 권리남용이 되는가의 여부는 각 개별적이고 구체적인 사안에 따라 판단되어야 할 것이다.

2. 대법원 1995. 8. 25. 선고 94다27069 판결

[1] 실효의 원칙이라 함은 권리자가 장기간에 걸쳐 그 권리를 행사하지 아니함에 따라 그 의무자인 상대방이 더 이상 권리자가 그 권리를 행사하지 아니할 것으로 신뢰할 만한 정당한 기대를 가지게 되는 경우에 새삼스럽게 권리자가 그 권리를 행사하는 것은 법질서 전체를 지배하는 신의성실의 원칙에 위반되어 허용되지 않는다는 것을 의미하는 것이므로, 종전 토지 소유자가 자신의 권리를 행사하지 않았다는 사정은 그 토지의 소유권을 적법하게 취득한 새로운 권리자에게 실효의 원칙을 적용함에 있어서 고려하여야 할 것은 아니다.

[2] 민법 제201조 제1항에 의하여 과실수취권이 인정되는 선의의 점유자란 과실수취권을 포함하는 권원이 있다고 오신한 점유자를 말하고, 그와 같은 오신을 함에는 오신할 만한 정당한 근거가 있어야 한다.

[3] 타인의 토지 위에 정당한 권원 없이 시설물을 설치·소유함으로써 그 시설물에 관련된 관련 법규에 의하여 이격거리를 두어야 하고 이에 따라 나머지 토지 부분이 과소토지로 남게 되어 사실상 소유자가 그 과소토지 부분을 자신이 원하는 용도로 사용할 수 없게 된 경우에, 그 토지의 소유자는 당해 토지 전부에 대한 사용불능으로 인한 손해를 입게 되었다 할 것이고, 이와 같은 경우 토지 소유자의 과소토지 부분에 대한

사용불능은 당해 시설물의 설치로 인하여 발생한 것이므로 사회통념상 그 과소토지 부분도 당해 시설물을 설치·소유한 자가 사용·수익하고 있다고 봄이 상당하고 이렇게 풀이하는 것이 부당이득 제도의 이념인 공평의 원칙에도 부합하므로, 타인의 토지 위에 정당한 권원 없이 시설물을 설치·소유한 자는 사용이 불가능하게 된 그 과소토지 부분을 포함한 당해 토지 전부에 대한 임료 상당의 이득을 소유자에게 반환할 의무가 있다.

3. 대법원 2003. 11. 14. 선고 2001다61869 판결

타인 소유물을 권원 없이 점유함으로써 얻은 사용이익을 반환하는 경우 민법은 선의 점유자를 보호하기 위하여 제201조 제1항을 두어 선의 점유자에게 과실수취권을 인정함에 대하여, 이러한 보호의 필요성이 없는 악의 점유자에 관하여는 민법 제201조 제2항을 두어 과실수취권이 인정되지 않는다는 취지를 규정하는 것으로 해석되는바, 따라서 악의 수익자가 반환하여야 할 범위는 민법 제748조 제2항에 따라 정하여지는 결과 그는 받은 이익에 이자를 붙여 반환하여야 하며, 위 이자의 이행지체로 인한 지연손해금도 지급하여야 한다.

[3] 태아의 권리능력

사례

甲은 임신 중인 부인 乙과 병원에 다녀오던 중 교통신호를 무시하고 달려오던 X의 덤프트럭에 추돌되는 사고를 당하였다. 이 사고로 자동차를 운전하던 甲은 현장에서 즉사하였고, 甲의 부인 乙은 다행히 경상을 입었으며, 태아 丙은 사고의 충격으로 인하여 조기 출산되어 장애아로 태어났다. 같은 시각 동네에서 친구들과 놀던 甲의 5세 아들 丁도 뺑소니 사고로 사망하였다. 甲의 유족으로는 법률상 부인 乙, 태아 丙, 아들 丁 및 甲의 어머니 戊가 있다.
[문제1] 甲이 X에 대하여 가지는 권리는?
[문제2] 丙은 X에게 어떠한 권리를 행사할 수 있는가?
[문제3] 丁도 甲의 재산에서 상속을 받을 수 있는가?

[개요]

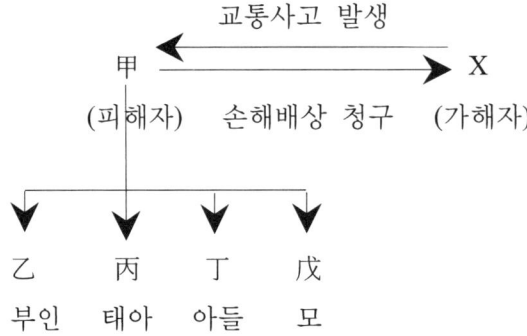

[해결]

Ⅰ. 문제의 제기

(1) 甲은 자동차 사고로 사망하였으므로 권리능력을 상실한다. 이 경우 甲이 권리의 주체로서 손해배상청구권을 취득할 수 있는지가 문제된다.

따라서 甲은 사망과 동시에 손해배상청구권을 취득하므로 X에 대하여 재산상의 손해배상 및 정신적 손해배상을 청구할 수 있을 것이다.

(2) 丙은 아직 태어나지 않았으므로 권리능력을 가지지 못한다. 하지만 우리 민법은 태아에 대하여는 중요한 법률관계에 관해서 개별적으로 출생한 것으로 보아 그 범위에서 권리능력을 인정하고 있다. 따라서 丙은 X에 대해서 직접 불법행위에 기한 손해배상청구권을 가지며, 甲이 X에 대하여 가지는 손해배상청구권을 상속할 것이다.

(3) 丁은 甲과 동일한 위난으로 사망하지 않았으나 사망의 선후를 확정할 수 없으므로 甲과 동시에 사망한 것으로 추정되어 丁에게는 상속이 발생하지 않을 것이다.

Ⅱ. 甲의 X에 대한 손해배상청구

1. 甲의 법적 지위

甲은 자동차 사고로 사망하였으므로 권리능력을 상실한다(제3조 참조). 그러나 통설과 판례는 즉사의 경우에도 피해자는 순간적으로 손해배상청구권을 가진다고 한다(시간적 간격설). 사안에서 甲은 X에 의한 자동차 사고로 즉사하였으나 사망과 동시에 가해자인 X에 대하여 재산상 손해배상청구권 및 정신적 손해배상청구권을 가진다.

2. 甲의 X에 대한 손해배상청구권 취득 여부

1) 재산상 손해배상청구

甲이 X에 대하여 불법행위로 인한 손해배상청구권을 취득하기 위한 요건으로는(제750조),

첫째, 가해자의 위법행위가 있어야 한다. 사안에서 X는 甲의 자동차를 추돌하는 사고를 일으켜 甲을 사망에 이르게 하였다.

둘째, 가해자의 위법행위는 고의 또는 과실에 의한 것이어야 한다. 사안에서 X는 교통신호를 무시하고 덤프트럭을 운전하여 자동차 사고를 야기하였다.

셋째, 피해자에게 손해가 발생하여야 한다. 甲이 X에 의한 자동차 사고로 사망하였다.

넷째, 가해자의 위법행위와 피해자의 손해 사이에 인과관계가 있어야 한다. 甲의 사망은 X에 의한 자동차 사고로 인하여 발생되었다.

결론적으로 X가 자동차 사고를 일으켜 甲을 사망에 이르게 한 것은 불법행위에 해당하므로 甲은 X에 대하여 재산상 손해배상청구권을 가진다.

2) 정신적 손해배상청구

우리 민법 제751조 제1항은 "타인의 신체, 자유 또는 명예를 해하거나 기타 정신상 고통을 가한 자는 재산 이외의 손해에 대하여도 배상할 책임이 있다."고 하여 위자료청구권을 인정하고 있다. 판례도 "치명상을 받을 때와 사망과의 사이에는 시간적 간격이 있다 할 것이고 아무리 순간적이라 할지라도 피해자로서의 정신적 고통을 느끼는 순간이 있었다 할 것이다."고 하여 피해자의 정신적 손해배상청구권을 인정하고 있다(대판 1993. 9. 25, 73다1100). 사안에서 甲은 X에 의한 자동차 사고로 즉사하였으나 사망과 동시에 정신적 고통을 받았다고 할 수 있으므로 X에 대하여 정신적 손해배상청구권을 가진다.

Ⅲ. 丙의 X에 대한 권리행사

1. 丙의 법적 지위

우리 민법은 태아를 보호하기 위하여 중요한 법률관계에 대해서는 개별적으로 이미 출생한 것으로 본다(개별적 보호주의). 여기서 "이미 출생한 것으로 본다."는 의미에 대해서는 학설의 대립이 있다. **해제조건설**은 태아인 동안에도 권리능력이 인정되는 개별적 사항의 범위에 대하여 제한적 권리능력을 가지지만 사산인 경우에는 권리능력 취득의 효과가 소급하여 소멸한다고 한다. 이에 대하여 **정지조건설**은 태아인 동안에는 권리능력이 인정되지 않지만 태아가 살아서 출생하면 권리능력 취득의 효과가 문제된 사건의 발생 시기에 소급한다고 한다. 판례는 "태아가 특정한 권리에 있어서 이미 태어난 것으로 본다는 것은 살아서 출생한 때에 출생시기가 문제의 사건의 시기까지 소급하여 그 때에 태아가 출생한 것과 같이 법률상 보아 준다고 해석하여야 상당하다."고 하여 정지조건설을 취하고 있다(대판 1976. 9. 14, 76다1365). 생각건대 태아의 법적 보호를 위한 제도적 의미를 고려하면 해제조건설이 타당하지만 태아의 권리능력을 인정하는 경우에 그 행사와 관련된 여러 제도를 고려하면 해제조건설을 취할 실익이 크지 않다. 사안에서 丙은 살아서 출생하였으므로 중요한 법률관계에 관하여 권리능력을 취득한다. 즉 丙은 태아로서 X의 불법행위에 대한 손해배상청구권을 가지며, 또한 甲이 X에 대하여 가지는 손해배상청구권을 상속한다.

2. 丙의 X에 대한 손해배상청구

태아는 손해배상청구권에 관하여는 이미 출생한 것으로 본다(제762조). 여기서 '손해배상'은 재산상 손해배상청구권과 정신적 손해배상청구권을 포함한다. 사안에서 丙은 X의 자동차 사고로 인한 조기 출산으로 인하여 신체 손상의 피해를 입었으므로 丙은 X에 대하여 자신에 대한 출생전의 불법행위로 인한 손해배상을 청구할 수 있다. 또한 丙은 태아이지만 甲의 사망으로 인하여 입게 될 정신적 고통에 대한 위자료청구권도 가진다.

1) 재산상 손해배상청구

丙이 X에 대하여 불법행위로 인한 손해배상청구권을 행사하기 위한 요건으로는(제750조),

첫째, 가해자의 위법행위가 있어야 한다. 사안에서 X는 甲의 자동차를 추돌하여 丙이 조기 출산에 이르도록 하였다.

둘째, 가해자의 위법행위는 고의, 과실에 의한 것이어야 한다. 사안에서 X는 교통신호를 무시하고 덤프트럭을 운전하여 자동차 사고를 야기하였다.

셋째, 피해자에게 손해가 발생하여야 한다. 丙은 조기 출산으로 인한 신체 손상을 입었다.

넷째, 가해자의 위법행위와 피해자의 손해 사이에 인과관계가 있어야 한다. 丙의 신체 손상은 X에 의한 자동차 사고로 발생되었다.

결론적으로 丙은 X에 대하여 자신에 대한 출생 전의 불법행위에 기한 재산상의 손해배상을 청구할 수 있다.

2) 정신적 손해배상청구

우리 민법 제752조는 "타인의 생명을 해한 자는 피해자의 직계존속, 직계비속 및 배우자에 대하여는 재산상의 손해 없는 경우에도 손해배상의 책임이 있다."고 하여 직계비속에게 가해자에 대한 정신적 손해배상청구를 인정하고 있다. 판례도 "태아도 손해배상청구권에 관하여는 이미 출생한 것으로 보는 바, 부가 교통사고로 상해를 입을 당시 태아가 출생하지 아니하였다고 하더라도 그 뒤에 출생한 이상 부의 부상으로 인하여 입게 될 정신적 고통에 대한 위자료를 청구할 수 있다."고 하여 **태아의 정신적 손해배상청구를 인정하고 있다**(대판 1993. 4. 27, 93다4663). 사안에서 丙의 직계존속인 甲이 X에 의한 자동차 사고로 사망하였으므로 丙은 X에 대하여 이로 인하여 입게 될 정신적 고통에 대한 위자료청구권을 가진다.

3. 상속권자로서 권리행사

1) 丙의 법적 지위

태아는 상속순위에 관하여는 이미 출생한 것으로 본다(제1000조 제3

항). 재산상속의 경우에 "피상속인의 직계비속"은 제1순위의 상속인이 되며(제1000조 제1항 제1호), 피상속인의 처는 제1순위의 재산상속인이 있는 경우에는 그 상속인과 동순위의 공동상속인이 된다(제1003조 제1항). 사안에서 피상속인 甲에게는 법률상 부인 乙, 태아 丙, 5살 아들 丁 및 甲의 어머니 戊가 있다.

2) 丙의 손해배상청구권 상속 여부

丙은 甲의 제1순위 상속인이므로 甲의 사망과 동시에 甲이 가진 권리와 의무를 포괄적으로 승계한다(제997조, 제1005조). 따라서 丙은 甲이 X에 대하여 가지는 재산상의 손해배상청구권을 당연히 상속하지만 정신적 손해배상청구권도 상속하는지에 대하여는 학설의 대립이 있다. 다수설은 다른 특별한 사정이 없는 한 사망자의 정신적 손해배상청구권도 당연히 상속의 대상이 된다고 하는 반면(긍정설), 소수설은 사망자의 정신적 손해배상청구권은 피해자의 일신전속권이기 때문에 상속의 대상이 될 수 없다고 한다(부정설). 판례는 "정신적 손해에 대한 배상(위자료)청구권은 피해자가 이를 포기하거나 면제했다고 볼 수 있는 특별한 사정이 없는 한 **생전에 청구의 의사를 표시할 필요없이 원칙적으로 상속되는 것**이라고 해석함이 상당하다."고 하여 상속을 인정한다(대판 1966. 10. 18, 66다1335). 생각건대 피해자가 치명상을 입은 후 사망한 경우와 즉사한 경우에 대한 균형을 고려하고, 또한 위자료청구권을 재산상의 손해배상청구권과 구별하여 그 상속성과 양도성을 부인할 특별한 이유가 없으므로 피해자에게 정신적 손해배상청구권의 상속을 인정하는 것이 타당하다. 사안에서 甲은 X에 의한 자동차 사고로 사망하였으므로 X에 대하여 정신적 손해배상청구권을 취득하며, 이러한 권리는 甲의 사망으로 인하여 丙에게 상속된다.

Ⅳ. 동시사망의 추정

우리 민법 제30조는 "2인 이상이 동일한 위난으로 사망한 경우에는 동시에 사망한 것으로 추정한다."고 하여 수인이 사망한 것은 확실하지만 사망의 선후에 대한 증명만이 없는 경우에 대한 특별규정을 두고 있다.

첫째, 2인 이상이 '동일한 위난'으로 사망하였어야 한다. 이 경우 수인이 서로 다른 위난으로 사망하였는데 그들의 사망 시기를 확정할 수 없는 때에도 제30조를 유추적용할 수 있는지에 대하여 학설의 대립이 있다. 다수설은 유추적용을 인정하는 반면(인정설), 소수설은 유추적용을 부정한다(**부정설**). 생각건대 동시사망 제도는 사망 시기를 정하지 못하는데 따른 법적 분쟁을 해결하기 위해서 인정된 것이므로 '다른 위난'으로 사망한 경우에도 제30조를 유추적용하는 것이 타당하다. 사안에서 甲은 X에 의한 자동차 사고로 사망하였고, 丁은 같은 시각 뺑소니 사고로 사망하였으므로 제30조를 유추적용하여 甲과 丁은 동시에 사망한 것으로 추정할 수 있다.

둘째, 동시에 사망한 것으로 '추정'되는 수인들 사이에는 상속이 일어나지 않는다. 이 경우 '추정'은 법률상의 추정을 말하므로 수인이 각자 다른 시각에 사망하였다는 반대사실에 대한 증명으로 추정이 번복될 수 있다. 사안에서 甲과 丁은 동시에 사망한 것으로 추정되므로 甲의 丁에 대한 상속은 발생하지 않는다.

결론적으로 甲에 대한 상속은 제1순위의 상속인인 乙과 丙만이 공동상속인이 된다.

V. 사안의 해결

(1) 甲은 X에 의한 자동차 사고로 사망하였으므로 권리능력을 상실한다. 그러나 甲은 사망과 동시에 손해배상청구권을 취득하므로 甲은 X에 대하여 재산상의 손해배상청구권 및 정신적 손해배상청구권을 가진다.

(2) 丙은 아직 태어나지 않았으므로 권리의 주체가 되지 못한다. 그러나 丙은 법률의 규정에 의하여 X에 대해서는 불법행위에 기한 손해배상청구권을 가지며, 甲이 X에 대하여 가지는 손해배상청구권을 상속한다.

(3) 丁은 甲과 동일한 위난으로 사망하지 않았으나 사망의 선후를 확정

할 수 없으므로 甲과 동시에 사망한 것으로 추정되며, 그 결과 丁에게는 상속이 발생하지 않는다.

참고판례

1. 대법원 1973. 9. 25. 선고 73다1100 판결

즉사자와 정신적 고통 : 피해자가 차량충격에 의한 강력한 뇌진탕과 두개골절 및 뇌출혈 등으로 인간의 지각 내지 의식작용이 순간적으로 소실되었다 하더라도 치명상을 받을 때와 사망과의 사이에는 시간적 간격이 있다 할 것이고 아무리 순간적이라 할지라도 피해자로서의 정신적 고통을 느끼는 순간이 있었다 할 것이다.

2. 대법원 1993. 4. 27. 선고 93다4663 판결

태아도 손해배상청구권에 관하여는 이미 출생한 것으로 보는바, 부가 교통사고로 상해를 입을 당시 태아가 출생하지 아니하였다고 하더라도 그 뒤에 출생한 이상 부의 부상으로 인하여 입게 될 정신적 고통에 대한 위자료를 청구할 수 있다.

3. 대법원 1976.9.14. 선고 76다1365 판결

태아가 특정한 권리에 있어서 이미 태어난 것으로 본다는 것은 살아서 출생한 때에 출생시기가 문제의 사건의 시기까지 소급하여 그 때에 태아가 출생한 것과 같이 법률상 보아 준다고 해석하여야 상당하므로 그가 모체와 같이 사망하여 출생의 기회를 못 가진 이상 배상청구권을 논할 여지없다.

4. 대법원 1966. 10. 18. 선고 66다1335 판결

정신적 손해에 대한 배상(위자료)청구권은 피해자가 이를 파기하거나 면제했다고 볼 수 있는 특별한 사정이 없는 한 생전에 청구의 의사를 표시할 필요없이 원칙적으로 상속되는 것이라고 해석함이 상당하다.

[4] 미성년자의 법률행위(1)

사례*

甲은 1994. 9. 26.생으로 현재 서울의 A대학교에 다니는 학생이다. 甲은 아르바이트를 통해 월 60만원 이상의 소득을 얻고 있었으며, 2012. 10. 25. 乙신용카드회사로부터 신용카드를 발급받았다. 甲은 乙로부터 발급받은 신용카드를 사용하여 2012. 11. 19.부터 소득의 범위 내에서 乙의 가맹점인 丙 등에서 식료품·의류·화장품 등을 구매하였다. 甲은 2013. 10. 8. 乙에 대하여 신용카드이용계약을 취소하고, 신용카드이용대금 채무의 부존재확인 및 이미 지급한 신용카드이용대금의 반환을 청구하였다. 나아가 甲은 같은 날 乙의 가맹점인 丙과 체결한 신용구매계약도 취소하였다.

[문제1] 甲과 乙 사이의 법률관계는?
[문제2] 甲과 丙 사이의 법률관계는?

[개요]

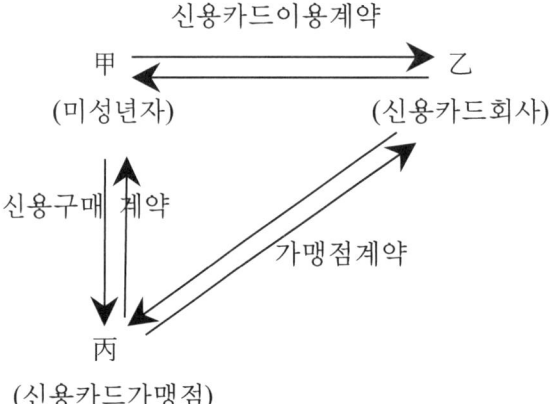

---

* 이 사안은 대법원 2007. 11. 16. 선고 2005다71659,71666,71673 판결에 기초하여 구성한 것이다.

[참조조문]

※ 「여신전문금융업법」 제14조(신용카드·직불카드의 발급)

③ 신용카드업자는 다음 각 호의 요건을 갖춘 자에게 신용카드를 발급할 수 있다.

1. 제2항 각 호의 요건을 갖춘 자
2. 신용카드의 발급신청일 현재 대통령령으로 정하는 연령 이상인 자
3. 그 밖에 신용카드 발급에 중요한 요건으로서 대통령령으로 정하는 요건을 갖춘 자

※ 「여신전문금융업법시행령」 제6조의7(신용카드의 발급 및 회원 모집방법 등)

② 법 제14조 제3항 제2호에서 "대통령령이 정하는 연령 이상인 자"라 함은 만 18세 이상인 자를 말한다.

③ 법 제14조 제3항 제3호에서 "대통령령이 정하는 요건"이라 함은 다음 각 호의 요건을 말한다. <개정 2008. 2. 29.>

1. 미성년자의 경우 법정대리인의 동의서와 재직증명·납세증명 등 소득을 증명하는 서류를 제출할 것

※ 「여신전문금융업 감독규정」(2001. 7. 19. 금융감독위원회 공고 제2001-48호) 제24조

"신용카드업자는 신청일 현재 만 18세 이상이고 일정소득, 일정재산이 있는 자에게 각자의 발급기준에 의거하여 신용카드를 발급하여야 한다."

[해결]

Ⅰ. 문제의 제기

(1) 甲은 미성년자로서 법정대리인의 동의가 없음을 이유로 乙에 대하여 신용카드이용계약 취소를 주장할 수 있을 것이다. 그리고 甲은 신용카드이용계약 취소의 효과로서 乙에게 이미 지급한 신용카드이용대금의 반

환을 청구할 수 있을 것이다. 이에 대하여 乙은 甲의 신용카드이용계약 취소에 대하여 처분이 허락된 재산의 처분행위 또는 신의칙 위반을 이유로 항변할 수 있을 것이며, 甲으로부터 이미 수령한 신용카드이용대금은 상계의 항변으로 그 반환을 거절할 수 있을 것이다.

(2) 甲은 매수인으로서 매도인인 丙에게 법정대리인의 동의가 없음을 이유로 丙과 체결한 신용구매계약 취소를 주장할 수 있을 것이다. 이에 대하여 丙은 甲의 신용구매계약취소 주장에 대하여 처분이 허락된 재산의 처분행위 또는 신의칙 위반을 이유로 항변할 수 있을 것이다.

Ⅱ. 甲과 乙 사이의 법률관계

1. 甲의 乙에 대한 신용카드이용계약 취소

1) 甲의 법적 지위

사람은 19세로 성년이 된다(제4조). 성년에 이르지 아니한 미성년자가 법정대리인의 동의 없이 법률행위를 하는 경우에는 원칙적으로 그 법률행위를 취소할 수 있다(제5조 제2항). 사안에서 甲은 1994. 9. 26.생으로서 乙과 신용카드이용계약을 체결할 당시 만 18세 11개월 남짓의 미성년자이다. 따라서 甲이 법정대리인의 동의를 얻지 않은 경우에 甲은 乙과 체결한 신용카드이용계약을 취소할 수 있다. 또한 甲은 乙에 대하여 신용카드이용계약 취소의 효과로서 이미 지급한 신용카드이용대금의 반환을 청구할 수 있다.

2) 신용카드이용계약 취소

甲은 제한능력자이지만 법정대리인의 동의 없이 단독으로 乙과 체결한 신용카드이용계약을 취소할 수 있다(제140조). 이 경우 甲은 신용카드이용계약을 체결한 乙에게 취소의 의사표시를 하여야 하며(제142조), 취소의 원인을 진술할 필요는 없다(통설). 사안에서 甲이 乙에 대하여 법정대리인의 동의가 없음을 이유로 신용카드이용계약을 취소한 것은 정당하다.

3) 부당이득반환청구

甲이 乙과 체결한 신용카드이용계약을 취소하면 취소된 법률행위는 처음부터 무효인 것으로 본다(제141조 전단). 따라서 甲이 乙에게 부담하는 신용카드이용대금 및 수수료 등 지급채무는 소급하여 부존재하게 되며, 甲이 乙에게 이미 지급한 신용카드이용대금 등은 乙이 법률상 원인 없이 취득한 이익이 되므로 甲은 乙에게 부당이득반환을 청구할 수 있다. 반면 甲은 乙에게 신용카드 사용으로 인하여 받은 이익이 현존하는 한도에서 그 이익을 반환하여야 한다(제141조 단서).

4) 부당이득반환의무

(1) 반환의무의 특수성

신용카드를 이용한 신용구매행위에는 甲과 乙 사이의 관계(보상관계), 甲과 丙 사이의 관계(대가관계), 乙과 丙 사이의 관계(집행관계)인 삼면관계가 존재한다. 이러한 삼면관계는 별개의 독립적인 계약에 의하여 성립된 것으로서, 이 중 하나의 계약에 무효·취소·해제 등 흠결사유가 발생한다고 하더라도 나머지 계약이 이로 인하여 무효·취소·해제되지 않는다. 따라서 甲이 乙에 대하여 신용카드이용계약을 취소하더라도 甲과 丙 사이의 신용구매계약은 유효하다. 사안에서 甲이 乙에 대하여 신용카드이용계약을 취소한 경우에 부당이득반환은 甲과 乙 사이에서만 발생하며, 乙과 丙 또는 甲과 丙 사이의 법률관계에는 아무런 영향을 미치지 않는다.

(2) 반환의무의 내용

가) 현존이익의 반환

제한능력자가 법률행위를 취소한 경우에 "그 행위로 인하여 받은 이익이 현존하는 한도에서 상환의 책임을 진다."(제141조 단서). 즉 제한능력자는 선의·악의를 불문하고 취소된 행위에 의하여 받은 이익이 현존하는 한도에서 상환하면 되며, 여기서 '받은 이익이 현존'한다는 것은 취소된 행위에 의하여 사실상 얻은 이익이 그대로 있거나 또는 그것이 변형되어 잔존하는 것을 말한다. 사안에서 甲은 신용카드이용계약으로 얻은 이익 중 현존하는 것을 반환하면 된다. 그러므로 甲이 乙에게 아직 신용카드이용대금을 지급하지 아니한 경우라도 취소된 신용카드이용계약에서 정한 바에 따라 乙이 丙에게 이미 매출대금을 지급함으로써 손해를 입은 때에는 甲은 乙에게 그 손해에 상당하는 이익을 반환하여야 한다.

나) 반환의 대상

甲이 현존이익으로서 乙에게 반환하여야 할 대상으로는 甲이 丙으로부터 취득한 상품 및 용역, 즉 **현물**이라는 견해와 매매대금 상당의 **금전**이라는 **견해**가 있다. 판례는 신용카드이용계약을 취소한 甲은 丙에 대한 매매대금 지급채무를 법률상 원인 없이 면제받는 이익을 얻었으며, 이러한 이익은 금전상의 이득으로서 특별한 사정이 없는 한 현존하는 것으로 추정된다(대판 2005. 4. 15, 2003다60297·60303·60310·60327)고 하여 매매대금 상당의 **금전이 반환의 대상**이라고 한다.

다) 입증책임

미성년자가 취득한 현존이익의 존부에 대한 입증책임을 누가 부담하는지에 대하여는 견해의 대립이 있다. 학설은 미성년자가 취득한 이익은 현존하는 것으로 추정하여야 하고 제한능력자가 그 이익이 현존하지 아니함을 입증하여야 한다는 견해(**수익자 입증설**)와 민법 제141조 단서는 제한능력자 보호에 목적이 있으므로 부당이득반환을 청구하는 자가 현존이익이 있다는 점을 입증하여야 한다는 견해(**반환청구자 입증설**)가 있다. 판례도 **반환청구자 입증설**(대판 1970. 2. 10, 69다2171)과 **수익자 입증설**(대판 1969. 9. 30, 69다1093)로 나뉘고 있다. 생각건대 미성년자가 취득한 것이 금전상의 이익인 때에는 "이러한 이익은 금전상의 이익으로서 특별한 사정이 없는 한 현존하는 것으로 추정"되므로 미성년자가 현존이익이 없음을 증명하여야 한다고 본다. 다만, 미성년자가 악의의 수익자라는 점에 대한 입증책임은 반환청구자에게 있다는 것이 통설과 판례(대판 1998. 5. 8, 95다30390)의 태도이다.

2. 乙의 甲에 대한 항변

1) 乙의 법적 지위

乙은 甲과 신용카드이용계약을 체결한 당사자로서 甲의 신용카드이용계약 취소에 대하여 처분이 허락된 재산의 항변 또는 신의칙 위반의 항변을 할 수 있다. 또한 甲의 신용카드이용계약 취소가 인정되는 경우에 乙은 甲의 부당이득반환청구에 대하여 상계의 항변을 할 수 있다.

2) 신용카드이용계약 취소에 대한 항변

(1) 처분이 허락된 재산의 항변

乙은 甲이 자신과 신용카드이용계약을 체결할 당시 소득이 있었으며, 물품 및 용역의 구입이 소액거래이므로 이에 대한 신용카드이용행위는 사실상 법정대리인이 처분을 허락한 재산의 임의처분이라고 주장할 수 있다. 그러나 민법 제6조에서 규정하고 있는 미성년자의 "처분이 허락된 재산의 처분행위"는 법정대리인이 그 범위를 정하여 사전에 처분을 허락한 경우를 말하며, 여기서 처분의 범위는 '사용목적의 범위'가 아니라 '재산의 범위'라고 보는 것이 타당하다. 또한 甲이 신용카드를 사용하여 구매한 물품이나 제공받은 용역의 액수 및 횟수가 적지 않은 점에 비추어 보면 甲이 소득이 있었다는 이유만으로 법정대리인이 甲에게 신용카드 사용을 허락하였다고 볼 수 있다는 乙의 항변은 이유 없다.

(2) 신의칙에 기한 항변

乙은 甲이 신용카드이용계약을 체결할 당시 소득이 있었으며, 여신전문금융업 감독규정에서 정하는 신용카드 발급요건을 갖추었으므로 민법상 미성년자라는 이유로 신용카드이용계약을 취소하는 것은 신의칙에 반한다고 주장할 수 있다. 그러나 민법 제5조는 미성년자를 보호하기 위하여 법정대리인의 동의 없는 미성년자의 법률행위를 취소할 수 있도록 규정하고 있다. 또한 여신전문금융업 감독규정은 신용카드회원에 대한 최소한의 카드발급기준을 마련한 것에 불과하며, 이를 신용카드이용계약 체결시 만 18세 이상의 미성년자를 성년으로 의제하는 규정으로 볼 수 없다. 그러므로 甲의 취소권 행사에 대한 乙의 신의칙 위반의 항변은 이유 없다.

3) 부당이득반환청구에 대한 항변

(1) 법적 기초

甲이 乙에 대하여 신용카드이용계약을 취소하면 乙은 법률상 원인 없이 甲으로부터 받은 신용카드이용대금 및 수수료 상당액의 이익을 얻게 되고, 그로 인하여 甲에게 동일한 금액 상당의 손해를 가하였다고 할 수 있다(제741조 참조). 그러므로 乙은 특별한 사정이 없는 한 甲으로부터 받은 이익을 반환할 의무가 있다. 반면 乙도 甲에 대하여 현존이익의 반환을 청구할 수 있으므로 乙은 甲의 부당이득반환청구에 대하여 상계의 항변을 할 수 있다.

(2) 상계의 항변

상계를 할 수 있기 위해서는 두 당사자의 채권이 상계적상에 있어야 한다(제492조 제1항). 첫째, 상계 당시에 당사자들은 서로 상대방에 대하여 채권을 가지고 있어야 하며, 둘째 자동채권과 수동채권은 같은 종류의 채권이어야 하며, 셋째 두 채권은 유효하여야 하며, 넷째 채권의 성질상 상계가 금지되지 않아야 한다. 사안에서 甲은 신용카드이용계약을 취소한 결과 丙으로부터 물건의 취득이나 서비스 제공을 통하여 乙에게서 법률상 원인 없이 이익을 취득하게 되었고, 乙도 甲으로부터 받은 신용카드이용대금 및 수수료 상당액의 이익을 취득하였으므로 양자는 그 받은 이익을 반환하여야 한다. 이와 같이 두 당사자의 채권은 같은 종류의 채권이며, 또한 유효하므로 대등액의 한도에서 상계적상이 인정된다.

(3) 소결

甲의 신용카드이용계약 취소로 인한 부당이득반환청구에 대하여 乙은 자신이 甲을 대위하여 丙에게 지급한 물품대금으로 인하여 甲이 면하게 된 이득의 반환청구권을 가지고 甲에게 상계적상의 항변을 할 수 있다. 이 경우 甲은 그 받은 이익이 현존하는 한도에서 물품대금 상당의 이익이 법률상 원인 없음을 안 때로부터 이자를 붙여 반환하여야 한다.

Ⅲ. 甲과 丙 사이의 법률관계

1. 甲의 丙에 대한 신용구매계약 취소

1) 甲의 법적 지위

甲은 乙로부터 신용카드를 발급받아 乙과 가맹점 관계에 있는 丙으로부터 물품을 구입한 다음 대금결제에 사용하였다. 그러나 甲은 미성년자로서 丙과 체결한 신용구매계약이 법정대리인의 동의 없이 이루어진 것이라는 이유로 丙과 체결한 신용구매계약을 취소할 수 있다.

2) 甲의 권리행사

(1) 신용구매계약 취소

미성년자는 법정대리인의 동의가 없으면 자신의 행한 법률행위를 취소할 수 있다(제5조 제2항). 사안에서 甲은 법정대리인의 동의 없이 丙과 신용구매계약을 체결하였으므로 甲은 丙과 체결한 신용구매계약을 취소할 수 있다. 이 경우 甲이 법정대리인의 동의를 얻어 법률행위를 하였다는 입증책임은 이를 주장하는 丙이 부담한다(대판 1970. 2. 24, 69다1568).

(2) 부당이득반환청구

甲이 丙과 체결한 신용구매계약을 취소하는 경우에 甲이 丙에 대하여 부담하는 매매대금의 지급의무는 소멸하며, 이미 이행한 급부는 부당이득 법리에 따라 그 반환을 청구할 수 있다. 그 결과 丙은 乙에게 매출대금의 지급을 청구할 수 없다. 만일 甲이 乙에게 신용카드이용대금을 이미 지급한 경우에 丙은 乙로부터 지급받은 매출대금을 甲에게 반환하여야 한다. 이 경우 丙은 매출취소전표를 작성하게 되며, 乙이 丙에게 매출취소전표에 관한 매출대금을 이미 지급한 경우에는 丙은 乙로부터 받은 매출대금을 직접 乙에게 환입하여야 한다. 한편 甲은 乙과 丙 사이의 매출대금 반환관계와 무관하게 丙 및 乙 모두에게 이미 지급한 매매대금의 반환을 청구할 수 있다.

(3) 소결

甲이 丙과 체결한 신용구매계약을 취소하는 경우에 甲은 丙에게 매매대금의 반환을 청구할 수 있다. 반면 丙이 甲에게 청구할 수 있는 매매대금은 乙이 이를 대신 수령하였으므로 乙은 가맹점계약에 따라 甲에 대한 대금반환책임을 丙으로부터 병존적으로 인수하였다고 볼 수 있다. 따라서 甲은 丙 및 乙 모두에게 매매대금의 반환을 청구할 수 있다.

2. 丙의 甲에 대한 항변

1) 丙의 법적 지위

丙은 甲에게 물품을 매도하였으므로 매도인의 법적 지위를 가진다. 따라서 丙은 甲의 신용구매계약 취소에 대하여 매매계약에 기한 항변을 할 수 있다.

2) 매매계약에 기한 항변

(1) 처분이 허락된 재산의 처분행위

甲은 丙과 신용구매계약을 체결할 당시 만 18세 11개월의 대학생으로서 경제활동에 종사하여 수입을 얻고 있었으며, 丙과의 거래가 비교적 소규모이어서 각 개별거래액이 월 수입을 초과하였다고 보기 어려우며, 각 개별거래로 인하여 甲에게 재산적 손실이 있었다고 보기 어렵거나 또는 손실이 있었다고 하더라도 미미하고, 각 개별거래가 취소된 후 원상회복이 불가능하거나 또는 사실상 곤란하므로 甲이 각 가맹점들과 체결한 개별적인 매매계약은 법정대리인이 처분을 허락한 재산의 처분행위라고 주장할 수 있다. 그러나 법정대리인의 묵시적 동의나 처분허락 여부에 대하여 판례는 "미성년자의 연령·지능·직업·경력, 법정대리인과의 동거 여부, 독자적인 소득의 유무와 그 금액, 경제활동의 여부, 계약의 성질·체결경위·내용, 기타 제반 사정을 종합적으로 고려하여야 할 것이다."고 판시하고 있다. 사안에서 甲은 각 신용구매계약 당시 성년에 근접한 만 18세 11개월에 이르는 나이였고, 당시 경제활동을 통해 월 60만원 이상의 소득을 얻고 있었으며, 각 신용구매계약은 대부분 식료품·의류·화장품·문구 등 소규모의 일상적인 거래행위이었고, 그 대부분이 할부구매라는 점을 감안하면 월 사용액이 甲의 소득범위를 벗어나지 않는 것으로 볼 수 있다. 따라서 甲의 각 신용구매계약은 甲이 계약체결 당시 스스로 얻고 있던 소득에 대하여는 법정대리인의 묵시적 처분허락이 있었고, 또한 각 신용구매계약은 처분허락을 받은 재산범위 내의 처분행위에 해당한다고 볼 수 있다.

(2) 신의칙 위반의 항변

丙은 甲이 성년에 근접하는 연령으로 경제활동에 종사하는 미성년자가 일상생활 속에서 생활필수품을 구입하는 등 소규모 거래를 한 다음, 그것이 법정대리인의 동의 없이 이루어진 것이라는 이유로 신용구매계약을 취소한 것은 신의칙에 위반된다고 주장할 수 있다. 그러나 판례는 "신용카드 가맹점이 미성년자와 신용구매계약을 체결할 당시 향후 그 미성년자가 법정대리인의 동의가 없었음을 들어 스스로 위 계약을 취소하지는 않으리라고 신뢰하였다 하더라도 그 신뢰가 객관적으로 정당한 것이라고 할 수 있을지 의문일 뿐만 아니라, 그 미성년자가 가맹점의 이러한 신뢰에 반하여 취소권을 행사하는 것이 정의 관념에 비추어 용인될 수 없는 정도의 상태라고 보기도 어려우며, 미성년자의 법률행위에 법정대리인의 동의를 요하도록 하는 것은 강행규정인데, 위 규정에 반하여 이루어진 신용구매계약을 미성년자 스스로 취소하는 것을 신의칙 위반을 이유로 배척한다면, 이는 오히려 위 규정에 의해 배제하려는 결과를 실현시키는 셈이 되어 미성년자 제도의 입법 취지를 몰각시킬 우려가 있으므로, **법정대리인의 동의 없이 신용구매계약을 체결한 미성년자가 사후에 법정대리인의 동의 없음을 사유로 들어 이를 취소하는 것이 신의칙에 위배된 것이라고 할 수 없다.**"고 판시하고 있다(대판 2007. 11. 16, 2005다71659,71666,71673).

(3) 소결

甲이 丙과 신용구매계약을 체결하였으나 계약체결 당시 미성년자였다는 이유로 신용구매계약을 취소하는 경우에도 미성년자 제도의 입법취지에 비추어보면 신의칙에 위배된 것이라고 할 수 없다. 그러나 甲이 자신의 소득범위 내에서 생활필수품의 구입 등 소규모 신용구매계약을 체결한 제반사정을 고려하면 甲이 스스로 얻고 있었던 소득에 대하여는 법정대리인의 묵시적 처분허락이 있었고, 각 신용구매계약은 처분허락을 받은 재산 범위내의 처분행위에 해당한다고 할 수 있다. 따라서 甲의 신용구매계약 취소에 대한 丙의 항변은 정당하다.

Ⅳ. 사안의 해결

(1) 甲은 미성년자로서 법정대리인의 동의 없음을 이유로 乙과 체결한 신용카드이용계약을 취소할 수 있다. 甲은 신용카드이용계약 취소의 효과로서 乙에게 이미 지급한 신용카드이용대금 및 수수료 상당액을 부당이득으로 반환청구할 수 있다. 이에 대하여 乙은 甲의 신용카드이용계약 취소를 처분이 허락된 재산의 처분행위 또는 신의칙 위반을 이유로 항변할 수 없다. 다만, 乙은 甲의 부당이득반환청구에 대하여 甲을 대위하여 丙에게 지급한 매출대금의 반환청구권을 가지고 甲에게 상계적상의 항변을 할 수 있다.

(2) 甲은 미성년자로서 법정대리인의 동의 없음을 이유로 丙과 체결한 신용구매계약을 취소할 수 있다. 甲은 신용구매계약 취소의 효과로서 乙에게 이미 지급한 신용카드 이용대금의 반환을 병존적 채무인수관계에 있는 丙 및 乙에게 청구할 수 있다. 이에 대하여 丙은 甲의 신용구매계약 취소를 신의칙 위반으로 항변할 수 없지만 법정대리인의 묵시적 처분허락을 받은 재산 범위내의 처분행위라고 항변할 수 있다.

보론(補論): 甲이 법정대리인의 동의를 얻은 경우

1. 법적 규범

우리나라 여신전문금융업법과 동법 시행령은 대판 2005. 4. 15, 2003다60297・60303・60310・60327의 취지를 수용하여 18세 이상의 미성년자이더라도 부모의 동의를 신용카드발급의 필수요건으로 개정하였다. 그러므로 향후 미성년자가 신용카드이용계약 자체를 취소하는 법률분쟁은 발생하지 않을 것으로 보인다.

2. 법정대리인의 동의의 범위

미성년자가 법정대리인의 동의를 얻어 신용카드를 발급받고 이를 가지고 가맹점과 개별적인 신용구매계약을 체결한 경우에 그 계약을 제한능력자라는 이유로 취소하면 어떻게 해결하여야 할 것인지가 문제된다.

이에 대하여는 각 개별계약마다 법정대리인의 동의나 허락을 필요로 한다는 견해, 신용구매와 차재행위(제950조 제1항 제2호)로 나누어 차재행위시에는 친족회의 동의가 별도로 필요하다는 견해, 카드사용 거래한도액 내에서는 별도의 동의가 필요 없다는 견해, 신용카드이용계약 체결시 한 동의로 신용카드 이용행위에 관하여는 포괄적인 허락이 있는 것으로 보아야 한다는 견해 등이 제시되고 있다.

생각건대 신용카드이용계약과 신용구매계약은 독립적인 행위이므로 신용카드이용계약이 법정대리인의 동의를 받아 유효하게 체결되었다고 하더라도 개별계약까지 법정대리인의 동의가 필요 없다고 말할 수 없다. 그러나 미성년자의 신용카드이용계약에 대한 법정대리인의 동의는 그것이 단지 신용카드를 발급받도록 하는데 그 목적이 있는 것이 아니라 미성년자가 그 신용카드를 이용하여 거래한도액 내에서 자유롭게 카드거래를 할 지위를 포괄적으로 부여하는 의미의 동의를 한 것으로 보아야 한다(제6조 유추적용). 따라서 미성년자가 신용카드를 이용하여 거래한도액 범위 내에서 한 신용구매 및 현금서비스 거래는 모두 취소할 수 없다고 보아야 할 것이다.

참고판례

1. 대법원 2005. 4. 15. 선고 2003다60297,60303,60310,60327 판결

미성년자가 신용카드발행인과 사이에 신용카드 이용계약을 체결하여 신용카드거래를 하다가 신용카드 이용계약을 취소하는 경우 미성년자는 그 행위로 인하여 받은 이익이 현존하는 한도에서 상환할 책임이 있는 바, 신용카드 이용계약이 취소됨에도 불구하고 신용카드회원과 해당 가

맹점 사이에 체결된 개별적인 매매계약은 특별한 사정이 없는 한 신용카드 이용계약취소와 무관하게 유효하게 존속한다 할 것이고, 신용카드발행인이 가맹점들에 대하여 그 신용카드사용대금을 지급한 것은 신용카드이용계약과는 별개로 신용카드발행인과 가맹점 사이에 체결된 가맹점 계약에 따른 것으로서 유효하므로, 신용카드발행인의 가맹점에 대한 신용카드이용대금의 지급으로써 신용카드회원은 자신의 가맹점에 대한 매매대금 지급채무를 법률상 원인 없이 면제받는 이익을 얻었으며, 이러한 이익은 금전상의 이득으로서 특별한 사정이 없는 한 현존하는 것으로 추정된다.

2. 대법원 2007.11.16. 선고 2005다71659,71666,71673 판결

[1] 행위무능력자 제도는 사적자치의 원칙이라는 민법의 기본이념, 특히, 자기책임 원칙의 구현을 가능케 하는 도구로서 인정되는 것이고, 거래의 안전을 희생시키더라도 행위무능력자를 보호하고자 함에 근본적인 입법 취지가 있는바, 행위무능력자 제도의 이러한 성격과 입법 취지 등에 비추어 볼 때, 신용카드 가맹점이 미성년자와 신용구매계약을 체결할 당시 향후 그 미성년자가 법정대리인의 동의가 없었음을 들어 스스로 위 계약을 취소하지는 않으리라고 신뢰하였다 하더라도 그 신뢰가 객관적으로 정당한 것이라고 할 수 있을지 의문일 뿐만 아니라, 그 미성년자가 가맹점의 이러한 신뢰에 반하여 취소권을 행사하는 것이 정의관념에 비추어 용인될 수 없는 정도의 상태라고 보기도 어려우며, 미성년자의 법률행위에 법정대리인의 동의를 요하도록 하는 것은 강행규정인데, 위 규정에 반하여 이루어진 신용구매계약을 미성년자 스스로 취소하는 것을 신의칙 위반을 이유로 배척한다면, 이는 오히려 위 규정에 의해 배제하려는 결과를 실현시키는 셈이 되어 미성년자 제도의 입법 취지를 몰각시킬 우려가 있으므로, 법정대리인의 동의 없이 신용구매계약을 체결한 미성년자가 사후에 법정대리인의 동의 없음을 사유로 들어 이를 취소하는 것이 신의칙에 위배된 것이라고 할 수 없다.

[2] 미성년자가 법률행위를 함에 있어서 요구되는 법정대리인의 동의는 언제나 명시적이어야 하는 것은 아니고 묵시적으로도 가능한 것이며, 미성년자의 행위가 위와 같이 법정대리인의 묵시적 동의가 인정되거나

처분허락이 있는 재산의 처분 등에 해당하는 경우라면, 미성년자로서는 더 이상 행위무능력을 이유로 그 법률행위를 취소할 수 없다.

[3] 미성년자의 법률행위에 있어서 법정대리인의 묵시적 동의나 처분허락이 있다고 볼 수 있는지 여부를 판단함에 있어서는, 미성년자의 연령·지능·직업·경력, 법정대리인과의 동거 여부, 독자적인 소득의 유무와 그 금액, 경제활동의 여부, 계약의 성질·체결경위·내용, 기타 제반 사정을 종합적으로 고려하여야 할 것이고, 위와 같은 법리는 묵시적 동의 또는 처분허락을 받은 재산의 범위 내라면 특별한 사정이 없는 한 신용카드를 이용하여 재화와 용역을 신용구매한 후 사후에 결제하려는 경우와 곧바로 현금구매하는 경우를 달리 볼 필요는 없다.

[5] 미성년자의 법률행위(2)

사례

甲은 1994. 4. 20.생으로 서울의 A대학교에 입학하였다. 그는 오토바이 매니아로서 평소 유명브랜드 오토바이를 가지고 싶어 하던 중 2013. 3. 5. 부모님 丙이 원룸아파트 보증금으로 준 3,000만원을 전액 오토바이를 구입하는데 사용하였다. 2013. 3. 중순 서울에 온 丙은 甲이 친구의 자취방에 거주하고 있으며, 또한 오토바이를 타고 돌아다니느라 학업을 소홀히 하고 있다는 사실을 알게 되었다. 그리하여 丙은 甲을 꾸짖은 다음, 오토바이를 판매한 乙을 찾아가 오토바이를 되돌려 주고자 한다.

[문제1] 甲과 丙은 乙에게 어떠한 권리를 행사할 수 있는가?

[문제2] 甲은 乙에게 위조된 丙의 동의서를 제시하였고, 乙은 그 진위에 대하여 의심하면서 甲과 오토바이에 대한 매매계약을 체결하였다. 乙이 甲과 丙의 권리행사에 대하여 대항할 수 있는 방법은 무엇이며, 또한 乙이 甲과 丙의 권리행사 이전에 행사할 수 있는 권리는 무엇이 있는가?

[개요]

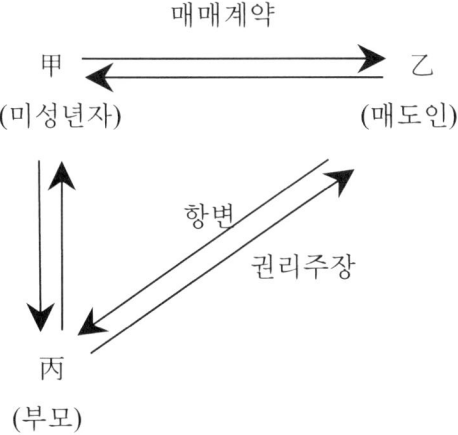

[해결]

Ⅰ. 문제의 제기

(1) 甲이 乙과 체결한 매매계약을 소멸시키기 위해서는 매매계약의 무효, 취소, 해제, 철회 등을 고려할 수 있다. 그러나 甲이 乙과 체결한 매매계약에는 무효나 해제사유가 존재하지 않으며, 이미 계약이 유효하게 효력을 발생하고 있으므로 철회의 대상도 되지 않는다. 사안에서는 매매계약의 취소가 문제되며, 우리 민법상 취소할 수 있는 법률행위로는 제한능력자가 한 법률행위와 착오나 사기·강박에 의하여 의사표시를 한 자의 법률행위가 있다. 따라서 甲과 丙은 乙에 대하여 제한능력자가 한 법률행위를 이유로 매매계약의 취소를 주장할 수 있을 것이다.

(2) 甲과 丙이 乙에 대하여 매매계약의 취소를 주장하는 경우에 乙은 취소권 배제사유를 들어 매매계약을 유효하게 확정하거나 또는 계약당사자의 지위에서 계약의 효력을 확정할 수 있다. 전자의 취소권 배제사유로는 법정추인과 제한능력자가 속임수를 쓴 경우가 있으며, 후자의 계약의 효력을 확정할 수 있는 사유로는 상대방에 대한 확답촉구권과 철회권이 있다. 그러므로 乙은 甲과 丙의 취소권 주장에 대하여 이러한 권리들을 가지고 대항할 수 있을 것이다.

Ⅱ. 甲과 丙의 乙에 대한 권리 주장

1. 甲과 丙의 법적 지위

甲은 1994. 4. 20. 출생한 자로서 2013. 3. 5. 계약체결 당시 만 18년 11개월의 미성년자이다(제4조). 그러므로 甲은 법정대리인의 동의를 얻어야 유효한 법률행위를 할 수 있다(제5조 제1항 본문). 한편 丙은 甲의 부모로서 미성년자 甲의 친권자이며(제909조 제1항), 친권행사시에 다른 사정이 없으면 미성년자 甲의 법정대리인이 된다(제911조). 미성년자가 법정대리인의 동의를 얻지 않고 법률행위를 한 경우에 미성년자 본인 또는 법정대리인은 그 법률행위를 취소할 수 있다(제5조 제2항, 제140조).

2. 甲의 권리행사

1) 법적 근거

(1) 원칙

甲이 乙과 오토바이를 구입하기로 하는 매매계약을 체결하기 위해서는 원칙적으로 丙의 동의를 얻어야 한다. 이 경우 丙의 동의는 명시적이거나 묵시적으로 할 수 있으며, 미성년자 甲뿐만 아니라 甲과 거래한 상대방 乙에게 하여도 상관없다. 사안에서 丙은 甲이 오토바이를 구입한 사실을 알지 못하였으므로 甲이 乙과 체결한 매매계약에 대하여 동의를 하거나 乙에게 별도의 동의를 주었다고 보기 어렵다. 만일 乙이 甲의 오토바이 구매행위에 대하여 丙의 동의가 있었다고 주장하는 경우에는 그에 대한 입증책임은 그 동의가 있었음을 이유로 법률행위의 유효를 주장하는 乙에게 있다(대판 1970. 2. 24, 69다1568).

(2) 예외

미성년자는 원칙적으로 단독으로 법률행위를 할 수 없으나 예외적으로 법정대리인의 동의 없이 단독으로 유효하게 법률행위를 할 수 있다. 이에 속하는 것으로는 단순히 권리만을 얻거나 또는 의무만을 면하는 행위(제5조 제1항 단서), 처분이 허락된 재산의 처분행위(제6조), 영업이 허락된 재산의 처분행위(제8조 제1항), 혼인을 한 미성년자의 행위(제826조의2), 대리행위(제117조), 유언행위(제1061조), 미성년자 자신이 법정대리인의 동의 없이 행한 법률행위를 취소하는 행위(제140조) 등이 있다. 사안에서는 甲이 乙로부터 오토바이를 구입한 행위가 처분이 허락된 재산의 처분행위인지가 문제된다.

　미성년자는 예외적으로 법정대리인이 범위를 정하여 처분을 허락한 재산에 대하여는 임의로 처분할 수 있다(제6조). 여기서 '처분의 범위'라 함은 처분을 허락한 재산의 범위를 말하는데, 그 내용에 대하여는 학설이 나누어진다. 다수설은 처분을 허락한 재산에 사용목적이 정하여 있다고 하더라도 그 목적과 상관없이 임의로 처분할 수 있다고 하고(사용목적 무제한설), 소수설은 사용목적을 정한 경우에는 그 범위 안에서만 처분할 수 있다고 한다(사용목적 제한설). 판례는 다수설과 같이 우리 민법은 사용목적을 규정하고 있지 않으므로 미성년자는 그 목적과 상관없이 처분을 허락받은 재산을 임의로 처분할 수 있다고 한다. 그리고 미성년자의 법률행위에 대하여 법정대리인의 처분허락이 있다고 볼 수 있는지의 여부를 판단함에 있어서는, 미성년자의 연령·지능·직업·경력, 법정대리인과의 동거 여부, 독자적인 소득의 유무와 그 금액, 경제활동의 여부, 계약의 성질·체결경위·내용, 기타 제반 사정을 종합적으로 고려하여야 한다(대판(전) 2007. 11. 16, 2005다71659,71666,71673). 사안에서 甲은 대학생으로서 원룸아파트 보증금으로 받은 3,000만원 전액을 유명브랜드 오토바이를 구입하는데 사용하였으므로 甲의 신분, 丙과의 동거 여부, 처분이 허락된 재산의 금액, 구입한 물건의 종류 등을 고려할 때 甲의 오토바이 구입은 처분의 범위를 넘은 법률행위라고 할 수 있다. 만일 乙이 甲과 체결한 매매계약이 丙의 허락을 받은 행위라고 주장하는 경우에 그에 대한 입증책임은 甲의 처분행위의 유효를 주장하는 乙에게 있다.

2) 권리행사의 타당성

　미성년자가 법정대리인의 동의를 얻지 않고 한 법률행위는 미성년자 본인 또는 법정대리인이 취소할 수 있다(제5조 제2항). 사안에서 甲 또는 丙은 乙에 대하여 매매계약의 취소를 주장할 수 있다. 다만, 甲은 오토바이를 구입한 매매계약이 丙의 동의 없이 이루어졌음을 이유로 계약을 취소하고 있으므로 甲의 취소가 모순행위 금지의 원칙에 해당되는지의 여부가 문제된다. 제한능력자 제도는 사적 자치의 원칙이라는 민법의 기본이념, 특히 자기책임 원칙의 구현을 가능케 하는 도구로서 인정되는 것이고, 또한 거래의 안전을 희생시키더라도 제한능력자를 보호하는데 근본적인 입법 취지가 있다(대판(전) 2007. 11. 16, 2005다71659,71666,71673). 따라서 甲이 乙과 오토바이 매매계약을 체결한 이후에 丙의 동의가 없음을 이유로 이를 취소하여도 신의칙에 위배된 것이라고 할 수 없다.

3) 취소권 행사

제한능력자는 자기가 한 법률행위를 단독으로 취소할 수 있다(제140조). 이 경우 취소권 행사는 乙에 대한 의사표시로 하며(제142조), 추인할 수 있는 날로부터 3년 내에 법률행위를 한 날로부터 10년 내에 행사하여야 한다(제146조).

3. 丙의 권리행사

1) 법적 근거

미성년자의 법정대리인은 미성년자의 법률행위에 관하여 동의권, 대리권, 취소권을 갖는다. 사안에서 丙은 甲에게 오토바이 매매계약에 대하여 동의를 해 준 사실이 없을 뿐만 아니라 대리행위도 하지 않았으므로 취소권만 문제된다.

2) 취소권 행사

법정대리인은 제한능력자가 한 법률행위를 취소할 수 있다(제140조). 이 경우 취소권 행사는 상대방에 대한 의사표시로 하며(제142조), 이러한 취소권은 추인할 수 있는 날로부터 3년 내에, 법률행위를 한 날로부터 10년 내에 행사하여야 한다(제146조). 여기서 '추인할 수 있는 날'이란 취소의 원인이 종료되어 취소권 행사에 관한 장애가 없어져서 취소권자가 취소의 대상인 법률행위를 추인할 수도 있고 취소할 수도 있는 상태가 된 때를 가리킨다(대판 1998. 11. 27, 98다7421). 사안에서 丙은 乙에 대하여 甲과 체결한 오토바이 매매계약을 취소할 수 있다.

Ⅲ. 乙의 항변

1. 乙의 법적 지위

乙은 미성년자 甲과 매매계약을 체결한 당사자로서 甲 또는 丙의 취소권 행사에 대하여 취소권 배제사유를 가지고 대항할 수 있다. 이러한 방법으로는 확답을 촉구할 권리(제15조), 철회권과 거절권(제16조), 그리고 제한능력자의 속임수에 의한 행위의 주장(제17조)이 있다. 그 이외에도 취소할 수 있는 법률행위 모두에 관한 취소권의 단기소멸(제146조)과 법정추인(제145조)이 있다. 여기서 '법정추인'은 추인사유가 취소의 원인이 종료된 후에 행하여져야 하는데(제144조 본문) 甲이 아직 미성년자이므로 취소원인이 종료하지 않아 이에 해당되지 않으며, '취소권의 단기소멸'도 추인할 수 있는 날이 도래하지 않았으므로 해당되지 않는다. 그러므로 사안에서는 다른 특별한 사정이 없는 한 乙은 甲과 丙에 대하여 제한능력자의 속임수에 의한 행위를 주장할 수 있다.

한편 제한능력자측의 추인이 있기 전에 상대방은 확답촉구권을 행사하여 제한능력자와 체결한 매매계약의 효력을 발생하게 하거나 또는 철회권을 통하여 그 효력을 소멸시킬 수 있다. 다만, '거절권'은 단독행위에만 적용되므로 사안과 같은 계약에는 적용될 수 없다. 사안에서는 甲과 丙이 乙에 대하여 취소권을 행사하기 전에 乙은 甲과 丙에게 확답촉구권과 철회권을 행사할 수 있다.

2. 甲의 속임수 주장

1) 취소권 배제의 요건

甲이 乙에게 동의서를 제시한 행위가 속임수가 되기 위한 요건으로는 (제17조),

첫째, 甲이 속임수를 사용하였어야 한다. 여기서 '속임수'는 상대방을 착오에 빠뜨리게 하기 위하여 기망적 수단을 쓰는 것을 말하는데, 그 범위에 대하여는 논란이 있다. 판례와 소수설은 적극적인 기망수단만을 속임수에 해당한다고 보는데 대하여(대판 1971. 12. 14, 71다2045), 다수설은 적극적인 기망수단뿐만 아니라 침묵 등 부작위를 포함하는 통상의 기망수단으로 오신을 강하게 하는 것도 속임수에 해당한다고 본다. 사안에서 甲은 乙에게 위조된 丙의 동의서를 제시하였으므로 적극적인 사술이 있다고 볼 수 있다.

둘째, 속임수는 능력에 관하여 사용된 것이어야 한다. 즉 능력자임을 믿게 하려고 하거나(제17조 제1항), 또는 법정대리인의 동의가 있는 것으로 믿게 하려고 하였어야 한다(제17조 제2항). 사안에서 甲은 乙에게 丙의 동의가 있는 것으로 믿게 하려고 위조된 丙의 동의서를 제시하였다.

셋째, 제한능력자의 속임수에 의하여 상대방이 능력자라고 믿었거나 또는 법정대리인의 동의 또는 허락이 있었다고 믿었어야 한다. 그리고 이러한 믿음에 대해서는 상대방의 과실 유무에 관계없이 취소권이 배제된다. 여기서 기망 유무에 대하여는 상대방이 입증책임을 부담하고, 오신 유무에 대하여는 제한능력자 측에서 오신이 없음을 입증하여야 한다(대판 1971. 12. 14, 71다2045). 사안에서 乙은 甲이 법정대리인의 동의가 있는 것으로 믿게 하려고 위조된 丙의 동의서를 제시하였다는 사실을 입증하여야 한다. 이에 대하여 甲은 乙이 위조된 丙의 동의서의 진위 여부에 대하여 의심을 하였고, 또한 이를 확인하는 것을 소홀히 하였다는 사실을 입증하여야 한다.

넷째, 오신과 속임수 사이에 인과관계가 있어야 한다. 사안에서 甲은 乙과 오토바이 매매계약을 체결하기 위하여 위조된 丙의 동의서를 제시하였고, 乙이 이를 믿고 계약을 체결하였으므로 甲의 행위는 속임수에 의한 법률행위에 해당한다. 만일 乙이 甲에게 오토바이를 팔기 위하여 甲이 제시한 丙의 동의서가 의심스럽지만 그 확인을 소홀히 한 경우에는 乙은 甲의 속임수를 주장할 수 없다.

2) 효과

속임수에 의한 법률행위가 성립하면 제한능력자 본인은 물론이고 그 법정대리인이나 기타의 취소권자는 제한능력을 이유로 그 행위를 취소하지 못한다(제17조). 따라서 甲과 丙은 乙에 대하여 오토바이 매매계약을 취소할 수 없다.

만일 甲의 속임수가 기망행위에 해당하는 경우에는 乙은 취소권 배제와 별도로 사기를 이유로 甲과 체결한 매매계약을 취소할 수 있다(제110조). 또한 乙은 甲에 대하여 불법행위를 이유로 손해배상을 청구할 수 있다(제750조). 사안에서 甲의 속임수는 불법행위의 요건인 위법성을 인정하기 어려우므로 乙은 甲에게 손해배상을 청구할 수 없다.

3. 乙의 확답촉구권 행사

1) 법적 기초

甲이 乙과 체결한 매매계약이 甲의 속임수에 의하여 행하여져 취소권이 배제되면 그 매매계약은 유효한 것으로 확정된다. 그러나 甲의 행위가 속임수에 의한 것이 아닌 경우에는 乙은 불확정한 법적 지위에 놓이게 된다. 이 경우 乙은 甲에 대하여 확답촉구권을 행사할 수 있다.

2) 확답촉구권 행사의 요건

제한능력자의 상대방이 제한능력자와 체결한 계약의 확답촉구권을 행사하려면(제15조 제1항), 첫째 취소할 수 있는 행위를 지적하고, 둘째 1월 이상의 유예기간을 정하여, 셋째 추인할 것인지 여부의 확답을 요구하여야 한다. 이 경우 확답촉구권의 상대방은 제한능력자이지만 그가 아직 능력자로 되지 못한 경우에는 그 법정대리인이 상대방이 된다(제15조 제2항). 사안에서 乙은 甲에 대하여 확답촉구권을 행사할 수 있으나 甲이 아직 미성년자이므로 丙에게 행사하여야 한다.

3) 효과

상대방의 확답촉구를 받은 자가 유예기간 내에 추인 또는 취소의 확답을 하면 그에 따른 효과가 발생하여 법률행위는 취소할 수 없는 것으로 확정되거나 또는 소급하여 무효로 된다. 그러나 이것은 추인 또는 취소라는 의사표시의 효과이며, 확답촉구 자체의 효과는 유예기간 내에 확답이 없는 경우에 발생한다. 사안에서 甲이 아직 미성년자이므로 법정대리인 丙이 추인 또는 취소의 확답을 할 수 있다. 丙이 乙에게 매매계약을 추인하면 매매계약은 유효한 것으로 확정되며, 만일 매매계약을 취소하면 그 계약은 처음부터 체결되지 않았던 것과 같이 된다. 그러나 丙이 乙에게 유예기간 내에 확답을 발송하지 않으면 원칙적으로 그 행위는 추인한 것으로 되어 매매계약은 유효한 것으로 확정된다(제15조 제2항). 다만, 법정대리인이 특별한 절차를 밟아서 확답을 발송하여야 하는 경우에 丙이 확답을 발송하지 않으면 예외적으로 그 행위는 취소한 것으로 된다(제15조 제3항).

4. 乙의 철회권 행사

1) 법적 기초

甲이 乙과 체결한 매매계약이 甲의 속임수에 의한 행위로서 취소권이 배제되면 그 매매계약은 유효한 것으로 확정된다. 그러나 甲의 행위가 속임수에 의한 것이 아닌 경우에는 乙은 불확정한 법적 지위에 놓이게 된다. 이 경우 乙은 甲에 대하여 철회권과 거절권을 행사할 수 있다. 다만, 철회권은 계약에 관한 것이고, 거절권은 단독행위에 관한 것이므로 乙은 철회권만 행사할 수 있다. 사안에서 乙은 甲 또는 丙이 추인하기 전까지 甲과 체결한 매매계약을 철회할 수 있다.

2) 철회권 행사의 요건

제한능력자의 상대방이 제한능력자와 체결한 계약을 철회하기 위한 요건으로는(제16조 제1항 본문),

첫째, 제한능력자가 자신이 체결한 계약을 추인하지 아니하여 불확정한 상태에 있어야 한다. 사안에서 甲은 매매계약을 추인하지 않았으므로 이 요건은 충족된다.

둘째, 제한능력자의 상대방인 乙이 계약 당시에 甲이 제한능력자임을 알지 못하였어야 한다(제16조 제1항 단서). 사안에서 甲은 계약 당시에 乙에게 丙의 동의가 있는 것으로 믿게 하기 위하여 위조된 丙의 동의서를 제시하였으므로 乙은 계약 당시에 甲이 제한능력자임을 알고 있었다고 볼 수 있다.

3) 소결

甲이 乙과 체결한 매매계약을 추인하지 않았고, 또한 甲이 乙에게 한 속임수가 취소권 배제사유에 해당하지 않는 경우에 乙은 甲과 체결한 매매계약을 철회할 수 있다. 그러나 乙은 계약 당시에 甲이 제한능력자임을 알고 있었으므로 乙은 甲에게 철회권을 행사할 수 없다.

Ⅳ. 사안의 해결

(1) 甲은 丙의 동의가 없음을 이유로 乙과 체결한 오토바이 매매계약을 취소할 수 있다. 또한 丙도 자신의 동의를 얻지 않고 甲이 乙과 체결한

오토바이 매매계약을 취소할 수 있다.

(2) 甲이 乙에게 위조된 丙의 동의서를 제시한 행위는 乙을 오신시키기 위한 속임수에 해당하므로 乙은 丙의 취소권 행사에 대하여 취소권 배제사유를 들어 항변할 수 있다. 한편 乙은 甲이 아직 미성년자이므로 丙에 대하여 확답촉구권을 행사할 수 있으며, 丙이 乙에게 매매계약을 추인하면 매매계약은 유효한 것으로 확정된다. 만일 丙이 乙에게 유예기간 내에 확답을 발송하지 않으면 그 행위는 추인한 것으로 되어 매매계약은 유효한 것으로 확정된다. 다른 한편 乙은 매매계약 체결 당시에 甲이 미성년자라는 사실을 알고 있었으므로 丙의 취소권 행사에 대하여 철회권을 행사할 수 없다.

참고판례

1. 대법원 1971. 12. 14. 선고 71다2045 판결

[1] 본조에 이른바 "무능력자가 사술로써 능력자로 믿게 한 때"에 있어서의 사술을 쓴 것이라 함은 적극적으로 사기수단을 쓴 것을 말하는 것이고 단순히 자기가 능력자라 사언함은 사술을 쓴 것이라고 할 수 없다.

[2] 미성년자와 계약을 체결한 상대방이 미성년자의 취소권을 배제하기 위하여 본조 소정의 미성년자가 사술을 썼다고 주장하는 때에는 그 주장자인 상대방 측에 그에 대한 입증책임이 있다.

[6] 피한정후견인의 법률행위

사례

(1) 甲은 병원에서 치매검사를 한 결과 중증 치매환자로 판정을 받았다. 甲은 돈을 가지면 무조건 낭비하는 버릇이 있으며, 甲의 부인 乙은 甲을 통제하려고 하였으나 가능하지 않았다. 그리하여 乙은 서울가정법원에 甲에 대한 성년후견 개시의 심판을 청구하였고, 서울가정법원은 甲에 대하여 한정후견 개시의 심판을 하였다.
[문제1] 甲에 대한 한정후견 개시의 심판은 정당한가?
(2) 서울가정법원은 乙을 甲의 한정후견인으로 선임하였고, 乙의 요청에 따라 甲이 100만 원 이상의 거래를 하는 경우에는 乙의 동의를 받도록 하였다. 그러나 평소 낭비벽이 있는 甲은 乙의 동의서를 위조한 다음, 이를 전자제품판매장을 운영하는 丙에게 제시하고 300만원이 넘는 홈시어터를 구입하였다.
[문제2] 甲과 乙은 丙에게 어떠한 권리를 행사할 수 있는가?

[개요]

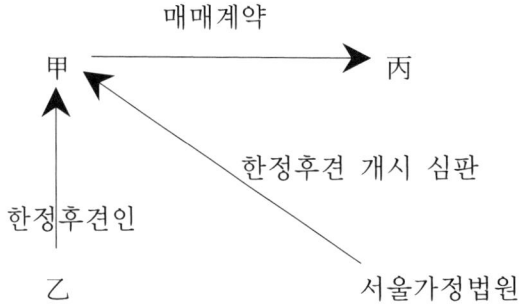

[해결]

Ⅰ. 문제의 제기

(1) 甲은 병원에서 중증 치매환자로 판정을 받았다. 이와 같이 질병, 장애, 노령 또는 그 밖의 사유로 인한 정신적 제약으로 사무를 처리할 능력이 부족한 사람에 대하여 가정법원으로부터 한정후견 개시의 심판을 받은 자를 '피한정후견인'이라고 한다. 사안에서는 乙이 甲에 대하여 청구한 한정후견 개시의 심판이 정당한지의 여부가 문제될 것이다.

(2) 甲과 乙은 丙에 대하여 제한능력자가 한 법률행위를 이유로 매매계약을 취소할 수 있을 것이다.

Ⅱ. 甲에 대한 한정후견 개시의 심판

1. 한정후견 개시의 요건

甲에 대한 한정후견 개시의 심판 요건으로는(제12조)

첫째, 질병, 장애, 노령 또는 그 밖의 사유로 인한 정신적 제약으로 사무를 처리할 능력이 부족한 사람이어야 한다. 여기서 '사무처리 능력의 부족'은 의사능력이 전혀 없는 정도의 정신장애가 아니라 판단력이 불완전한 것을 말한다. 그리고 성년후견 개시의 요건인 '사무처리 능력의 지속적 결여'와 한정후견 개시의 요건인 '사무처리 능력의 부족'은 정도의 차이에 지나지 않으며, 법원은 둘 중의 하나를 선택할 수 있다. 사안에서 甲은 중증 치매환자로 판정을 받았으므로 한정후견 개시의 요건을 충족한다고 볼 수 있다.

둘째, 가정법원은 한정후견 개시의 심판을 할 때 본인의 의사를 고려하여야 한다(제12조 제2항, 제9조 제2항). 사안에서 서울가정법원은 甲이 스스로 낭비벽을 자제하기 어렵다는 사정을 고려하여 甲에 대하여 한정후견 개시의 결정을 하였다.

셋째, 일정한 사람의 청구가 있어야 한다. 한정후견을 청구할 수 있는 사람으로는 본인, 배우자, 미성년후견인, 미성년후견감독인, 성년후견인, 성년후견감독인, 특정후견인, 특정후견감독인, 검사 또는 지방자치단체의 장이다. 사안에서 乙은 甲의 배우자이다.

2. 소결

甲은 중증 치매환자로서 낭비벽이 있다. 그러므로 甲의 배우자인 乙이 서울가정법원에 甲에 대한 성년후견 개시의 심판을 청구하였어도 서울가정법원은 의사의 감정결과에 비추어 한정후견 개시를 결정할 수 있다. 다만, 서울가정법원은 위의 요건이 갖추어져 있으면 반드시 한정후견 개시의 심판을 하여야 하므로 서울가정법원의 한정후견 개시의 심판은 정당하다.

III. 甲과 乙의 丙에 대한 권리 주장

1. 甲과 乙의 법적 지위

甲은 서울가정법원으로부터 한정후견이 개시되었다(제12조). 따라서 甲은 원칙적으로 유효하게 법률행위를 할 수 있으나, 甲의 행위능력은 예외적으로 한정후견인의 동의를 받도록 가정법원이 정한 범위로 제한된다. 따라서 피한정후견인이 한정후견인의 동의가 필요한 행위를 한정후견인의 동의 없이 하였을 때에는 그 법률행위를 취소할 수 있다(제13조 제4항 본문).

한편 乙은 甲의 배우자로서 서울가정법원으로부터 甲의 한정후견인으로 선임되었다. 한정후견인은 원칙적으로 피한정후견인이 한 법률행위에 대한 동의권, 취소권이 없다. 그러나 동의가 유보된 경우에는 동의권과 취소권을 가진다.

2. 甲의 권리행사

(1) 원칙

甲이 丙으로부터 홈시어터를 구입하기로 하는 매매계약을 체결하기 위해서는 원칙적으로 乙의 동의를 얻어야 한다. 이 경우 乙의 동의는 명시적이거나 묵시적으로 할 수 있으며, 피한정후견인 甲뿐만 아니라 甲과 거래한 丙에게도 할 수 있다. 사안에서 乙은 甲이 홈시어터를 구입한 사실을 알지 못하였으므로 甲이 홈시어터를 구입한 매매계약에 대하여 乙이 동의를 해 주거나 또는 丙에게 별도의 동의를 주었다고 볼 수 없다.

(2) 예외

피한정후견인은 원칙적으로 유효한 법률행위를 할 수 있으나, 피한정후견인의 행위능력은 예외적으로 한정후견인의 동의를 받도록 가정법원이 정한 범위에서는 제한된다. 다만, 일용품의 구입 등 일상생활에 필요하고 그 대가가 과도하지 아니한 법률행위에 대하여는 그러하지 아니하다(제13조 제4항 단서). 사안에서 甲이 丙으로부터 구입한 홈시어터는 300만원이 넘는 고가의 물건으로서 100만원의 범위를 초과하므로 乙의 동의가 필요하다. 또한 300만원이 넘는 홈시어터는 일상생활에 필요한 것인지는 논외로 하더라도 그 대가가 과도한 법률행위에 해당하므로 乙의 동의가 필요하다. 만일 甲이 丙과 체결한 매매계약이 乙의 동의를 받은 법률행위라고 주장하는 경우에는 그에 대한 입증책임은 甲의 구입행위의 유효를 주장하는 丙에게 있다.

(3) 취소권 행사

제한능력자는 자신이 한 법률행위를 단독으로 취소할 수 있다(제140조). 이 경우 취소권 행사는 상대방에 대한 의사표시로 하며(제142조), 추인할 수 있는 날로부터 3년 내에 법률행위를 한 날로부터 10년 내에 행사하여야 한다(제146조). 사안에서 甲은 丙과 체결한 매매계약을 추인할 수 있는 날로부터 3년 내에 법률행위를 한 날로부터 10년 내에 취소할 수 있다.

3. 乙의 권리 행사

한정후견인은 원칙적으로 피한정후견인이 한 법률행위에 대하여 동의권과 취소권이 없다. 그러나 동의가 유보된 경우에는 피한정후견인이 한 법률행위에 대하여 동의권과 취소권을 가진다. 사안에서 乙은 甲의 한정후견인으로서 甲이 자신의 동의를 얻지 않고 300만원이 넘는 홈시어터를 구입하였으므로 乙은 甲이 丙과 체결한 매매계약을 취소할 수 있다.

Ⅳ. 사안의 해결

(1) 서울가정법원의 甲에 대한 한정후견 개시의 심판은 정당하다.
(2) 甲은 乙의 동의가 없음을 이유로 丙과 체결한 매매계약을 취소할 수 있다. 또한 乙도 甲의 한정후견인으로서 자신의 동의를 얻지 않고 甲이 丙과 체결한 매매계약을 취소할 수 있다.

[7] 부재자의 재산관리

사례

甲은 평소 건강이 좋지 않아 부인 乙에게 자신의 재산관리를 맡겨 왔으며, 甲은 사업에 실패하자 2020년 1월 집을 나간 다음 소식이 두절되었다. 丙은 甲에게 5억원의 채권을 가지고 있으며, 이러한 사실을 알게 되자 2020년 6월 A가정법원에 甲의 재산관리인 선임을 청구하였고, A가정법원은 2020년 12월 丙을 甲의 재산관리인으로 선임하였다. 丙은 2021년 5월 甲의 재산에서 2020년 3월이 만기인 채권 5억원을 회수하였다.

[문제1] 丙의 채권 회수행위는 정당한가?

[문제2] 甲이 2020년 10월 사망한 것으로 판명된 경우에도 丙의 채권 회수행위는 정당한가?

[문제3] 丙은 A가정법원으로부터 처분행위에 대한 허가를 얻은 다음, 甲의 부인 乙의 부탁으로 乙의 채무를 변제하기 위하여 2021년 5월 甲의 토지 X를 丁에게 매도하고 소유권이전등기도 마쳐 주었다. 丙의 처분행위는 정당한가?

[개요]

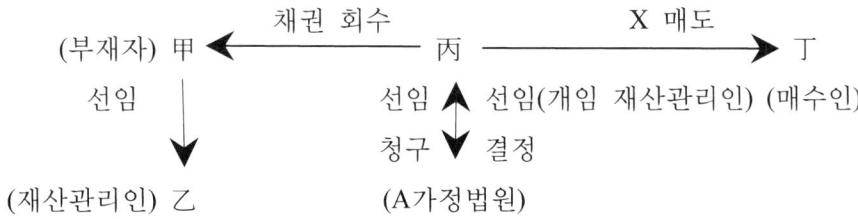

[해결]

Ⅰ. 문제의 제기

(1) 甲은 2020년 1월 자신의 집을 나간 다음 소식이 끊겼다. 이와 같이 종래의 주소를 떠나 당분간 귀가할 가망이 없는 자를 '부재자'라고 하며, 이 경우 부재자의 재산관리는 부재자가 스스로 관리인을 둔 경우와 그렇지 않은 경우로 구분된다. 사안에서는 甲은 乙에게 자신의 재산관리를 맡겨 왔으므로 乙이 甲의 재산관리인이다. 그러나 丙이 甲의 부재 사실을 알고 A가정법원에 甲의 재산관리인 선임을 청구하였고, A가정법원이 丙을 甲의 재산관리인으로 선임 결정을 하였으므로 丙의 채권 회수행위는 정당하다고 할 것이다.

(2) 甲은 2020년 10월 사망한 것으로 판명되었으나 이로 인하여 丙의 권한이 당연히 소멸하지 않는다. 그러므로 丙의 채권 회수행위는 유효할 것이다.

(3) 재산관리인이 법원의 허가 없이 권한을 초과한 행위는 무효이다. 사안에서 丙은 甲의 부인 乙의 부탁으로 乙의 채무를 변제하기 위하여 2021년 5월 甲의 토지 X를 丁에게 매도하고 소유권이전등기도 마쳐 주었다. 그러나 丙이 X를 처분한 행위는 甲을 위한 행위가 아니므로 무효로 될 것이다.

Ⅱ. 丙의 채권 회수행위의 유효성

1. 부재자 재산관리인 선임의 정당성

1) 부재자 재산관리인 선임

부재자의 재산관리 제도는 부재자의 종래의 주소나 거소에 남아 있는 재산을 관리하기 위한 것이다. 그러므로 부재자가 스스로 재산관리인을 둔 경우에는 원칙적으로 국가가 부재자의 재산관리에 간섭할 필요가 없다. 그러나 재산관리인의 권한이 본인의 부재 중에 소멸하거나(제22조 제1항 2문) 부재자의 생사가 분명하지 않게 된 때(제23조)에는 예외적으로 국가의 간섭을 받는다. 이 경우 부재자가 선임한 재산관리인을 개임할 것인가는 관할법원의 자유재량에 의한다(대판 1961. 1. 25, 4293민재항349) 사안에서 甲은 乙에게 자신의 재산관리를 맡겨 왔으므로 乙이 甲의 재산관리인이다. 그러나 甲이 2020. 1. 20. 자신의 집을 나간 다음 소식이 끊겼으므로 A가정법원은 甲의 재산관리인을 개임할 수 있다.

2) 부재자 재산관리인 선임 결정의 정당성

법원은 부재자가 재산관리인을 정한 경우에도 부재자의 생사가 분명하지 않은 때에는 재산관리인, 이해관계인 또는 검사의 청구에 의하여 재산관리인을 개임할 수 있다(제23조). 여기서 '이해관계인'은 부재자의 재산관리에 법률상 이해관계를 가지는 자이며, 예컨대 추정상속인, 채권자, 배우자, 부양청구권자, 보증인이 이에 해당한다. 사안에서 丙은 甲의 부재 사실을 알았으며, 甲의 채권자로서 A가정법원에 甲의 재산관리인 선임을 청구하였다. 따라서 A가정법원이 2020년 12월 丙을 甲의 재산관리인으로 선임한 결정은 정당하다.

2. 丙의 채권 회수행위의 유효성

가정법원이 재산관리인을 바꾸는 경우에 그 관리인의 권한 및 관리방법 등은 본인이 관리인을 두지 않은 때와 같다. 이처럼 부재자의 재산관리인은 부재자 본인의 의사에 의하여 선임된 것이 아니라 가정법원에 의하여 선임된 자이므로 일종의 법정대리인이다. 따라서 부재자의 재산관리인은 법원의 명령이 없더라도 부재자의 재산에 대하여 민법 제118조가 정하는 관리행위를 자유롭게 할 수 있으며, 다만 이러한 권한을 넘는 재산의 처분행위를 하려면 가정법원의 허가를 얻어야 한다(제25조 1문). 여기서 '관리행위'는 보존행위, 이용행위, 개량행위를 말하며, 특히 기한이 도래한 채무를 변제하거나 부패하기 쉬운 물건의 처분 등과 같은 보존행위는 재산관리인이 무제한으로 할 수 있다(제118조 1호). 사안에서 丙은 甲의 재산관리인으로서 甲의 재산에 대한 관리행위를 할 수 있다. 丙이 甲의 채권자로서 자신의 채권을 회수한 행위는 재산관리인의 권한 범위 내의 관리행위에 해당하므로 법원의 허가가 없더라도 유효하다.

Ⅲ. 丙의 재산관리인으로서의 지위

재산관리인은 부재자와의 사이에 선량한 관리자의 주의로써 직무를 처리하여야 하는 등 전적으로 수임인과 동일한 지위에 있다. 그러므로 부재자의 사망이 확인된 이후에도 부재자를 위한 재산관리 권한이 그대로 존재하는지가 문제된다. 이에 대하여 판례는 "법원에 의하여 일단 부재자의 재산관리인 선임결정이 있었던 이상, 가령 부재자가 그 이전에 사망하였음이 위 결정후에 확실하여졌다 하더라도 법에 정하여진 절차에 의하여 결정이 취소되지 않는 한 선임된 부재자 재산관리인의 권한이 당연히는 소멸되지 아니한다 함이 당원의 판례로 하는 견해이며, 위 결정 이후에 이르러 취소된 경우에도 그 취소의 효력은 장래에 향하여서만 생기는 것이며 그간의 그 부재자 재산관리인의 적법한 권한행사의 효과는 이미 사망한 그 부재자의 재산상속인에게 미친다 할 것이다."고 한다(대판 1970. 1. 27, 69다719판결). 사안에서 甲이 2020년 10월 사망한 것으로 판명되었지만 丙에 대한 재사관리인 선임 결정이 취소되지 아니하는 한, 丙은 계속하여 그 권한을 행사할 수 있으므로 丙이 2021년 5월 5억원의 채권을 회수한 행위는 정당하다.

Ⅳ. 丙의 처분행위의 유효성

1. 丙의 권한

부재자 재산에 대한 재산관리인의 처분행위가 부재자의 사망이 판명된 이후에 이루어졌더라도 법원의 별도의 결정에 의하여 선임 결정이 취소되지 않는 한, 처분행위의 효력에 영향이 없다. 그러나 부재자 재산에 대한 재산관리인의 처분행위와 같은 권한 초과행위는 법원의 허가를 받아야 하며(제25조), 그러한 처분행위는 '부재자를 위하는 범위'에서 행하여져야 한다. 사안에서 丙이 乙의 부탁으로 乙의 채무를 변제하기 위하여 甲의 토지 X를 丁에게 매도하고 소유권이전등기를 마쳐 준 행위가 유효한지가 문제된다.

2. 권한 초과행위의 유효성

부재자의 재산관리인이 법원의 허가 없이 처분행위 등을 한 경우에 그 처분행위는 무효이다(대판 1970. 1. 27, 69다1820 등). 그러나 법원이 재산관리인의 권한초과행위에 대하여 허가 결정을 하면 그 허가를 받은 재산에 대한 장래의 처분행위뿐만 아니라 과거의 처분행위를 추인하는 행위로도 할 수 있다(대판 1982. 9. 14, 80다3063). 다만, 이 경우에도 그 처분은 '부재자를 위하는 범위'에서 행하여져야 한다(대결 1976. 12. 21, 75마551). 사안에서 丙이 A가정법원으로부터 처분행위에 대한 허가를 받은 다음, 乙의 부탁을 받고 X를 丁에게 처분한 행위는 甲과 관련이 없는 권한초과행위에 해당된다. 그러므로 특별한 사정이 없는 한, 丙이 한 X의 처분행위는 甲에 대한 관계에서 그 효력이 없다.

3. 권한 초과행위의 추인

甲이 2020년 10월 사망한 것으로 판명되었으므로 乙은 甲의 배우자로서 상속인의 지위를 가진다. 따라서 丙이 乙의 부탁으로 X를 丁에게 매도한 행위는 권한초과행위로서 무효이지만 乙은 상속인의 지위에서 丙의 처분행위를 추인하여 그 처분행위를 확정적으로 유효로 하거나 추인거절권을 행사하여 丙의 처분행위를 확정적으로 무효로 할 수 있다.

V. 사안의 해결

(1) 丙의 채권 회수행위는 재산관리인의 권한 범위 내의 관리행위에 해당하므로 정당하다.

(2) 甲은 2020년 10월 사망한 것으로 판명되었으나 이로 인하여 丙의 권한이 당연히 소멸하지 않으므로 丙의 채권 회수행위는 유효하다.

(3) 丙의 처분행위는 甲을 위한 행위가 아니므로 무효이다. 다만, 甲이 2020년 10월 사망한 것으로 판명되었으므로 乙은 甲의 상속인으로서 丙의 처분행위를 추인하여 유효로 하거나 또는 추인거절권을 행사하여 확정적으로 무효로 할 수 있다.

> **참고판례**
>
> 1. 대법원 1970. 1. 27. 선고 69다719 판결
>
> 법원에 의하여 일단 부재자의 재산관리인 선임결정이 있었던 이상, 가령 부재자가 그 이전에 사망하였음이 위 결정후에 확실하여졌다 하더라도 법에 정하여진 절차에 의하여 결정이 취소되지 않는 한 선임된 부재자재산관리인의 권한이 당연히는 소멸되지 아니한다 함이 당원의 판례로 하는 견해이며 위 결정 이후에 이르러 취소된 경우에도 그 취소의 효력은 장래에 향하여서만 생기는 것이며 그간의 그 부재자재산관리인의 적법한 권한행사의 효과는 이미 사망한 그 부재자의 재산상속인에게 미친다 할 것이다.
>
> 2. 대법원 1982. 9. 14. 선고 80다3063 판결
>
> 법원의 재산관리인의 초과행위허가의 결정은 그 허가받은 재산에 대한

장래의 처분행위를 위한 경우뿐만 아니라 기왕의 처분행위를 추인하는 행위를 행위로도 할 수 있다.

3. 대법원 1976. 12. 21. 75마551 결정

부재자 재산관리인이 법원의 매각처분허가를 얻었다 하더라도 부재자와 아무런 관계가 없는 남의 채무의 담보만을 위하여 부재자 재산에 근저당권을 설정하는 행위는 통상의 경우 객관적으로 부재자를 위한 처분행위로서 당연하다고는 경험칙상 볼 수 없다.

[8] 실종선고의 요건과 효과

사례

[문제1] 甲은 2002. 5. 20. 사업상 중국에 출장을 간다고 집을 나간 다음 소식이 두절되었다. 甲의 가족인 부인 乙과 미성년자 丙은 甲을 찾아 헤맸으나 결국 찾지 못하자 2008. 3. 2. 서울가정법원에 甲에 대한 실종선고를 청구하였고, 서울가정법원은 2008. 11. 8. 甲에 대하여 실종선고를 내렸다.
甲에 대한 실종선고는 정당한가?

[문제2] 乙은 甲에 대한 실종선고가 내려진 이후 2009. 3. 2. 甲 명의의 A아파트를 丁에게 3억원에 매도하고 소유권등기를 이전하여 주었고, 丁은 甲의 실종사실을 전혀 모르고 乙로부터 A를 취득하였다. 乙은 A의 매매대금 중 1,000만원은 생계를 위하여 빌린 채무의 변제에 사용하고, 2,000만원은 생활비로 사용하였으며, 丙은 乙로부터 매매대금의 일부를 받아 유흥비로 500만원을 탕진하였다. 乙은 2010. 6. 5. 甲의 친구인 戊와 재혼하였고, 戊는 甲의 생존사실을 알고 있었으나 乙과 혼인하기 위하여 결혼 당시에 그 사실을 밝히지 않았다.
甲이 2010. 8. 3. 집으로 돌아온 경우에 甲이 취할 수 있는 법적 조치와 그 효과는?

[개요]

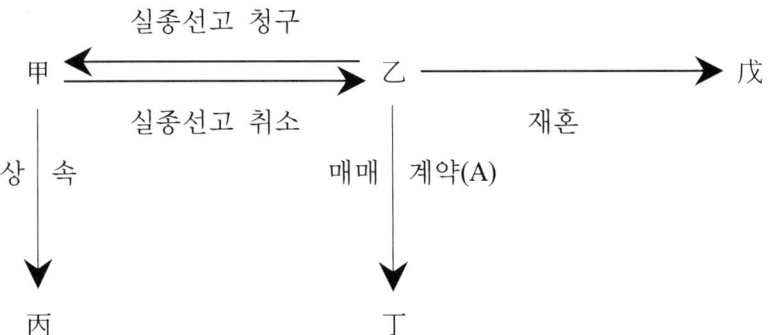

[해결]

Ⅰ. 문제의 제기

(1) 甲은 2002. 5. 20. 집을 나간 다음 소식이 끊겼다가 2010. 8. 3. 귀가하였다. 이와 같이 종래의 주소를 떠나서 쉽게 돌아올 가망이 없는 자를 부재자라고 하며, 부재자 중에서 생사불명 상태가 장기간 계속되어 가정법원에서 실종선고를 받은 자를 실종자라고 한다. 사안에서는 乙이 甲에 대하여 청구한 실종선고가 정당한지의 여부가 문제될 것이다.

(2) 甲은 실종선고로 인하여 사망한 것으로 간주되었지만 생환하여 귀가하였으므로 서울가정법원에 실종선고의 취소를 청구할 수 있을 것이다. 그 결과 甲의 사망을 전제로 하여 형성된 사법상의 법률관계, 즉 재산상의 법률관계와 가족상의 법률관계는 실종선고가 없었던 것과 같이 원상회복 되어야 할 것이다. 이에 따라 乙과 丙에게 상속된 A가 甲에게 복귀되는지의 여부 및 乙이 2010. 6. 5. 戊와 재혼한 혼인관계가 실종선고 전의 상태로 환원되는지의 여부가 문제될 것이다.

Ⅱ. 甲에 대한 실종선고

1. 실종선고의 요건

甲에 대한 실종선고의 요건으로는(제27조),

첫째, 부재자의 생사가 분명하지 않아야 한다. 여기서 '생사불명'이란 생존의 증명도 사망의 증명도 할 수 없는 상태를 말한다(대판 1965. 12. 15, 65스2). 사안에서 甲은 집을 나간 다음 소식이 두절되었고, 甲의 가족들이 甲을 찾아 헤맸으나 甲을 찾지 못하였으므로 생사불명의 요건이 충족된다.

둘째, 생사불명이 일정기간 계속되어야 한다. 사안에서 甲은 사망의 개연성이 높은 상황에서 생사불명이 된 것이 아니므로 특별실종이 아닌 보통실종에 해당되며, 이 경우 5년의 실종기간이 계속되어야 한다. 실종기간의 기산은 부재자의 생존을 증명할 수 있는 최후의 시기이어야 한다. 甲은 2002. 5. 20. 집을 나간 다음 소식이 두절되었으므로 실종기간의 기산은 2002. 5. 21.에 시작되며(제157조 본문), 5년이 경과한 2007. 5. 20.까지 소식이 없어야 한다.

셋째, 이해관계인이나 검사의 청구가 있어야 한다. 여기서 '이해관계인'은 배우자, 상속인, 채권자, 법정대리인 등 실종선고 청구에 대하여 법률상 이해관계를 가지는 자를 말한다(대판 1992. 4. 14, 94스2). 사안에서 乙은 甲의 배우자이다.

넷째, 실종선고의 청구를 받은 가정법원은 6개월 이상 공시최고를 하여야 한다(가사소송규칙 제53조 내지 제55조). 공시최고 기간이 끝나도록 신고가 없을 경우에 당해 가정법원은 반드시 실종선고를 하여야 한다.

2. 소결

甲은 2002. 5. 20. 집을 나간 다음 소식이 두절되었고, 甲의 부인 乙이 2008. 3. 2. 서울가정법원에 甲에 대한 실종선고를 청구하였다. 서울가정법원은 甲이 생사불명이 된 때로부터 5년이 지난 2008. 11. 8. 甲에 대하여 실종선고를 내렸으므로 甲에 대한 실종선고는 실종선고의 요건을 모두 충족시켰다. 그러므로 甲에 대한 서울가정법원의 실종선고는 정당하다.

Ⅲ. 甲의 실종선고 취소

1. 甲의 법적 지위

실종선고 절차에 따라 실종이 선고되면 실종선고를 받은 자는 사망한 것으로 간주된다(제28조). 사망의 효과가 생기는 시기는 실종기간이 만료된 때이며, 사망의 효과가 생기는 범위는 실종자의 종래의 주소 또는 거소를 중심으로 하는 사법적 법률관계이다. 그리고 실종자는 실종기간이 만료될 때까지 생존한 것으로 간주된다(대판 1977. 3. 22, 77다81·82). 사안에서 甲에 대한 실종선고는 2008. 11. 8.에 내려졌지만 甲은 실종기간이 만료된 2007. 5. 20. 자정에 사망한 것으로 간주된다(제157조, 제160조 참조). 그 결과 甲의 재산은 乙과 丙에게 상속되며, 혼인이 해소된 생존배우자 乙은 재혼할 수 있다.

한편 실종선고가 내려지면 실종자의 생존 기타의 반증이 있어도 그것만으로는 사망이라는 선고의 효과를 뒤집지 못한다. 그러므로 **실종선고의 효과를 뒤집기 위해서는 법원에 실종선고 취소의 심판절차를 필요로** 한다(대판 1994. 9. 27, 94다21542). 사안에서 甲은 자신에 대한 실종선고를 취소하여야 하며, 실종선고가 취소되면 실종기간 중에 발생한 甲에 대한 법률관계는 실종선고가 없었던 것과 같이 회복된다.

2. 실종선고 취소의 요건

甲이 실종선고를 취소할 수 있는 요건으로는(제29조 제1항),

첫째, 실종선고 취소의 실질적 요건으로 실종자가 생존하고 있는 사실, 실종기간이 만료된 때와 다른 시기에 사망한 사실, 실종기간의 기산점 이후의 어떤 시기에 생존하고 있었던 사실 중의 하나가 증명되어야 한다. 사안에서 甲은 2010. 8. 3. 귀가하였으므로 실질적 요건이 충족된다.

둘째, 실종선고 취소의 형식적 요건으로 본인, 이해관계인 또는 검사의 청구가 있어야 한다. 사안에서 甲은 서울가정법원에 자신에 대한 실종선고 취소를 청구할 수 있다.

결론적으로 甲은 자신에 대한 실종선고 취소를 서울가정법원에 청구할 수 있다. 실종선고가 취소되면 甲은 실종선고에 의하여 발생한 사법적 법률관계, 즉 재산법상 법률관계 및 가족법상 법률관계를 회복할 수 있다.

3. 실종선고 취소의 효과

실종선고가 취소되면 처음부터 실종선고가 없었던 것과 마찬가지의 효과가 생긴다. 즉 실종선고로 생긴 법률효과는 소급적으로 무효로 된다. 그러나 실종선고를 신뢰하여 행동한 배우자, 상속인, 기타 이해관계인의 불측의 불이익을 방지하기 위하여 민법 제29조 제1항 단서는 "실종선고 후 그 취소 전에 선의로 한 행위의 효력에 영향을 미치지 않는다."고 규정하고 있다. 사안에서 甲이 생존을 이유로 실종선고를 취소하였으므로 상속은 전혀 개시되지 않았던 것으로 된다. 따라서 乙과 丙에게 상속된 A는 甲에게 회복되고, 乙이 2010. 6. 5. 戊와 재혼한 혼인관계도 실종선고 전의 상태로 환원된다.

1) 甲의 乙에 대한 권리행사

(1) 乙의 재혼에 대한 간섭 가능성

乙이 2010. 6. 5. 戊와 재혼하였으므로 甲에 대한 실종선고가 취소되면 乙의 재혼의 효력이 문제된다. 이에 대하여 **다수설**은 제29조 제1항 단서의 행위에 가족행위도 포함되므로 당사자 쌍방이 선의이어야 한다고 주장한다. 그러므로 재혼당사자 쌍방 모두 또는 일방이 악의인 경우에는 구 혼인관계가 부활하며, 이 경우 신 혼인관계는 중혼이 되어 취소할 수 있다고 한다. 이에 대하여 구 혼인관계가 부활하면 신 혼인관계는 무효가 된다는 견해도 있다. **소수설**은 제29조 제1항 단서의 행위에 가족행위는 포함되지 않는다고 한다. 그러므로 실종선고가 취소되면 구 혼인관계가 부활하고 신 혼인관계는 선의·악의를 불문하고 언제나 중혼이 된다고 한다. 생각건대 다수설과 같이 가족행위의 경우에도 양당사자가 모두 선의인 경우에만 실종선고 취소에 영향을 받지 않는다고 하여야 한다.

한편 실종선고 취소로 인하여 신 혼인관계가 취소되는 경우에 실종자의 잔존배우자가 악의인 때에는 "배우자의 부정행위"로 이혼사유가 되며

(제840조 제1호), 상대방만 악의인 때에는 "기타 혼인을 계속하기 어려운 중대한 사유"로 이혼사유가 된다(제840조 제6호). 사안에서 乙은 甲의 생존사실을 몰랐지만 戊는 이를 알고 있었으므로 구 혼인관계가 부활한다. 이 경우 신 혼인관계는 구 혼인관계의 부활로 인하여 중혼관계가 생겨 취소할 수 있으며, 이와 별도로 구 혼인관계는 "기타 혼인을 계속하기 어려운 중대한 사유가 있을 때"에 해당되므로 甲은 乙에 대하여 이혼청구가 가능하다.

(2) 乙에 대한 가액반환청구

우리 민법 제29조 제2항은 "실종선고를 직접원인으로 하여 재산을 취득한 자는 선의인 경우에는 그 받은 이익이 현존하는 한도에서 반환할 의무가 있고, 악의인 경우에는 그 받은 이익에 이자를 붙여서 반환하고 손해가 있으면 이를 배상하여야 한다."고 하여 실종선고에 의한 재산취득자의 반환의무를 규정하고 있다. 그러므로 甲이 乙에 대하여 A의 가액반환을 청구할 수 있는지의 여부가 문제된다.

첫째, 반환청구의 상대방은 "실종선고를 직접원인으로 하여 재산을 취득한 자"이어야 한다. 여기서 실종선고를 '직접원인'으로 하여 재산을 취득한 자라 함은 실종자의 상속인, 실종자로부터 유증 또는 사인증여를 받은 자, 생명보험금 수익자 등을 가리키며, 이들로부터 재산을 취득한 전득자는 포함하지 않는다. 사안에서 재산을 취득한 자는 乙과 丙만 이에 해당하며, 전득자 丁은 이에 해당하지 않는다.

둘째, 재산반환의무는 그 성질이 부당이득반환이므로 그 반환범위도 부당이득에서의 수익자의 반환범위와 같다. 즉 선의의 직접취득자는 그가 취득한 이익이 '현존하는 한도'에서 반환하면 된다. 그러므로 실종선고를 직접원인으로 하여 취득한 재산이 원형대로 있으면 그것을 반환하면 되고, 그 재산을 처분한 경우에는 그 변형물인 이익을 반환하면 된다. 다만, 재산취득자는 현재 보유하고 있는 재산을 반환하면 되지만 생활비 등으로 지출한 재산에 대하여는 그 금액만큼 생활비 등으로 예정된 취득자의 고

유재산이 감소되지 않았기 때문에 생활비 등으로 지출한 재산의 절반은 공제하여야 한다. 이에 반하여 악의의 직접취득자는 그가 받은 이익에 이자를 붙여서 반환하고 손해가 있으면 그것도 반환하여야 한다. 사안에서 乙과 丙은 甲을 찾아 헤맸으나 결국 찾지 못하여 甲에 대한 실종선고를 청구하였으므로 선의로 추정되며, 실종선고의 효과에 따라 A를 상속받아 선의로 丁에게 처분하였으므로 현존하는 가액을 반환하면 된다. 따라서 甲은 乙에게 채무 변제와 생활비로 사용한 3,000만원의 반환을 청구할 수 있으며, 다만 생활비는 부부가 공동으로 부담하여야 하므로(제833조) 생활비의 절반은 공제되어야 한다. 여기서 재산반환청구권은 부당이득반환의 성질을 가지므로 실종선고가 취소된 때로부터 10년의 소멸시효에 걸린다(제162조 제1항). 따라서 甲은 乙에 대하여 가지는 이익반환청구권을 10년 내에 행사하여야 한다.

2) 甲의 丙에 대한 가액반환청구

丙은 甲에 대한 실종선고의 효과에 따라 A를 상속받아 丁에게 처분하였고, A의 처분 당시 甲의 생존 사실을 알지 못하였으므로 현존하는 가액을 반환하면 된다. 사안에서 丙은 乙로부터 받은 A의 매각대금이 현존하는 것으로 추정되므로 甲은 丙에게 상속받은 500만원의 반환을 청구할 수 있다.

3) 甲의 丁에 대한 소유권이전청구

甲이 丁에게 A에 대한 소유권이전청구권을 행사하기 위해서는 상속원인이 존재하지 않아야 하므로 A의 상속이 실종선고 후 그 취소 전에 乙이 선의로 한 행위인지의 여부가 문제된다.

첫째, 법률행위가 "실종선고 후 그 취소 전에" 행하여져야 하며, "실종기간 만료 후 선고 전에" 행하여진 행위는 보호대상이 아니다. 사안에서 서울가정법원은 甲에 대하여 2008. 11. 8. 실종선고를 내렸으며, 甲은

2010. 8. 3. 귀가하여 실종선고를 취소하였다. 그러므로 乙이 2009. 3. 2. 丁에게 A를 매각한 행위는 "실종선고 후 그 취소 전에" 행하여진 것에 속한다.

둘째, A의 처분행위가 "선의로" 행하여졌어야 한다. 여기서 '선의'란 실종선고가 사실에 반함을 알지 못하는 것을 말한다. 사안에서 乙이 상속받은 A를 丁에게 매도하였으므로 매도인인 乙이 선의임은 물론 매수인 丁도 선의이어야 하는지의 여부가 문제된다. 이에 관하여 **다수설**은 현행법의 해석상 양당사자의 선의가 필요하다고 주장하고, **소수설**은 재산행위와 가족행위로 나누어 가족행위에 관하여는 양당사자의 선의를 요구하나 재산행위에 관하여는 계약의 일방당사자만이 선의라도 상관없다고 한다. **절충설**은 양당사자의 선의가 필요하지만 어느 한 단계에서 양당사자가 선의이면 그 이후의 전득자는 악의라고 하더라도 반환청구를 당하지 않는다고 한다. 생각건대 절충설과 같이 당사자 쌍방의 선의가 필요하며, 계약의 양당사자가 일단 선의이면 이후 전득자가 악의라고 하더라도 반환청구를 당하지 않는다고 하여야 한다. 사안에서 乙과 丁은 甲의 생존 사실을 전혀 알지 못하였으므로 선의로 추정된다.

결론적으로 乙이 2009. 3. 2. 丁에게 A를 매도한 행위는 "실종선고 후 그 취소 전에" 이루어졌으며, 乙과 丁이 모두 甲의 생존사실을 알지 못하였으므로 실종선고 취소에 따른 보호대상이 아니다. 따라서 甲은 丁에게 A의 반환을 청구할 수 없다.

4) 甲의 戊에 대한 손해배상청구

戊는 甲의 생존사실을 알고 있었으나 乙과 혼인하기 위하여 결혼 당시에 그 사실을 乙에게 밝히지 않았다. 그 결과 戊는 甲과 乙의 혼인관계가 "기타 혼인을 계속하기 어려운 중대한 사유"를 야기하였으므로 甲은 戊에 대하여 불법행위를 이유로 손해배상을 청구할 수 있다(제750조).

IV. 사안의 해결

(1) 甲은 2002. 5. 20. 집을 나간 다음 소식이 두절되었고, 甲의 부인 乙은 2008. 3. 2. 서울가정법원에 甲에 대한 실종선고를 청구하였다. 서울가정법원은 甲이 생사불명이 된 때로부터 5년이 지난 2008. 11. 8. 甲에 대하여 실종선고를 내렸으므로 서울가정법원의 甲에 대한 실종선고는 정당하다.

(2) 甲에 대한 실종선고가 취소되면 처음부터 실종선고가 없었던 것과 같은 효과가 생긴다. 그러나 乙이 甲으로부터 상속받아 丁에게 양도한 A의 처분행위는 乙과 丁이 모두 선의이므로 제29조 제1항 단서에 따라 丁이 A의 소유권을 취득하게 된다. 따라서 甲은 丁에게 A의 소유권이전을 청구할 수 없는 반면, 乙은 丁으로부터 받은 매매대금 중에서 현존하는 금액을 甲에게 반환하여야 한다. 丙도 甲에 대한 실종선고의 결과로서 A를 상속받아 丁에게 처분하였고, 또한 A의 처분 당시 甲의 생존 사실을 알지 못하였으므로 현존하는 가액을 甲에게 반환하여야 한다.

한편 甲이 실종선고를 취소하는 경우에 乙은 선의이지만 상대방인 戊는 악의이므로 甲과 乙의 구 혼인관계가 부활하며, 乙과 戊의 신 혼인관계는 중혼관계가 생겨 취소할 수 있다. 그 결과 甲은 乙에게 이혼청구가 가능하며, 戊는 甲에게 혼인을 계속하기 어려운 중대한 사유를 야기하였으므로 甲은 戊에게 불법행위를 이유로 손해배상을 청구할 수 있다.

참고판례

1. 대법원 1994. 9. 27. 선고 94다21542 판결

실종선고를 받은 자는 실종기간이 만료한 때에 사망한 것으로 간주되는 것이므로, 실종선고로 인하여 실종기간 만료시를 기준으로 하여 상속이 개시된 이상 설사 이후 실종선고가 취소되어야 할 사유가 생겼다고 하더라도 실제로 실종선고가 취소되지 아니하는 한, 임의로 실종기간이 만료하여 사망한 때로 간주되는 시점과는 달리 사망시점을 정하여 이미 개시된 상속을 부정하고 이와 다른 상속관계를 인정할 수는 없다.

[9] 비법인사단의 법률관계

사례*

주택건설사업법에 의하여 설립된 재건축조합 甲은 건설회사 乙에게 재건축아파트 신축공사를 도급주었고, 건설회사 乙은 2000. 9. 1. 건설회사 丙에게 아파트신축공사 중 토목공사를 하도급 주었다. 그러나 乙이 丙에게 하도급공사대금을 제때에 지급하지 아니하자, 甲·乙·丙은 2000. 11. 29. '乙은 2000. 12. 11.까지 토목공사 기성금 중 1억원을 丙에게 지급하고, 이후 기성금은 월별로 지급하며, 甲은 乙의 하도급공사대금채무를 보증'하기로 합의하였다. 그럼에도 불구하고 乙이 약정된 기간 내에 기성금을 지급하지 아니하자 甲의 조합장 丁은 2001. 1. 30. 乙의 丙에 대한 하도급대금채무를 보증하였다. 하도급대금을 받지 못한 丙은 2001. 2. 16. 부도 처리되었고, 乙은 2001. 2. 21. 丙의 부도를 이유로 하도급계약의 해제를 통지하였다. 한편 甲의 조합규약 제21조는 "예산으로 정한 사항 외에 조합원의 부담이 될 계약 등에 관한 사항은 임원회의 결의를 거쳐야 한다."고 규정하고 있으나 甲의 조합장 겸 임원회의 의장인 丁은 丙과 채무보증계약을 체결하기 전에 임원회의 결의를 거치지 아니하였고, 임원들과 사전에 상의하거나 사후에 보고하지도 않았다.

[문제1] 甲의 법적 성격은 무엇인가?
[문제2] 丁의 채무보증행위를 甲의 행위로 볼 수 있는가?
[문제3] 만일 丙이 丁과 체결한 채무보증계약에 기하여 甲에게 하도급공사대금채무의 이행을 청구하는 경우에 甲은 丙에게 항변할 수 있는가?

[개요]

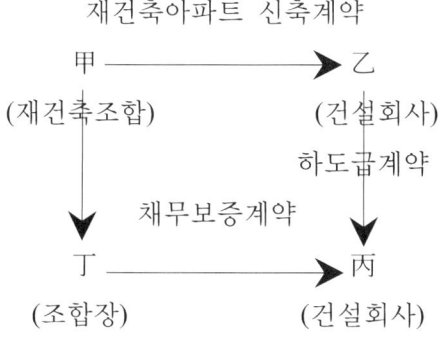

---

* 이 사안은 2007. 4. 19. 선고 2004다60072, 60089 전원합의체 판결에 기초하여 구성한 것이다.

[해결]

Ⅰ. 문제의 제기

(1) 현대 사회에는 수많은 단체들이 경제, 사회 활동의 주체로 활약하면서 법률관계의 한 축을 이루고 있으며 우리 민법은 이러한 단체들의 궁극적인 지향점으로 '사단법인'과 '재단법인'을 제시하고 있다. 그러나 상당수의 단체들이 여러 가지 이유로 법인이 아닌 상태로 경제, 사회 활동에 참여하고 있으므로 이러한 단체들이 거래관계의 일방당사자가 되는 경우에 그 법적 성격이 무엇인지가 문제된다. 사안에서 재건축조합 甲의 법적 성격이 무엇인지 외견상 명확하지 않으므로 甲의 법적 성격을 확정할 필요가 있다.

(2) 甲은 사단법인이 아니지만 사단법인과 실질적으로 동일한 조직체계를 가지고 있으므로 사단법인에 관한 민법 규정을 甲에게 유추적용할 수 있는지가 문제된다. 특히 甲은 비법인사단이므로 재산의 귀속형태가 단독소유가 아니라 구성원 집합체의 총유이다. 그러므로 甲의 조합장 丁이 乙의 하도급대금채무를 丙에게 보증하는 행위가 총유물의 관리·처분에 해당하는지가 문제된다.

(3) 丁이 乙과 丙 사이의 하도급대금채무를 보증하는 채무보증계약을 체결하면서 조합규약에서 정한 조합 임원회의 결의나 조합원총회 결의를 거치지 않았으므로 丁이 丙과 체결한 채무보증계약의 효력이 문제된다. 비법인사단의 경우에 조합 임원회의 결의 등을 거치도록 한 조합규약은 조합장의 대표권을 제한하는 규정에 해당한다. 그러므로 甲이 丙의 하도급공사대금채무의 이행청구에 항변하기 위해서는 丙이 丁의 대표권 제한 및 그 위반 사실을 알았거나 과실로 이를 알지 못하였다는 사정을 주장·입증하여야 한다.

II. 甲의 법적 성격

1. 비법인사단의 의의

"비법인사단"(권리능력 없는 사단)이란 사단의 실질을 가지고 있으나 아직 권리능력을 취득하지 못한 것을 말한다. 판례도 비법인사단을 "일정한 목적 하에 결합된 인적 조직체로서 의사결정 및 업무집행기관과 대표자에 관한 정함이 있으나 법에서 정한 설립인가나 등기를 마치지 아니한 단체를 의미한다."고 한다(대판 1991. 5. 28, 91다7750). 비법인사단의 실체적 요건을 구체적으로 살펴보면, 첫째 고유의 목적을 가지고 있고, 둘째 사단적 성격을 가지는 규약을 만들어 이에 근거하여 의사결정기관 및 집행기관의 대표자를 두는 등의 조직을 갖추고 있고, 셋째 기관의 의결이나 업무집행방법이 다수결의 원칙에 의하여 행하여지며, 넷째 구성원의 가입·탈퇴 등으로 인한 변경에 관계없이 단체 그 자체가 존속되고, 다섯째 그 조직에 의하여 대표의 방법·총회나 이사회 등의 운영·자본의 구성·재산의 관리 기타 단체로서의 주요사항이 확정되어 있어야 한다(대판 1992. 7. 10. 선고 92다2431).

2. 비법인사단과 조합의 구별

비법인사단과 조합은 단체성의 강약에 의하여 구별된다. 판례는 "민법상의 조합과 법인격은 없으나 사단성이 인정되는 비법인사단을 구별함에 있어서는 일반적으로 그 단체성의 강약을 기준으로 판단하여야 한다."고 한다(대판 1999. 4. 23, 99다4504).

3. 소결

甲은 재건축조합이라는 명칭을 가지고 있으므로 그 법적 성격이 문제된다. 사안에서 甲은 재건축아파트 신축이라는 고유의 목적을 가지고 있고, 사단적 성격을 가지는 조합규약을 만들어 이에 근거하여 의사결정기관 및 집행기관의 대표자를 두는 등의 조직을 갖추고 있으며, 기관의 의결이나 업무집행방법이 다수결의 원칙에 의하여 행하여지며, 조합규약에 단체로서의 주요사항이 확정되어 있어 단체성이 강하다. 판례도 "주택건설촉진법에 의하여 설립된 재건축조합은 민법상의 비법인사단에 해당한다."고 한다(대판 2001. 5. 29, 2000다10246). 따라서 甲은 민법상의 비법인사단이라고 할 수 있다.

III. 甲의 권리능력

1. 甲의 권리 주체성

우리 민법은 사단법인과 권리능력 없는 사단을 엄격히 구별하고, 전자에 대해서만 포괄적인 권리능력을 인정하는 입법태도를 취하고 있다. 즉 권리능력은 오로지 자연인과 법인에게만 귀속하고(제3조, 제34조), 법인에 대해서는 법인 법정주의를 취하며(제31조), 법인 성립에 대해서는 허가·등기를 요하는 제한적 태도를 취하고 있고(제32조, 제33조), 권리능력 없는 사단의 재산귀속 형태를 단독소유가 아닌 구성원 집합체의 총유(제275조)로 규정하고 있다. 따라서 비법인사단과 사단법인은 실질에 있어 동일한 점이 있으나 우리 민법의 규정을 무시하고 비법인사단의 권리 주체성을 전면적으로 인정하기 어렵다. 다만, 비법인사단은 부동산등기법상 등기능력이 있고(제30조), 민사소송법상 당사자능력이 인정되며(제48조), 노동조합법(제3조), 특허법(제20조) 등에서는 권리주체로서의 자격이 인정된다. 사안에서 甲은 비법인사단이므로 사단법인과 동일한 권리 주체성이 인정되지 않는다.

2. 비법인사단에 대한 법적 규율

우리 민법은 비법인사단의 재산귀속 형태를 규율하는 규정으로 제275

조 내지 제278조의 네 조문만을 가지고 있다. 이에 따라 다수의 학설은 사단법인에 관한 규정 가운데서 법인격을 전제로 하는 것을 제외하고는 모두 이를 비법인사단에 유추적용해야 한다고 한다. 그리고 비법인사단에 유추적용하여야 할 규정으로, 사단의 내부관계, 사단의 권리능력, 행위능력, 대표기관의 권한과 그 대표의 형식, 대표기관의 불법행위로 인한 사단의 배상책임 등을 들고 있다. 판례도 "비법인사단에 대하여는 사단법인에 관한 민법 규정 가운데서 법인격을 전제로 하는 것을 제외하고는 이를 유추적용하여야 한다."고 한다(대판 1992. 10. 9, 92다23087). 사안에서 甲은 사단법인과 실질적으로 동일한 조직체계를 가진다는 점을 고려해 볼 때, 사단법인에 관한 민법 규정 가운데서 법인격을 전제로 하는 것을 제외하고는 이를 甲에게 유추적용할 수 있다. 따라서 甲에게는 사단의 권리능력과 행위능력에 관한 규정이 유추적용된다.

3. 丁의 채무보증행위의 법적 효력

1) 丁의 채무보증행위의 법적 효력

甲은 비법인사단이지만 "정관으로 정한 목적의 범위 내"에서 권리와 의무의 주체가 된다(제34조 유추적용). 여기서 '목적의 범위 내'에 대해서는 학설의 대립이 있다. 다수설은 소극적으로 목적에 반하지 않는 범위 내에서 권리능력을 누릴 수 있다고 하고, 소수설은 적극적으로 법인이 목적을 수행하는데 필요한 범위 내라고 한다. 판례는 "법인의 권리능력은 법인의 설립근거가 된 법률과 정관상의 목적에 의하여 제한되나 그 **목적 범위 내의 행위**라 함은 법률이나 정관에 명시된 목적 자체에 국한되는 것이 아니라 그 목적을 수행하는 데 있어 직접, 간접으로 필요한 행위는 모두 포함된다."고 한다(대결 2001. 9. 21, 2000그98). 사안에서 甲은 재건축아파트 신축을 목적으로 하고, 甲의 조합장 丁의 채무보증행위는 아파트 건축을 담당하는 乙로부터 하도급을 받은 丙의 하도급대금채무를 보증하기 위한 것이다. 따라서 丁의 채무보증행위는 甲의 목적의 범위 내의 행위에 해당하므로 甲의 행위로 된다.

2) 丁의 채무보증행위가 총유물의 관리·처분에 속하는지의 여부

우리 민법은 비법인사단의 소유형태로 '총유'를 규정하고(제275조 제1항), 총유의 의미나 내용에 관하여는 제276조와 제277조에서 규정하고 있고, 이는 다른 법률(제278조 단서)이나 정관 기타의 규약(제275조 제2항)에 의하여 배제될 수 있도록 규정하고 있다. 특히 우리 민법 제276조 제1항은 "총유물의 관리 및 처분은 사원총회의 결의에 의한다."고 규정하고 있어 하도급대금채무의 보증행위가 위 '총유물의 관리 및 처분'에 해당하는지의 여부에 대해서는 의견이 첨예하게 대립하고 있다. 판례의 다수의견은 "비법인사단이 타인 간의 금전채무를 보증하는 행위는 총유물 그 자체의 관리·처분이 따르지 아니하는 단순한 채무부담행위에 불과하여 이를 총유물의 관리·처분행위라고 볼 수 없다."고 한다(**부정설**). 이에 대하여 별개의견과 반대의견은 비법인사단이 타인 간의 금전채무를 보증하는 행위는 총유물의 관리·처분에 해당한다고 한다. 즉 비법인사단이 부담하는 보증채무가 자연채무가 아닌 한, 보증채무의 변제기가 도래하고 주채무자가 채무를 이행하지 않으면 비법인사단은 자신이 보유하고 있는 현금이나 총유물을 처분하여 그 채무를 만족시켜야 하므로 결국 보증채무 부담행위는 비법인사단의 총유물의 처분으로 연결될 수밖에 없다고 한다(**긍정설**). 생각건대 "사원총회의 결의 없이 이루어진 총유물의 관리·처분행위는 당연 무효"라고 하는 대법원 판결에 따르면, 사원총회의 결의가 없는 경우의 금전채무 보증행위도 무효로 된다. 그런데 비법인사단은 사단법인과 달리 사원총회의 결의라는 방식으로 대표권을 제한하더라도 이를 공시할 방법이 없다. 따라서 비법인사단의 금전채무 보증행위를 총유물의 관리·처분으로 보는 경우에 거래의 안전이 심각하게 위협받게 되므로 비법인사단의 금전채무 보증행위를 총유물의 관리·처분에 해당하지 않는다고 보는 다수견해가 타당하다. 사안에서 丁의 금전채무 보증행위는 총유물의 관리·처분에 해당하지 않으므로 사원총회의 결의가 없더라도 유효하다.

4. 소결

甲은 사단법인과 동일한 권리 주체성을 가지고 있지 않다. 그러나 甲은 사단법인과 실질적으로 동일한 조직체계를 가지고 있으므로 사단법인에 관한 민법 규정 가운데서 법인격을 전제로 하는 것을 제외하고는 이를 甲에게 유추적용할 수 있다. 이 경우 甲의 조합장 丁의 채무보증행위는 법인격을 전제로 하지 않으며, 또한 甲의 목적 범위 내의 행위에 해당하므로 甲의 행위로 된다. 또한 甲이 乙과 丙 사이의 금전채무를 보증하는 행위가 총유물의 관리·처분에 해당하는지의 여부가 문제되나 이는 단순한 채무부담행위에 불과할 뿐 총유물의 관리·처분행위라고 볼 수 없으므로 丁의 채무보증행위는 사원총회의 결의가 없더라도 유효하다.

Ⅳ. 丁의 대표권제한 위반의 효과

1. 丁에 대한 대표권제한

사단법인 이사는 법인의 기관으로서 포괄적인 대표권을 가지며, 법인의 설립 목적과 정관에서 정한 범위 내에서 법인을 대표를 할 수 있다(제59조 제1항). 다만, 정관의 기재나 사원총회의 결의에 의하여 이사의 대표권을 제한할 수 있으며(제41조), 이러한 제한은 등기하지 아니하면 제3자에게 대항하지 못한다(제60조). 정관에 기재된 대표권 제한의 경우에도 등기하지 아니하면 악의의 제3자에게도 대항하지 못한다(대판 1992. 2. 14, 91다24564). 따라서 이사가 사원총회의 결의 없이 한 총유물의 관리·처분행위가 유효한지의 여부가 문제된다. 이에 대하여 민법 제276조 제1항을 절대적 효력 규정으로 해석하는 종래의 판례는 사원총회의 결의 없이 이루어진 총유물의 관리·처분행위는 절대적으로 무효라고 한다(무효설). 이에 반하여 사단법인에 관한 민법 제59조 제1항과 비법인사단에 관한 민법 제276조 제1항은 모두 '…사원총회의 결의에 의한다.'고 규정하고 있으므로, 비법인사단의 경우에도 사단법인과 동일하게 총유물의 관리·처분에 관하여 사원총회의 결의가 없는 때에도 비법인사단의 대표기관이 한 총유물의 관리·처분은 유효하다고 한다(유효설). 생각건대 비법인사단 대표의 대외적 거래행위 전체에 대하여는 사단법인에 관한 법리가 유추적용될 수 있고, 이러한 유추적용은 비법인사단의 대표가 비법인사단의 목적 범위 내에서 총유물의 관리·처분을 포함한 모든 대외적 거래행위를 유효하게 할 포괄적인 대표권을 인정할 수 있게 한다. 이 경우 민법 제276조 제1항은 민법 제59조 제1항 단서와 같이 비법인사단 구성원의 보호를 위해 이사의 대표권을 제한하는 기능을 수행하게 되며, 이러한 대표권 제한은 선의·무과실의 거래상대방만 보호한다. 따라서 비법인사단 대표가 사원총회의 결의 없이 한 총유물의 관리·처분행위도 유효하다는 유효설이 타당하다. 사안에서 丁에 대해서는 포괄적인 대표권이 인정되고, 丁의 채무보증행위에 대해서는 사단법인에 관한 규정이 유추적용된다. 그러나 丁의 채무보증행위는 총유물의 관리·처분행위에 해당하지 않으므로 사원총회의 결의가 없더라도 유효하다.

2. 丁에 대한 대표권제한의 효력

비법인사단의 경우에는 사단법인과 달리 대표권을 제한하더라도 이를 공시할 방법이 없다. 따라서 '공시되지 아니한 대표권의 제한은 효력이 없다'는 사단법인의 법리를 비법인사단에 그대로 유추적용할 수 없다. 이에 대하여 판례는 "비법인사단의 경우에는 대표자의 대표권 제한에 관하여 등기할 방법이 없어 민법 제60조의 규정을 준용할 수 없고, 비법인사단의 대표자가 정관에서 임원회의의 결의를 거쳐야 하도록 규정한 대외적 거래행위에 관하여 이를 거치지 아니한 경우라도, 이와 같은 임원회의 결의사항은 비법인사단의 내부적 의사결정에 불과하다 할 것이므로, 그 거래상대방이 그와 같은 대표권 제한 위반사실을 알았거나 알 수 있었을 경우가 아니라면 그 거래행위는 유효하다고 봄이 상당하다."고 하여 **비법인사단에 대하여도 대표권 제한의 법리가 적용될 수 있음을 인정하고 있다**(대판 2003. 7. 22, 2002다64780). 다만, 이 판결은 '정관에서 임원회의 결의를 거치도록 규정한 사항'에 관한 것이지만, 총유물의 관리·처분과 같이 '사원총회의 결의를 요하는 사항'도 또한 이와 같다. 이 경우 거래상대방이 대표권 제한의 위반사실을 알았거나 알 수 있었음은 이를 주장하는 비법인사단이 주장·입증하여야 한다. 사안에서 丁의 채무보증약정은 단순한 채무부담행위에 불과하여 총유물의 관리·처분에 해당하지 아니하고, 그 결과 채무보증약정에 대하여 임원회의의 결의를 요한다는 조합규약은 대표권 제한사항에 불과하며 보증의 효력요건이 아니다. 따라서 丁이 채무보증계약을 체결하면서 조합규약에서 정한 조합 임원회의 결의를 거치지 아니하였다거나 조합원총회 결의를 거치지 않았다고 하더라도 그것만으로 곧바로 그 채무 보증계약이 무효라고 할 수 없다. 다만, 丙이 그와 같은 대표권 제한 및 그 위반 사실을 알았거나 과실로 인하여 이를 알지 못한 때에는 그 거래행위가 무효로 된다. 따라서 丙이 甲에게 하도급공사대금채무의 이행을 청구하는 경우에 甲은 丙에 대한 항변으로 丙이 丁의 대표권 제한 및 그 위반 사실을 알았거나 알지 못한 데에 과실이 있다는 사정을 주장·입증하여야 한다.

V. 사안의 해결

(1) 甲은 재건축아파트 신축이라는 고유의 목적을 가지고 있고, 사단적 성격을 가지는 조합규약을 만들어 이에 근거하여 의사결정기관 및 집행기관의 대표자를 두는 등의 조직을 갖추고 있으며, 기관의 의결이나 업무집행방법이 다수결의 원칙에 의하여 행하여지며, 조합규약에 단체로서의 주요사항이 확정되어 있어 단체성이 강하므로 민법상의 비법인사단이다.

(2) 甲은 사단법인이 아니지만 사단법인과 실질적으로 동일한 조직체계를 가지고 있으므로 사단법인에 관한 민법 규정을 甲에게 유추적용할 수 있다. 이 경우 丁의 채무보증행위는 법인격을 전제로 하지 않으며, 또한 甲의 목적 범위 내의 행위에 해당하므로 甲의 행위로 된다. 또한 丁의 채무보증행위가 총유물의 관리·처분에 해당하지 않으므로 사원총회의 결의가 없더라도 유효하다.

(3) 丙이 甲에게 하도급공사대금채무의 이행을 청구하는 경우에 甲은 丙에 대한 항변으로서 丙이 丁의 대표권 제한 및 그 위반 사실을 알았거나 알지 못한 데에 과실이 있다는 사정을 주장·입증하여야 한다. 甲이 이를 주장·입증하지 못하면 丁의 채무보증행위는 사원총회의 결의가 없더라도 유효하므로 甲은 丙에게 하도급공사대금채무를 이행하여야 한다.

참고판례

1. 대법원 2007. 4. 19. 선고 2004다60072,60089 전원합의체 판결

[다수의견] 민법 제275조, 제276조 제1항에서 말하는 총유물의 관리 및 처분이라 함은 총유물 그 자체에 관한 이용·개량행위나 법률적·사실적 처분행위를 의미하는 것이므로, 비법인사단이 타인 간의 금전채무를 보증하는 행위는 총유물 그 자체의 관리·처분이 따르지 아니하는 단순한 채무부담행위에 불과하여 이를 총유물의 관리·처분행위라고 볼 수는 없다. 따라서 비법인사단인 재건축조합의 조합장이 채무보증계약을 체결하면서 조합규약에서 정한 조합 임원회의 결의를 거치지 아니하였다거나 조합원총회 결의를 거치지 않았다고 하더라도 그것만으로 바로 그 보증계약이 무효라고 할 수는 없다. 다만, 이와 같은 경우에 조합 임원회의의 결의 등을 거치도록 한 조합규약은 조합장의 대표권을 제한하는 규정에 해당하는 것이므로, 거래 상대방이 그와 같은 대표권 제한 및 그 위반 사실을 알았거나 과실로 인하여 이를 알지 못한 때에는 그 거래행위가 무효로 된다고 봄이 상당하며, 이 경우 그 거래 상대방이 대표권 제한 및 그 위반 사실을 알았거나 알지 못한 데에 과실이 있다는 사정은 그

거래의 무효를 주장하는 측이 이를 주장·입증하여야 한다.

[대법관 김영란, 김황식, 박일환의 별개의견] 법인 아닌 사단의 보증채무 부담행위는 결국 장래의 총유물의 처분행위와 같은 것이고 따라서 여기에도 총유물의 관리·처분에 관한 법리가 적용되어야 한다는 취지의 반대의견의 견해 및 거기서 들고 있는 논거들에 대하여 기본적으로 찬성한다. 그런데 통상 아파트재건축사업을 시행함에 있어 새로운 아파트를 신축하기 위하여는 시공업자의 선정부터 공사도급계약의 체결, 설계와 공사 시공 및 완공에 이르기까지 재건축조합으로서는 많은 의사결정과 법률행위들을 하여야 하는데, 그러한 아파트 신축과 관련한 주요한 사항들에 관하여 조합원총회에서 결의를 함에 있어서는, 그 아파트 신축과 관련하여 통상적으로 예상 가능한 세부적이고 구체적인 일련의 행위(이 사건에서는 보증채무 부담행위 포함)들이 계속 진행되는 것을 당연한 전제로 하는 것으로서, 그 결의 속에는 그에 따른 세부적이고 구체적인 일련의 행위들에 대한 결의까지 함께 이루어진 것이라고 봄이 상당하다.

[대법관 이홍훈, 전수안의 반대의견]

(가) 비법인사단이 부담하는 채무가 총유물 그 자체 또는 재산권 그 자체에 해당하지 않는다고 해서 곧바로 비법인사단이 타인 간의 금전채무를 보증하는 행위가 민법 제276조 제1항에서 말하는 총유물의 관리·처분에 해당하지 않는다고 단정하기는 어렵다. 왜냐하면 비법인사단이 부담하는 보증채무가 자연채무가 아닌 한, 그러한 보증채무 부담행위는 그 채무 변제를 위한 책임재산과 별도로 생각할 수 없기 때문이다. 그 채무의 변제기가 도래하고 주채무자가 채무를 이행하지 않으면 비법인사단은 자신이 보유하고 있는 현금이나 총유물을 처분하여 그 채무를 만족시켜야 하므로 결국 보증채무 부담행위는 비법인사단의 총유물의 처분으로 연결될 수밖에 없다. 그렇다면 비법인사단의 보증채무 부담행위는 장래의 총유물의 처분행위와 같다고 보아야만 한다.

(나) 총유물 자체의 관리·처분이 따르는 채무부담행위와 그렇지 않은 채무부담행위가 명확하게 구별되는 것은 아니다. 비법인사단이 현재 보유하고 있는 금전 또는 장래에 보유하게 될 금전도 총유물에 속함은 당연하고, 이러한 금전 처분행위도 정관 기타 규약에 달리 정함이 없는 한

사원총회의 결의에 의하지 않으면 무효라고 하여야 한다. 그런데 비법인사단이 현재 또는 장래에 보유하는 금전을 유상 또는 무상으로 지급하기로 하는 행위와 금전채무 보증행위가 실질적으로 다르다고 보아, 전자는 사원총회의 결의를 요한다고 하고 후자는 그럴 필요가 없다고 하는 것이 타당한지 의문이 든다. 총유물의 관리·처분을 수반하지 않는 금전채무 부담행위는 생각하기 어려우므로 현재 또는 장래에 보유하는 금전을 유상 또는 무상으로 지급하기로 하는 행위와 금전채무 부담행위는 결국 실질적으로 같다고 보아야 한다.

(다) 비법인사단이 채무로부터 벗어나기 위한 소송을 함에 있어서도 사원총회의 결의를 요한다고 한다면 비법인사단이 채무를 부담하는 행위는 더욱더 사원총회의 결의를 요한다고 보아야 한다.

(라) 비법인사단의 거래행위를 둘러싸고 발생하는 거래의 안전 문제는 총유물의 관리·처분에 관한 우리 민법과 대법원판례의 입장을 총체적으로 재검토하여 해결하거나 비법인사단으로 하여금 법인격을 취득하도록 유도하여 해결할 일이지 채무부담행위가 총유물의 관리·처분에 해당하지 않는다고 하는 방법으로 해결할 것은 아니다.

(마) 그렇다면 비법인사단의 대표자가 그 사단의 이름으로 채무를 보증하는 계약을 체결하는 경우에도 총유물의 관리·처분에 관한 법리가 적용된다고 하여야 하고, 비법인사단인 재건축조합의 조합장이 보증계약을 체결함에 있어 조합규약에서 정한 조합 임원회의 결의를 거치지 아니하였다면 그 보증계약은 효력이 없다고 보아야 한다.

[반대의견에 대한 대법관 이홍훈의 보충의견] 타인 간의 금전채무를 보증하는 계약은 단순한 채무부담행위에 불과하여 총유물의 처분행위에 해당하지 아니하므로, 재건축조합의 대표자가 조합규약에 위반하여 보증계약을 체결하였다고 하더라도 바로 무효라고 할 수는 없다고 보는 다수의견의 해석은 총유에 관하여 조합원들이 선택한 규약 내용과 민법의 입법자가 선택한 공동소유의 형태와 내용에 모두 실질적인 수정을 가하는 것이어서 해석의 범위를 넘어서는 것이다. 총유물 처분행위의 개념을 다수의견과 같이 해석하게 되면, 총유에 있어서 비법인사단의 자율성을 보장하려는 민법 제275조 제2항의 입법 취지에 반할 뿐만 아니라, 비법인

사단의 소유관계를 총유로 규정함으로써 비법인사단 자체의 존속과 그 구성원들의 이익보호를 도모하고자 한 입법자의 선택에도 어긋나며, 법률의 통일적인 해석과 적용도 곤란해지게 된다.

2. 대법원 1999. 4. 23. 선고 99다4504 판결

민법상의 조합과 법인격은 없으나 사단성이 인정되는 비법인사단을 구별함에 있어서는 일반적으로 그 단체성의 강약을 기준으로 판단하여야 하는바, 조합은 2인 이상이 상호간에 금전 기타 재산 또는 노무를 출자하여 공동사업을 경영할 것을 약정하는 계약관계에 의하여 성립하므로 어느 정도 단체성에서 오는 제약을 받게 되는 것이지만 구성원의 개인성이 강하게 드러나는 인적 결합체인 데 비하여 비법인사단은 구성원의 개인성과는 별개로 권리·의무의 주체가 될 수 있는 독자적 존재로서의 단체적 조직을 가지는 특성이 있다 하겠는데, 어떤 단체가 고유의 목적을 가지고 사단적 성격을 가지는 규약을 만들어 이에 근거하여 의사결정기관 및 집행기관인 대표자를 두는 등의 조직을 갖추고 있고, 기관의 의결이나 업무집행방법이 다수결의 원칙에 의하여 행하여지며, 구성원의 가입, 탈퇴 등으로 인한 변경에 관계없이 단체 그 자체가 존속되고, 그 조직에 의하여 대표의 방법, 총회나 이사회 등의 운영, 자본의 구성, 재산의 관리 기타 단체로서의 주요사항이 확정되어 있는 경우에는 비법인사단으로서의 실체를 가진다고 할 것이다.

3. 대법원 2001. 5. 29. 선고 2000다10246 판결

주택건설촉진법에 의하여 설립된 재건축조합은 민법상의 비법인사단에 해당하고, 재건축조합의 실체가 비법인사단이라면 재건축조합이 주체가 되어 신축 완공한 상가건물은 조합원 전원의 총유에 속하며, 총유물의 관리 및 처분에 관하여 재건축조합의 정관이나 규약에 정한 바가 있으면 이에 따라야 하고, 그에 관한 정관이나 규약이 없으면 조합원 총회의 결의에 의하여야 한다.

[10] 법인의 불법행위(1)

사례*

출자금 총액과 적립금 합계액이 50억원인 새마을금고 A의 이사장 甲은 이사회의 의결을 얻어 A의 소요자금 명목으로 B은행으로부터 10억원을 대출받았다. 甲은 이를 A의 계좌로 송금받아 보관하다가 그 중에서 7억원을 乙에게 사업자금으로 대출하여 주었다. 대출과정에서 乙은 이미 A로부터 5억원을 대출받았으므로 추가로 5억원 이상을 대출받을 수 없게 되자 부인인 丙 명의로 7억원을 대출받았다. 甲은 乙에 대한 대출이 A의 정관에 위반된다는 사실을 알고 있었고, 이사 丁도 이를 알고 있었으나 적극적으로 말리지 않고 丙에 대한 대출을 승인하였다. 이후 甲은 나머지 3억원을 인출하여 임의로 소비하였고, 乙은 도산하여 12억원의 대출금을 반환할 수 없게 되었다. 한편 B는 A를 상대로 대출금 반환을 청구하였고, A는 甲이 자신의 이익을 도모할 목적으로 행한 대표행위라는 이유로 대출금 반환을 거절하였다.
[문제1] B가 A에 대하여 행사할 수 있는 권리는?
[문제2] A가 행사할 수 있는 권리는?

[개요]

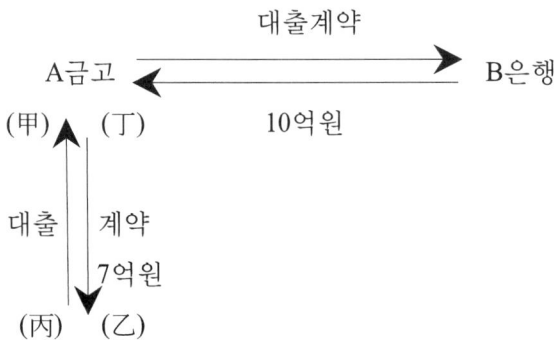

---

* 이 사안은 대법원 1990. 3. 23. 선고 89다카555 판결에 기초하여 구성한 것이다.

[참조조문]

※ 「새마을금고법」 제19조(임원과 직원)

① 이사장은 금고를 대표하고, 금고의 업무를 총괄한다.

제25조(임원의 성실의무와 책임)

① 금고의 임원은 이 법과 이 법에 따라 하는 명령과 정관·규정 및 총회와 이사회의 의결사항을 지키고 금고를 위하여 성실히 그 직무를 수행하여야 한다.

② 임원이 그 직무를 수행할 때 고의나 과실(비상근임원의 경우에는 고의나 중대한 과실)로 금고에 끼친 손해에 대하여는 연대하여 손해배상의 책임을 진다.

③ 임원이 그 직무를 수행할 때 고의나 중대한 과실로 타인에게 끼친 손해에 대하여는 연대하여 손해배상의 책임을 진다.

제26조(「민법」·「상법」의 준용)

① 금고의 임원에 관하여는 「민법」 제35조, 제63조 및 「상법」 제382조 제2항, 제386조 제1항을 각각 준용한다.

제28조(사업의 종류 등)

① 금고는 제1조의 목적을 달성하기 위하여 다음 각 호의 사업의 전부 또는 일부를 행한다. 1호 신용사업

③ 제1항 제1호의 신용사업에 관련되는 소요자금의 차입한도, 여유자금의 운용 및 제1항 제6호의 위탁 사업의 범위, 그 밖에 필요한 사항은 대통령령으로 정한다.

제29조(동일인 대출한도)

① 금고의 동일인에 대한 대출은 출자금 총액과 적립금 합계액의 100분의 20 또는 총자산의 100분의 1중 큰 금액을 초과하지 못한다.

② 제1항을 적용할 때에 본인의 계산으로 다른 사람의 명의에 의하여 행하는 대출은 그 본인의 대출로 본다.

※ 「새마을금고법시행령」 제14조(자금의 차입한도 등)

① 법 제28조 제3항에 따라 금고는 연합회, 국가, 공공단체 또는 금융기관으로부터 정관으로 정한 바에 따라 소요자금을 차입할 수 있다.

[해결]

Ⅰ. 문제의 제기

(1) B는 A와 10억원의 대출계약을 체결하였으므로 A에 대하여 대출금 반환을 청구할 수 있을 것이다. 이에 대하여 A는 甲이 자신의 이익을 도모할 목적으로 B와 대출계약을 체결하였고, 이를 송금받아 3억원을 임의로 소비하였으며, 丙에 대한 7억원의 대출은 강행법규에 위반한 행위이므로 이 범위 내에서 책임이 없다고 항변할 수 있을 것이다. 이 경우 B는 A에 대하여 甲의 행위에 대한 법인의 불법행위책임 및 대출금 상당의 부당이득반환을 청구할 수 있을 것이다.

(2) A는 乙에 대하여 甲과 체결한 대출계약이 효력이 없음을 이유로 이미 수령한 대출금 7억원을 부당이득으로 반환청구 할 수 있을 것이다. 또한 A는 甲에 대하여 임원의 성실의무 위반을 이유로 손해배상을 청구할 수 있으며, 丁도 이를 알고 있었으므로 甲과 연대하여 손해배상책임을 물을 수 있을 것이다. 만일 A가 B에게 甲의 손해배상의무를 이행하였다면 A는 甲에게 이를 구상할 수 있을 것이다.

Ⅱ. B의 A에 대한 권리행사

1. 대출금반환청구

1) B의 甲에 대한 대출계약

A의 이사장 甲은 B와 10억원의 대출계약을 체결하였다. 대출계약과 관련하여 甲의 행위를 A의 행위로 볼 수 있는지의 여부 및 甲의 행위가 A의 행위능력 범위 내에 속하는지의 여부가 문제된다.

(1) A의 이사장 甲이 B와 10억원의 대출계약을 체결한 행위가 A의 행

위로 인정될 수 있는지의 여부가 문제된다. 이에 대하여 법인의 본질에 관하여 **의제설**을 취하는 경우 법인 자신의 행위를 인정할 수 없으므로 외부의 대리인에 의하여 행위를 할 수밖에 없으며, **실재설**을 취하는 경우 법인 자신의 행위가 인정되지만 법인이 현실적으로 행위를 할 수 없으므로 자연인이 법인의 대표기관으로 법인의 행위를 하게 된다. 생각건대 법인은 하나의 실재로서 대표기관에 의하여 독자의 행위를 할 수 있는 실재체이다(대판 1978. 2. 28, 77누155). 사안에서 甲이 B와 체결한 대출계약은 A의 행위능력 범위 안에서는 A의 행위로 된다.

(2) 甲의 행위를 A의 행위로 보는 경우에 甲의 대출계약 체결을 A의 행위능력 범위 내의 행위로 볼 수 있는지의 여부가 문제된다. 우리 민법은 법인의 권리능력에 대하여만 규정하고 있을 뿐 행위능력에 대하여는 규정하고 있지 않다. 이에 대하여 **통설**은 법인은 권리능력이 있는 모든 범위에서 행위능력을 가진다고 하고, **판례도 법률과 정관상의 목적에 의하여 제한되는 것은 "법인의 권리능력 혹은 행위능력"**이라고 한다(대판 1991. 11. 22, 91다8821). 다만, 행위능력의 범위가 법인의 목적범위에 의한 제한을 받는 경우에 법인의 목적범위를 어디까지 확대할 것인지에 대하여는 견해의 대립이 있다. **다수설**은 소극적으로 법인의 목적에 위배되지 않는 범위 내라고 넓게 인정하는 반면, **소수설**은 적극적으로 법인의 목적달성에 필요하거나 적당한 범위 내라고 좁게 인정한다. 판례는 법인의 목적범위 내의 행위라 함은 법률이나 정관에 명시된 목적 자체에 국한되는 것이 아니라 그 목적을 수행하는 데 있어 직접, 간접으로 필요한 행위를 모두 포함한다고 **행위능력의 범위를 넓게 인정하고 있다**(대판 1991. 11. 22, 91다8821).

(3) 소결: 사안에서 甲은 A의 이사장으로서 A의 대표기관이며(새마을금고법 제19조), B와의 대출계약 체결은 A의 행위능력 범위 내에 속하므로 A의 행위로 볼 수 있다(새마을금고법 제28조 제3항). 다만, 법인의 대표에 대해서는 대리에 관한 규정이 준용되므로(제59조 제2항), 甲은 B와의 대출계약 체결시 새마을금고 A의 대표이사라고 표시하였어야 한다. 이러한 요

건이 충족되면 B는 A에 대하여 대출금 10억원의 반환을 청구할 수 있다.

2) 甲의 대표권 남용에 대한 책임

(1) 대표권 남용

법인이 권리를 취득하고 의무를 부담하기 위해서는 일정한 자연인의 행위가 필요하다. 법인의 대표기관이 법인의 행위능력 범위 안에서 행위를 하는 경우에 그 행위는 법인의 행위로 인정된다(대판 1978. 2. 28, 77누155). 그러므로 법인의 대표기관이 대표권을 남용하여 대표행위를 한 경우에 그 행위가 법인의 행위능력 범위 내에 속한다면 원칙적으로 법인의 행위로 될 것인지의 여부가 문제된다. 이 경우 법인은 대표기관이 대표권을 남용하였으므로 대표기관이 한 행위의 결과를 회피할 수 있다고 하는 것이 대표권 남용 이론이다. 사안에서는 甲이 대표권을 남용했는지의 여부 및 그로 인한 행위의 결과에 대한 귀속이 문제된다.

(2) 대표권 남용의 요건

법인의 대표기관의 행위가 대표권 남용이 되기 위해서는,

첫째, 법인의 대표기관이 외형적, 형식적으로는 '대표권의 범위' 안에서 행위를 하여야 하며,

둘째, 법인의 대표기관이 내부적, 실질적으로는 '자기 또는 제3자의 이익'을 위하여 대표행위를 하여야 한다.

사안에서 甲이 A의 대표기관으로서 B와 체결한 대출계약은 형식적으로는 대표권의 범위 안에서 이루어진 행위이지만, 실질적으로는 개인적 용도에 사용하기 위한 것이다. 그러므로 이 범위 내에서 대표권 남용의 요건이 충족된다.

(3) 대표권 남용의 효과

대표권 남용에 의하여 체결된 계약의 효력에 대해서는 대표자의 진의를 상대방이 알았거나 알 수 있었을 경우에는 무효로 한다는 제107조 제1

항 단서 유추적용설, 대표자의 권한 남용의 의도를 상대방이 안 경우 또는 중과실로 이를 알지 못한 경우에 그 상대방이 유효를 주장하는 것은 신의칙에 반한다고 하는 신의칙설, 상대방이 대표자의 배임행위를 알았거나 정당한 사유없이 알지 못한 경우에는 무권대리로서 무효라고 하는 대리권부인설이 있다. 판례는 대체로 제107조 제1항 단서의 유추적용설을 인정하고 있다(대판 1997. 8. 29, 97다18059).

(라) 소결: 법인의 대표기관이 대표권을 남용하여 대표행위를 하였다고 하더라도 그것이 법인의 행위능력 범위에 속한다면 그 행위는 원칙적으로 법인의 행위로 된다. 다만, 법인의 대표행위의 상대방이 그러한 사정을 알고 있는 경우에는 계약의 효력이 부인된다. 그러므로 B는 A에 대하여 10억원의 대출금 반환을 청구할 수 있으며, A는 상대방인 B의 악의나 경과실을 입증하여 대출계약의 효력을 부인할 수 있다.

2. 손해배상청구

1) B의 법적 지위

B는 A에 대하여 10억원의 대출금 반환을 청구할 수 있다. 그러나 A는 甲이 자신의 이익을 도모할 목적으로 B와 대출계약을 체결하였으므로 이 범위 내에서는 책임이 없다고 항변할 수 있다. 이 경우 B는 A에 대하여 甲이 직무행위로 자신에게 10억원의 손해를 입혔다는 이유로 손해배상을 청구할 수 있다.

2) 법인의 불법행위 성립요건

법인의 불법행위가 성립하기 위한 요건으로는(제35조 제1항),

첫째, 대표기관인 "이사 또는 대표자"의 행위가 있어야 한다. 여기서 '이사 또는 대표자'는 법인의 대표자를 말하는 것이고, 대표권 없는 이사는 법인의 이사이기는 하지만 대표기관이 아니기 때문에 그들의 행위로 인하여 법인의 불법행위가 성립하지 않는다(대판 2005. 12. 23, 2003다30159).

사안에서 甲은 A의 이사장으로서 대표기관에 해당한다.

둘째, 대표기관이 직무에 관하여 타인에게 손해를 입혔다. 이와 관련하여서는 "외형이론"과 "대표권 남용의 효력"이 문제된다.

(1) 외형이론에 의한 판단

"외형이론"은 대표기관의 행위가 직무행위에 해당하는지의 여부를 판단하는 기준으로써 외부에서 객관적으로 볼 때 대표기관의 직무행위라고 판단되면 충분하다는 것이다. 즉 우리 민법 제35조의 '직무에 관하여'라 함은 외형상 대표기관의 직무행위라고 볼 수 있는 행위뿐만 아니라 직무행위와 사회관념상 견련성을 가지는 행위를 포함한다는 것이 학설과 판례(대판 1990. 3. 23, 89다카555)의 태도이다. 여기서 행위의 외형상 법인의 대표자의 직무행위라고 인정할 수 있는 것이라면 설사 그것이 대표자 개인의 사리를 도모하기 위한 것이거나 혹은 법령의 규정에 위배된 것이라고 하더라도 위의 직무에 관한 행위에 해당한다고 보아야 한다(대판 2004. 2. 27, 2003다15280). 따라서 '직무에 관하여'는 주관적·구체적으로 판단하는 것이 아니라 객관적·추상적으로 판단하며, 통상 "정관으로 정한 목적의 범위 내의" 행위와 일치한다. 그리고 대표기관의 행위가 직무집행에 관한 것이 아니라는 점에 대하여는 상대방이 선의이고 중대한 과실이 없어야 한다(대판 2003. 7. 25, 2002다27088).

(2) 대표권 남용에 의한 행위의 효력

법인의 대표기관이 권한을 넘어서 부정한 대표행위를 한 경우에 법인의 불법행위책임을 인정할 것인지의 여부가 문제된다. 이에 대하여 다수설은 제126조에 의한 표현대리의 법리를 우선 적용하여 법인에게 이행책임을 지우고 그것이 부정되면 불법행위책임을 인정하자고 한다. 이에 대하여 소수설과 판례는 법인의 대표기관이 권한을 남용하여 부정한 대표행위를 한 경우 법인의 불법행위책임을 인정하고 있다(대판 1990. 3. 23, 89다카555). 사안에서 甲의 대출행위는 권한을 남용한 대표행위이므로 제126조에 의한 표현대리의 법리를 우선 적용하여 A에게 이행책임을 부담시키는 것이 타당할 것이다. 그러나 판례는 이러한 경우에도 법인의 불법행위를 인정하고 있으므로 B는 A에 대하여 법인의 불법행위책임을 물을 수 있을 것이다.

셋째, 일반 불법행위의 요건을 갖추어야 한다. 즉 우리 민법 제35조 제1항은 제750조의 특별규정이므로 일반 불법행위의 요건을 갖추어야 한다. 그러므로 대표기관의 고의·과실로 인한 가해행위, 가해행위의 위법성, 손해발생, 가해행위와 손해 사이의 인과관계 및 가해자의 책임능력이 있어야 한다.

결론적으로 甲은 A의 이사장으로서 A의 대표기관이며, 甲이 B와 대출계약을 체결한 행위는 A의 행위능력의 범위에 속하므로 A의 행위로 볼 수 있다. 그리고 甲의 대출행위는 권한을 남용한 대표행위이고 이로 인하여 B에게 손해가 발생하였으므로 B는 A에 대하여 법인의 불법행위책임을 물을 수 있다.

3) 법인의 불법행위 효과

법인의 불법행위가 성립하면 법인은 피해자에게 손해를 배상하여야 한다(제35조 제1항 전단). 그리고 법인의 불법행위가 성립하는 경우에 가해행위를 한 대표기관은 법인과 경합하여 피해자에게 손해배상책임을 지며(제35조 제1항 후단), 그 책임의 성질은 부진정연대채무이다. 사안에서 A는 B에게 손해를 배상하여야 하며, 이 경우 甲도 A와 연대하여 B에게 손해를 배상할 책임이 있다.

3. 부당이득반환청구

A의 이사장 甲은 B은행에서 10억원을 대출받은 다음, 이를 A의 계좌로 송금하여 보관하였다가 개인적인 용도로 사용하였다. 甲의 차입행위는 A의 행위능력 범위에 속하므로 B는 A에게 대출금 상당의 부당이득반환을 청구할 수 있다.

Ⅲ. A의 권리행사

1. A의 법적 지위

A는 비영리사단법인으로서 법률에 의하여 법인격이 부여되고 있다(새마을금고법 제1조, 제7조). A의 대표기관은 이사장이고(새마을금고법 제19조 제1항), 이사장인 甲은 그 직무수행에 있어 새마을금고법과 이 법에 따른 명령과 정관·규정 및 총회와 이사회의 의결사항을 지켜야 한다. 이 법에 따르면 새마을금고의 동일인에 대한 대출은 출자금 총액과 적립금 합계액의 100분의 20 또는 총자산의 100분의 1 중 큰 금액을 초과하지 못한다(새마을금고법 제29조 제1항). 그럼에도 불구하고 甲은 乙과 丙 명의로 7억원의 대출계약을 체결하였다. 이는 A가 수행할 수 있는 신용사업의 일종으로서 외형으로 보아서는 새마을금고의 목적범위 내에 속한다고 볼 수 있지만 동일인의 대출한도를 넘는 행위로서 강행법규에 위반된다(새마을금고법 제29조). 사안에서 甲의 乙에 대한 대출행위는 A의 행위능력 범위를 넘는 행위로서 A의 행위라고 할 수 없으며(제34조), 그것은 甲의 개인 행위로 될 뿐이다.

2. A의 乙에 대한 부당이득반환청구

甲의 乙에 대한 대출계약은 법인의 행위능력의 범위를 넘는 것이므로 그 효력이 없다. 그러므로 A는 乙에 대하여 대출금에 대한 부당이득반환청구권을 가지지만 乙이 도산하였으므로 회수 불능상태에 있다. 그 결과 甲의 위법행위로 인한 A의 손해는 A의 내부관계에서 처리될 수밖에 없다.

3. A의 甲에 대한 손해배상청구

甲은 A의 이사장으로서 그 직무를 성실히 수행하여야 하며, 그 직무를 수행할 때 고의나 중대한 과실로 타인에게 끼친 손해에 대하여는 연대하여 손해배상의 책임을 진다(새마을금고법 제25조 제2항). 여기서 손해배상책임의 법적 성질은 甲이 A의 이사장으로서 직무를 성실하게 수행하지 못한 채무불이행책임이다. 그리고 A가 B에게 甲의 손해배상의무를 이행하였다면 A는 甲에게 이를 구상할 수 있다.

4. A의 丁에 대한 손해배상청구

丁은 A의 임원으로서 그 직무를 선량한 관리자의 주의의무로 수행하여야 한다. 사안에서 丁은 乙에 대한 대출이 정관에 위반된다는 사실을 알면서 乙에 대한 대출계약을 승인하였으므로 甲과 연대하여 손해배상책임을 진다(새마을금고법 제26조 제2항).

Ⅳ. 사안의 해결

(1) B는 A와 대출계약을 체결하였으므로 A에 대하여 대출금 반환을 청구할 수 있다. 또한 B는 A에 대하여 법인의 불법행위책임을 물을 수 있으며, 대출금 상당의 부당이득반환을 청구할 수 있다.

(2) A는 乙에 대하여 부당이득반환을 청구할 수 있지만 乙이 도산하였으므로 甲의 위법행위로 인한 손해는 A의 내부관계에서 처리될 수밖에 없다. 즉 A는 甲에 대하여 임원의 성실의무 위반을 이유로 손해배상을 청구할 수 있으며, 丁도 이를 알고 있었으므로 A는 丁에게도 甲과 연대하여 손해배상책임을 물을 수 있다. 만일 A가 B에게 甲의 불법행위에 기한 손해배상의무를 이행하였다면 A는 甲에게 이를 구상할 수 있다.

참고판례

1. 대법원 1990. 3. 23. 선고 89다카555 판결

상호신용금고의 대표이사인 갑이 을로부터 일정한 금원을 예탁금으로 입금처리하여 줄 것을 의뢰받고 당시 공동대표이사인 병의 개인자금을

조달할 목적으로 위 금원을 차용하면서도 외관상으로만 위 금원을 위 금고의 차입금으로 입금처리 하는 양 가장하여 을을 속이고 실제로는 차입금원장 등 장부에도 기장하지 아니한 채 위 금고용차입금증서가 아닌 병 개인명의로 발행된 약속어음을 을에게 교부하여 주었다면 이는 실질적으로는 갑의 개인적인 융통행위로서 위 금고의 차용행위로서는 무효라 하겠으나 그의 행위는 위 금고 대표이사로서의 직무와 밀접한 관련이 있을 뿐만 아니라 외형상으로는 위 금고 대표이사의 직무범위내의 행위로 보아야 할 것이고 을의 처지에서도 위 금고와의 거래로 알고 있었던 것이므로 위 금고는 그 대표이사 갑의 직무에 관한 불법행위로 인하여 을이 입은 손해를 배상할 책임이 있다.

2. 대법원 1991. 11. 22. 선고 91다8821 판결

법인의 권리능력은 법인의 설립근거가 된 법률과 정관상의 목적에 의하여 제한되나 그 목적 범위 내의 행위라 함은 법률이나 정관에 명시된 목적 자체에 국한되는 것이 아니라 그 목적을 수행하는 데 있어 직접, 간접으로 필요한 행위는 모두 포함되는 것이다.

[11] 법인의 불법행위(2)

사례*

甲은 학교법인 A의 이사장으로서 B은행으로부터 5억원을 차용하는 금전소비대차계약을 체결하였다. 甲은 이 돈을 자기 개인의 사업자금으로 사용할 목적으로 차용하면서 B은행의 대출담당 직원 乙에게는 A의 시설확충비용이라고 말하였다. 甲은 법인의 금전차용행위는 관할청의 허가를 받아야 한다는 사실을 알고 있었고, 乙은 A에 확인을 하지 않은 상태에서 甲의 말만 믿고 5억원을 A 명의의 계좌로 송금하였다. 甲은 이 돈을 무단 인출하여 자신의 사업자금으로 사용하였다.
  [문제1] B는 변제기에 A에게 대출금의 반환을 청구할 수 있는가?
  [문제2] 만일 B가 A에게 대출금의 반환을 청구할 수 없다면 B가 행사할 수 있는 권리는?
  [문제3] 만일 A가 B에게 대출금을 반환하였다면 A는 甲에게 어떤 조치를 취할 수 있는가?

[개요]

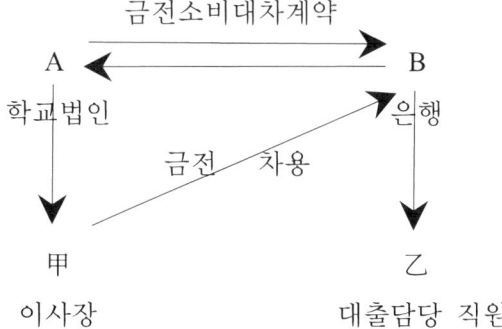

---

* 이 사안은 대법원 1987.4.28. 선고 86다카2534 판결을 기초로 하여 구성한 것이다.

[참조조문]

※ 「사립학교법」 제28조(재산의 관리 및 보호)

① 학교법인이 그 기본재산을 매도·증여·교환 또는 용도변경하거나 담보에 제공하고자 할 때 또는 의무의 부담이나 권리의 포기를 하고자 할 때에는 관할청의 허가를 받아야 한다.

[해결]

Ⅰ. 문제의 제기

(1) B가 A에게 대출금 5억원의 반환을 청구하기 위해서는 甲의 금전차용행위가 A의 능력범위 내의 행위이어야 하고, 또한 대표권의 범위 내의 행위이어야 한다. 그러나 甲은 관할청의 허가를 얻지 않고 B로부터 금전을 차용하였으므로 이러한 금전소비대차계약은 무효이다. 따라서 B는 A에게 대출금 5억원의 반환을 청구할 수 없을 것이다.

(2) 甲의 금전차용행위는 강행법규를 위반한 것으로서 A의 불법행위를 성립시키므로 B는 A에게 불법행위로 인한 손해배상을 청구할 수 있을 것이다. 또한 B는 위법행위를 한 甲에게도 불법행위책임을 물을 수 있을 것이며, 나아가 B는 甲에게 대출금 상당의 부당이득반환을 청구할 수 있을 것이다.

(3) A가 B에게 대출금 5억원을 반환하였다면 A는 甲에게 5억원의 구상권을 행사할 수 있고, 또한 A는 甲에게 이사의 직무 위반을 이유로 채무불이행책임 및 불법행위책임을 물을 수 있을 것이다.

Ⅱ. B의 A에 대한 대출금 반환청구 가부

B가 A에게 대출금 5억원의 반환을 청구하기 위해서는 甲의 금전차용

행위가 A의 권리능력 범위 내의 행위이어야 하고(제34조), 또한 대표권의 범위 내의 유효한 행위이어야 한다.

첫째, 법인은 정관으로 정한 목적의 범위 내에서 권리와 의무의 주체가 된다(제34조). 사안에서 甲의 금전차용행위가 A의 정관상 목적 범위 내에 해당하는지의 여부가 문제된다. 甲은 乙에게 '재단의 시설확충' 명목으로 금전을 차용한다고 말하였고, 이러한 금전차용행위는 A의 목적 범위에 포함된다고 할 수 있다.

둘째, 사립학교법 제28조 제1항은 학교법인이 "의무를 부담할 때"에는 관할청의 허가를 받아야 한다고 규정하고 있다. 이는 의무부담행위를 할 수 없다는 뜻이 아니므로 A의 권리능력을 제한하는 규정이라고 할 수 없다. 그러므로 甲의 금전차용행위가 A의 의무부담행위에 해당하는지의 여부가 문제된다. 판례는 "학교법인이 타인으로부터 금전을 차용하는 행위는 학교운영상 통상적인 거래행위도 아닐 뿐만 아니라 그로 인하여 학교법인은 일방적인 의무부담의 대가로 소비에 용이한 금전을 취득하는 결과가 되어 이를 감독하지 않으면 학교재산의 원활한 유지·보호를 기할 수 없음이 분명하므로 그 차용액수의 과다, 변제기간의 장단, 예산편성의 범위내인지의 여부에 관계없이 사립학교법 제28조 제1항에 의하여 감독청의 허가를 받아야 할 의무부담행위에 해당된다."고 한다(대판 1987. 4. 28, 86다카2534). 사안에서 甲의 금전차용행위는 A의 의무부담행위에 해당한다.

셋째, 甲의 금전차용행위는 A의 의무부담행위에 해당하므로 관할청의 허가를 받아야 한다. 그러나 甲의 금전차용행위는 관할청의 허가를 받지 않았으므로 그 효력이 문제된다. 다수설은 이러한 절차규정을 법률행위의 특별한 효력요건으로 보는 반면, 소수설은 대표권 제한규정으로 본다. 판례는 "차입금은 감독청의 허가를 받지 아니한다고 규정되어 있다 하더라도 그 입법취지에 비추어 강행규정으로 해석되는 사립학교법 제28조의 적용이 위 정관규정에 의하여 배제되는 것이라고 할 수 없다."고 하여(대판 1987. 4. 28, 86다카2534), 사립학교법 제28조를 효력발생요건으로 보고 있다. 사안에서 甲의 금전차용행위는 사립학교법 제28조에 위배되므로 확정적으로 무효이다.

결론적으로 甲의 금전차용행위는 A의 의무부담행위에 해당하므로 관할 청의 허가를 받아야 하지만 관할청의 허가를 받지 않았으므로 확정적으로 무효이다. 따라서 B는 A에게 금전소비대차계약에 기한 대출금 5억원의 반환을 청구할 수 없다.

Ⅲ. B의 권리행사

1. B의 A에 대한 권리행사

1) A의 불법행위 성립 여부

법인의 불법행위가 성립하기 위한 요건으로는(제35조),

첫째, 대표기관의 행위이어야 한다. 甲은 A의 대표이사이므로 대표기관에 해당한다.

둘째, '직무상의 행위'이어야 한다. 여기서 '직무관련성'은 주관적·구체적으로 판단할 것이 아니라 객관적·추상적으로 판단하며, 외형상 대표기관의 직무행위라고 볼 수 있는 행위 및 직무집행행위와 사회관념상 관련성을 가지는 행위를 포함한다. 판례도 "비법인사단의 대표자의 행위가 대표자 개인의 사리를 도모하기 위한 것이었거나 혹은 법령의 규정에 위배된 것이었다 하더라도 외관상, 객관적으로 직무에 관한 행위라고 인정할 수 있는 것이라면 민법 제35조 제1항의 직무에 관한 행위에 해당한다."고 판시하고 있다(대판 2003. 7. 25, 2002다27088). 다만, 대표자의 행위가 직무에 관한 행위에 해당하지 아니함을 피해자 자신이 알았거나 또는 중대한 과실로 인하여 알지 못한 경우에는 비법인사단에게 손해배상책임을 물을 수 없다(대판 2003. 7. 25, 2002다27088). 사안에서 甲은 자기 개인의 사업자금으로 사용할 목적으로 5억원을 차용하면서 乙에게는 재단의 시설확충비용이라고 말하였다. 그러므로 甲의 금전차용행위는 직무관련성을 가진다고 볼 수 있다. 다만, B가 甲의 금전차용행위가 관할청의 허가를 얻어 이루어졌는지의 여부에 대하여 확인하지 않고 甲의 말만 믿고 금전을 대출하였으므로 과실상계 규정이 적용된다(제763조, 제396조).

셋째, 대표기관의 불법행위가 제750조의 요건을 갖추어야 한다. 사안에서 甲은 A의 금전차용행위가 관할청의 허가가 필요하다는 사실을 알면서도 관할청의 허가를 받지 않았고, 그 결과 금전소비대차계약이 무효로 되어 B는 A에게 5억원의 대출금을 상환받을 수 없는 손해를 야기하였다.

결론적으로 甲은 B에게 고의로 위법행위를 함으로써 B에게 5억원의 손해를 입었으므로 A는 B에 대하여 불법행위책임을 진다.

2) A에 대한 부당이득반환청구 가부

B와 A 사이에 체결된 금전소비대차계약이 강행법규 위반으로 무효가 되는 경우에 B가 A에게 송금한 5억원을 부당이득으로 반환청구할 수 있는지가 문제된다.

첫째, 수익이 법률상의 원인이 없어야 한다. 사안에서 B는 A에게 5억원을 송금하였지만 이는 강행법규 위반으로 무효인 금전소비대차계약에 의한 것이다.

둘째, 수익자가 타인의 재화 또는 노무로 인하여 이익을 얻었어야 한다. 사안에서 A는 B의 송금으로 인하여 5억원의 이익을 얻었다.

셋째, 수익자의 이득에 의하여 손실자가 손실을 입었어야 한다. 사안에서 B는 5억원의 대출금을 반환받지 못하는 손실을 입었다.

넷째, 이득과 손실 사이에 인과관계가 있어야 한다. B의 대출로 인하여 A는 5억원의 이익을 얻었다.

결론적으로 B의 대출로 인하여 A는 5억원의 이익을 얻었으므로 B는 A에게 5억원을 부당이득으로 반환청구할 수 있다. 이 경우 부당이득의 반환 범위는 甲을 기준으로 하여 결정되므로 A는 B에게 대출금 5억원에 이자를 붙여 반환하여야 하고, 만일 B에게 손해가 있으면 그 손해도 배상하여야 한다(제748조 제2항).

3) 불법행위책임과 부당이득반환책임의 관계

불법행위책임과 부당이득반환책임은 선택적 경합관계에 있으나 피해자가 가해자로부터 부당이득을 반환받은 경우에는 그 범위에서 손해배상의 범위가 감축된다(대판 1993. 4. 27, 92다56087). 그러나 부당이득반환의 경우에는 과실상계가 인정되지 않으므로 B는 A에게 부당이득을 청구하는 것이 불법행위로 인한 손해배상을 청구하는 것보다 유리하다.

2. B의 甲에 대한 권리행사

B는 甲에게 불법행위로 인한 손해배상책임을 물을 수 있다(제750조). 이 경우 A와 甲은 B에 대하여 부진정연대채무를 진다. 따라서 B는 A 또는 甲에게 손해의 전부를 청구할 수 있고, 만일 어느 일방으로부터 손해를 전보받으면 그 한도에서 타방의 손해배상의무는 소멸한다.

Ⅳ. A의 甲에 대한 권리행사

1. 구상권 행사

1) 채무불이행으로 인한 손해배상청구

이사는 선량한 관리자의 주의로 그 직무를 수행하여야 한다(제61조). 이사가 그 직무를 해태한 때에는 그 이사는 법인에 대하여 연대하여 손해배상책임을 진다(제65조). 사안에서 甲은 관할청의 허가를 얻지 않고 B로부터 금전을 차용하였고, 이로 인하여 A가 B에게 차용금 상당의 손해를 배상하였으므로 A는 甲에게 구상권을 행사할 수 있다.

2) 구상권 행사의 범위

부진정연대채무자 중 1인이 채무를 이행하여 공동면책을 가져온 경우에 그는 다른 부진정연대채무자에게 구상할 수 있다. 이 경우 수인의 불법행위자가 채권자에 대해 부진정연대채무를 부담할 때에는 불법행위 및 손해와 관련하여 그 발생 또는 확대에 기여한 각자의 과실 정도를 감안하여 내부적 부담부분을 판단하여야 한다. 판례도 "**공동불법행위자는 채권자에 대한 관계에서는 부진정연대책임을 지되, 공동불법행위자들 내부관계에서는 일정한 부담 부분이 있고, 이 부담 부분은 공동불법행위자의 과실의 정도에 따라 정하여지는 것으로서 공동불법행위자 중 1인이 자기의 부담 부분 이상을 변제하여 공동의 면책을 얻게 하였을 때에는 다른 공동불법행위자에게 그 부담 부분의 비율에 따라 구상권을 행사할 수 있다.**"고 판시하고 있다 (대판 2002. 5. 24, 2002다14112). 사안에서 甲은 B가 A명의의 계좌로 송금한 5억원을 무단 인출하여 자신의 사업자금으로 사용하였으므로 A는 甲에게 5억원 전액을 구상할 수 있다.

2. 불법행위로 인한 손해배상청구

이사는 선량한 관리자의 주의로 그 직무를 수행하여야 한다(제61조). 그러나 甲은 A의 대표이사로서 B가 A명의의 계좌로 송금한 5억원을 무단 인출하여 자신의 사업자금으로 사용하였다. 甲의 행위는 A의 재산을 횡령한 것이므로 불법행위가 성립하며, A는 甲에게 불법행위를 이유로 손해배상을 청구할 수 있다(제750조).

V. 사안의 해결

(1) 甲은 관할청의 허가를 얻지 않고 B로부터 금전을 차용하였으므로 이러한 금전차용행위는 확정적으로 무효이다. 따라서 B는 A에게 대출금 5억원의 반환을 청구할 수 없다.

(2) 甲의 금전차용행위는 A의 불법행위를 성립시키므로 B는 A에게 불법행위로 인한 손해배상을 청구할 수 있다. 또한 B는 甲에 대하여도 불법

행위로 인한 손해배상을 청구할 수 있다.

(3) A는 甲에게 이사의 직무 위반을 이유로 채무불이행책임 및 불법행위책임을 물을 수 있다. 그 결과 A는 甲에게 구상권을 행사할 수 있으며, 또한 불법행위로 인한 손해배상도 청구할 수 있다.

참고판례

1. 대법원 1987.4.28. 선고 86다카2534 판결

[1] 사립학교법 제28조 제1항의 규정은 학교법인 재산의 원활한 관리와 유지·보호를 기함으로써 사립학교의 건전한 발달을 도모하자는데 그 목적이 있다 할 것이므로 위 법조에서 말하는 의무부담에 해당하는가 여부는 위 목적과 대조하여 구체적으로 결정되어야 하고 학교법인의 행위에 의하여 발생하는 모든 의무가 일률적으로 이에 해당한다고 단정할 수는 없다.

[2] 학교법인이 타인으로부터 금전을 차용하는 행위는 학교운영상 통상적인 거래행위도 아닐뿐 아니라 그로 인하여 학교법인은 일방적인 의무부담의 대가로 소비에 용이한 금전을 취득하는 결과가 되어 이를 감독하지 않으면 학교재산의 원활한 유지·보호를 기할 수 없음이 분명하므로 그 차용액수의 과다, 변제기간의 장단, 예산편성의 범위내인지의 여부에 관계없이 사립학교법 제28조 제1항에 의하여 감독청의 허가를 받아야 할 의무부담행위에 해당된다.

[3] 학교법인의 정관에 예산내의 지출을 위하여 그 회계년도의 수입으로서 상환하는 차입금은 감독청의 허가를 받지 아니한다고 규정되어 있다 하더라도 그 입법취지에 비추어 강행규정으로 해석되는 사립학교법 제28조의 적용이 위 정관규정에 의하여 배제되는 것이라고 할 수 없고, 그와 같은 학교법인의 정관이 사립학교법 제10조 제1항에 의거 감독청의 허가를 받은 것이고 또 학교법인의 당해 회계년도의 예산이 사립학교법 제31조에 의하여 감독청에 제출되었으나 감독청이 그 예산에 관하여 시정을 요구한 바 없다 하더라도 감독청의 학교법인 정관에 대한 허가권과 예산에 대한 시정요구권은 사립학교법 제28조 소정의 학교법인 재산관리에 관한 허가권과는 각 그 목적을 달리하는 별개의 권한으로 볼 것이어

서 위와 같은 사유만으로는 예산내 지출을 위하여 그 회계년도의 수입으로 상환하는 차입금에 관하여는 감독청의 허가가 필요 없다거나 이미 허가받은 것으로 보아야 한다고 해석할 수 없다.

[4] 학교법인의 설립자로서 이사 겸 학교장인 자가 자기 개인의 사업자금으로 사용할 목적으로 학교법인의 명의로 금원을 차용하면서 그 차용을 위하여 학교법인의 이사회결의까지 있었다면 그 차용금의 사용목적이 무엇이던간에 위 학교장의 차용행위는 학교법인의 사무집행 행위라 하지 않을 수 없다.

2. 대법원 2003. 7. 25. 선고 2002다27088 판결

[1] 주택조합과 같은 비법인사단의 대표자가 직무에 관하여 타인에게 손해를 가한 경우 그 사단은 민법 제35조 제1항의 유추적용에 의하여 그 손해를 배상할 책임이 있으며, 비법인사단의 대표자의 행위가 대표자 개인의 사리를 도모하기 위한 것이었거나 혹은 법령의 규정에 위배된 것이었다 하더라도 외관상, 객관적으로 직무에 관한 행위라고 인정할 수 있는 것이라면 민법 제35조 제1항의 직무에 관한 행위에 해당한다.

[2] 비법인사단의 경우 대표자의 행위가 직무에 관한 행위에 해당하지 아니함을 피해자 자신이 알았거나 또는 중대한 과실로 인하여 알지 못한 경우에는 비법인사단에게 손해배상책임을 물을 수 없다고 할 것이고, 여기서 중대한 과실이라 함은 거래의 상대방이 조금만 주의를 기울였더라면 대표자의 행위가 그 직무권한 내에서 적법하게 행하여진 것이 아니라는 사정을 알 수 있었음에도 만연히 이를 직무권한 내의 행위라고 믿음으로써 일반인에게 요구되는 주의의무에 현저히 위반하는 것으로 거의 고의에 가까운 정도의 주의를 결여하고, 공평의 관점에서 상대방을 구태여 보호할 필요가 없다고 봄이 상당하다고 인정되는 상태를 말한다.

[12] 정관에 의한 대표권 제한

사례

甲과 乙은 자선을 목적으로 하는 재단법인 A의 공동대표이다. 甲은 공동대표에 대한 정관의 규정이 아직 등기되어 있지 않음을 기화로 하여 乙과 상의 없이 丙을 기망하여 丙으로부터 토지 X를 염가로 매입하는 계약을 체결하였다. 이 과정에서 甲은 법인의 대표자로서 丙에게 A의 사원으로 취업시켜 주겠다고 기망하였고, 丙은 그 약속이 지켜지지 않자 甲을 사기죄로 고소하였다.
당사자 사이의 법률관계를 설명하시오?

[개요]

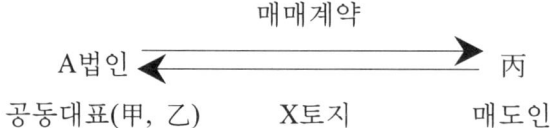

[해결]

Ⅰ. 문제의 제기

(1) 甲은 공동대표인 乙과 상의없이 丙으로부터 X를 매입하는 매매계약을 체결하였다. 甲의 매입행위는 대외적으로는 A의 대표성, 권한을 넘어 체결한 계약의 효력, 그리고 A의 불법행위 성립 여부가 문제될 것이다.

(2) 甲은 A의 공동대표임에도 불구하고 단독으로 법률행위를 하였으므로 대내적으로는 위임계약 위반 및 이사의 책임이 문제될 것이다.

II. 甲의 대표행위

1. 甲의 법적 지위

법인은 이사를 두어야 하고(제57조), 이사는 법인의 사무를 집행한다(제58조). 이사는 법인의 사무에 관하여 각자 법인을 대표한다(제59조 제1항). 이사가 수인인 경우에는 원칙적으로 각자 대표가 가능하며, 각 이사는 법인의 권리능력에 속하는 모든 사항에 관하여 법인을 대표할 수 있다. 그러나 이사의 대표권은 "정관에 규정한 취지에 위반할 수 없다."(제59조 제1항 단서). 사안에서 甲은 乙과 A의 공동대표이다. 그러므로 甲은 乙과 공동으로 A의 사무를 처리하였어야 함에도 불구하고 단독으로 X를 매입하였으므로 甲의 대표행위 효력이 문제된다.

2. 甲의 대표행위

(1) 대표기관이 법인을 대표하여 어떤 행위를 하면 그 행위는 법인의 행위로 되어 그로 인한 권리를 취득하고 의무를 부담한다. 그런데 민법 제59조 제2항은 법인의 대표에 대하여는 대리에 관한 규정을 준용하므로 대표기관이 대표행위를 함에는 법인을 위한 것임을 표시하여야 한다(제114조). 사안에서 甲이 A의 대표자로서 X를 매입하였으므로 甲의 행위가 정관이 정한 목적의 범위 내에 해당하는 경우에는 A가 그에 대한 권리와 의무를 부담한다.

(2) 이사의 대표권에 대한 제한은 등기하지 아니하면 제3자에게 대항하지 못한다(제60조). 여기서 '제3자'의 범위에 대하여는 선의의 제3자에 한정된다는 **제한설**과 선의나 악의를 불문한다는 **무제한설**이 있다. 판례는 "법인의 정관에 법인 대표권의 제한에 관한 규정이 있으나 그와 같은 취지가 등기되어 있지 않다면 법인은 그와 같은 정관의 규정에 대하여 **선의나 악의냐에 관계없이 제3자에 대하여 대항할 수 없다.**"고 하여 무제한설을 따르고

있다(대판 1992. 2. 14, 91다24564). 그리고 이사의 대표권 제한규정은 강행규정이므로 이사가 수인인 경우에는 공동으로 대표하여야 한다. 여기서 '공동'은 의사결정을 공동으로 하여야 하는지 아니면 표시행위를 공동으로 하여야 하는지 논란이 있으며, 다수설은 의사결정을 공동으로 하면 충분하다고 한다. 사안에서 甲은 乙과 공동대표이며, 甲에 대한 대표권 제한이 등기되어 있지 않다. 그러므로 A는 丙의 선의나 악의를 불문하고 甲에게 대표권이 없다는 이유로 甲이 丙과 체결한 X에 대한 매매계약의 무효를 주장할 수 없다.

3. 甲의 불법행위책임

법인의 대표자가 그 직무에 관하여 타인에게 손해를 가함으로써 법인에게 손해배상책임이 인정되는 경우에 대표자의 행위가 제3자에 대한 불법행위를 구성하면 그 대표자도 제3자에 대하여 손해배상책임을 면하지 못한다(제35조 제1항). 사안에서 甲은 A의 대표자로서 丙과 X에 대한 매매계약을 체결하였다. 그러나 甲은 X를 염가로 매입하기 위하여 丙을 기망하여 매매계약을 체결하였으므로 甲의 행위가 불법행위로 되면 甲은 丙에게 손해배상책임을 면하지 못한다.

III. A의 丙에 대한 책임

1. A의 법적 지위

법인은 독립된 권리의 주체이지만 그 자체가 자연인처럼 행동할 수 없으므로 법인이 목적사업을 수행하기 위해서는 부득이하게 일정한 자연인의 행위를 필요로 한다. 그러므로 법인은 기관인 이사가 대외적으로 법인을 대표하고, 대내적으로 법인의 사무를 처리한다. 사안에서 甲과 乙은 A의 기관으로서 대외적으로는 A를 대표하고, 대내적으로는 A의 사무를 처리한다.

2. A의 丙에 대한 책임

1) A의 행위능력

　법인은 '정관으로 정한 목적의 범위 내'에서만 권리능력을 가지므로 법인의 기관인 이사도 이 범위 내에서만 대표행위를 할 수 있다. 여기서 '목적의 범위 내'에 대하여는 소극적으로 목적에 반하지 않는 범위 내에서 권리능력을 누릴 수 있다고 하는 견해(소극설)와 적극적으로 법인의 목적을 수행하는데 필요한 범위 내라고 보는 견해(적극설)가 있다. 판례는 "목적 범위 내의 행위라 함은 **법률이나 정관에 명시된 목적 자체에 국한되는 것이 아니라 그 목적을 수행하는 데 있어 직접, 간접으로 필요한 행위는 모두 포함된다.**"고 하여 적극설을 취하고 있다(대결 2001. 9. 21, 2000그98). 그러나 이사의 행위가 법인의 권리능력 범위를 객관적으로 벗어난 경우에는 그 행위의 효과는 법인에 귀속되지 않는다. 사안에서 甲은 A의 이사로서 X를 매입하였으므로 甲의 매입행위는 A의 목적 범위 내의 행위로 볼 수 있다. 그러므로 甲이 丙과 체결한 X에 대한 매매계약은 유효하고, 그 효과는 A에게 귀속된다.

　한편 법인의 대표기관이 법인의 목적범위 내의 행위를 수행하는 과정에서 위법행위를 한 경우에 그 행위의 효과가 법인에게 귀속되는지에 대하여는 논란이 있다. **법인의제설**은 법인은 법적 주체가 의제될 뿐 스스로의 의사가 없으므로 불법행위능력을 인정하지 않는다. 이에 대하여 **법인실재설**은 법인은 기관에 의한 독자적 행위주체로서 스스로의 의사를 가지고 행위를 하는 이상 그 기관의 행위는 법인의 행위로 본다. 그러므로 법인실재설에 따르면 법인의 대표기관이 법인의 목적을 수행하는 과정에서 발생하는 행위는 그것이 적법 또는 위법한 행위인가의 여부를 가리지 않고 법인에 귀속되므로 법인의 이사의 행위는 법인의 불법행위를 구성한다.

사안에서 甲은 A의 대표기관으로서 丙과 X에 대한 매매계약을 체결하는 과정에서 丙을 속이는 기망행위를 하였으므로 그 행위의 결과는 A에게 귀속된다.

2) 甲의 불법행위

(1) 甲의 행위가 A의 불법행위로 되기 위해서는(제35조),

첫째, 대표기관의 행위이어야 한다. 여기서 '대표기관'은 '이사 기타 대표자'를 의미한다. 사안에서 甲은 A의 대표기관이다.

둘째, 대표기관이 직무에 관하여 타인에게 손해를 가하였어야 한다. 여기서 '직무에 관하여'는 외형상 대표기관의 직무행위라고 볼 수 있는 행위 및 직무집행행위와 사회관념상 관련성을 가지는 행위를 말한다. 그러므로 대표자의 행위가 직무에 관한 행위에 해당하지 아니함을 피해자 자신이 알았거나 또는 중대한 과실로 인하여 알지 못한 경우에는 법인에게 손해배상책임을 물을 수 없다(대판 2008. 1. 18, 2005다34711). 사안에서 甲은 A의 대표기관으로서 丙과 X에 대한 매매계약을 체결하였으므로 다른 사정이 없는 한 丙은 甲의 행위를 A의 직무행위로 알았다고 할 수 있다.

셋째, 대표기관이 불법행위에 관한 일반적인 성립요건을 갖추어야 한다. 민법 제750조에 의한 불법행위가 성립하기 위해서는, ① 고의 또는 과실로 인한 가해행위, ② 가해행위의 위법성, ③ 손해의 발생, ④ 가해행위와 손해 사이의 인과관계가 있어야 한다. 사안에서 甲은 X를 염가로 구입할 목적으로 丙에게 A의 사원으로 취업시켜 주겠다고 기망하였고, 이러한 기망행위는 위법성이 인정된다. 丙은 甲의 기망에 빠져 X를 염가로 매각하였고, 甲의 기망과 丙의 손해 사이에는 인과관계가 인정되므로 甲의 기망행위는 A의 불법행위로 된다.

(2) 법인의 불법행위가 성립하면 법인은 피해자에 대하여 손해배상책임을 지며, 가해행위를 한 대표기관도 법인과 연대하여 손해배상책임을 진다(제35조 제1항 후문). 여기서 법인의 책임과 기관 개인의 책임은 부진정

연대의 관계에 있다. 사안에서 甲은 A와 연대하여 丙에게 손해배상책임을 진다.

Ⅳ. 甲의 A에 대한 책임

1. 甲의 법적 지위

이사는 선량한 관리자의 주의로서 그 직무를 수행할 의무를 진다(제61조). 여기서 '선량한 관리자의 주의의무'란 타인의 사무를 수행하는 자가 지는 업무수행상의 주의의무를 말하며, '사무집행'이란 법인의 목적을 달성하기 위하여 필요한 직접 또는 간접으로 관련되는 모든 사무의 처리를 말한다. 그리고 이사가 수인인 경우 정관에 다른 규정이 없으면 법인의 업무집행은 이사의 과반수로 결정한다(제58조 제2항). 이는 이사의 사무집행에 관한 내부관계의 규정이며, 이사의 대표권 범위와는 별개의 문제이다. 그러나 이사의 사무집행에는 법률행위로서 계약의 체결 등이 포함되므로 사무집행에 관한 대외적 준칙 사항은 직접 규정하고 있지 않지만 당해 대표행위의 준칙에 관하여도 동일한 제한이 있다고 볼 수 있다.

2. 甲의 사무집행행위

이사가 선관주의의무를 위반하여 사무집행행위를 하였고, 이로 인하여 법인에게 손해를 입힌 경우에 이사는 법인에 대하여 손해배상책임을 진다(제65조). 이 경우 손해배상책임은 채무불이행책임의 성질을 가진다. 사안에서 甲이 A의 이사로서 丙과 X에 대한 매매계약을 체결한 행위는 사무집행행위로 볼 수 있으며, 甲이 이사로서 지켜야 할 선관주의의무를 위반하여 계약을 체결하였으므로 甲은 A에 대하여 손해배상책임을 부담한다.

3. 甲의 채무불이행책임

　법인이 피해자에게 손해를 배상하면 법인은 기관 개인에 대하여 구상권을 행사할 수 있다(제65조). 이는 기관이 개인에 대하여 부담하고 있는 직무수행에 있어서 선량한 관리자의 주의의무를 게을리한 과실에 대한 책임이다. 이 경우 손해배상의 범위를 정함에 있어서는, 당해 사업의 내용과 성격, 당해 이사의 임무위반의 경위 및 임무위반행위의 태양, 회사의 손해 발생 및 확대에 관여된 객관적인 사정이나 그 정도, 평소 이사의 회사에 대한 공헌도, 임무위반행위로 인한 당해 이사의 이득 유무, 회사의 조직체계의 흠결 유무나 위험관리체제의 구축 여부 등 제반 사정을 참작하여야 한다(대판 2005. 10. 28, 2003다69638). 사안에서 A는 甲의 불법행위에 대하여 丙에게 손해배상책임을 부담하므로 A가 이를 丙에게 배상한 경우에 A는 甲에 대하여 그 손해를 구상할 수 있다.

V. 사안의 해결

　(1) 甲이 공동대표인 乙과 상의없이 丙과 체결한 X에 대한 매매계약은 A의 목적범위 내의 행위이므로 A는 丙에게 매매계약에 대한 권리와 의무를 부담한다. 이 경우 A는 甲에게 대표권이 없다는 이유로 甲이 丙과 체결한 X에 대한 매매계약의 무효를 주장할 수 없다. 한편 甲의 행위가 불법행위로 되면 甲은 丙에게 손해배상책임을 진다.

　(2) 甲은 A의 공동대표임에도 불구하고 단독으로 A의 사무를 처리하였으므로 A에 대해서는 위임계약 및 이사의 사무집행 의무를 위반한 것이 된다. 따라서 甲은 A에게 선관주의의무 위반으로 인한 손해배상책임을 부담한다.

참고판례

1. 대법원 2008. 1. 18. 선고 2005다34711 판결

비법인사단의 대표자가 직무에 관하여 타인에게 손해를 가한 경우 그 사단은 민법 제35조 제1항의 유추적용에 의하여 그 손해를 배상할 책임이 있고, 비법인사단의 대표자의 행위가 대표자 개인의 사리를 도모하기 위한 것이었거나 혹은 법령의 규정에 위배된 것이었다 하더라도 외관상, 객관적으로 직무에 관한 행위라고 인정할 수 있다면 민법 제35조 제1항의 직무에 관한 행위에 해당한다 할 것이나, 한편 그 대표자의 행위가 직무에 관한 행위에 해당하지 아니함을 피해자 자신이 알았거나 또는 중대한 과실로 인하여 알지 못한 경우에는 비법인사단에게 손해배상책임을 물을 수 없다. 여기서 중대한 과실이라 함은, 거래의 상대방이 조금만 주의를 기울였더라면 대표자의 행위가 그 직무권한 내에서 적법하게 행하여진 것이 아니라는 사정을 알 수 있었음에도 만연히 이를 직무권한 내의 행위라고 믿음으로써 일반인에게 요구되는 주의의무에 현저히 위반하는 것으로 거의 고의에 가까운 정도의 주의를 결여하고, 공평의 관점에서 상대방을 구태여 보호할 필요가 없다고 봄이 상당하다고 인정되는 상태를 말한다.

2. 대법원 2005. 10. 28. 선고 2003다69638 판결

이사가 법령 또는 정관에 위반한 행위를 하거나 그 임무를 해태함으로써 회사에 대하여 손해를 배상할 책임이 있는 경우에 그 손해배상의 범위를 정함에 있어서는, 당해 사업의 내용과 성격, 당해 이사의 임무위반의 경위 및 임무위반행위의 태양, 회사의 손해 발생 및 확대에 관여된 객관적인 사정이나 그 정도, 평소 이사의 회사에 대한 공헌도, 임무위반행위로 인한 당해 이사의 이득 유무, 회사의 조직체계의 흠결 유무나 위험관리체제의 구축 여부 등 제반 사정을 참작하여 손해분담의 공평이라는 손해배상제도의 이념에 비추어 그 손해배상액을 제한할 수 있다.

[13] 재단법인의 출연재산 귀속

사례*

甲은 2006. 4. 10. 자신 소유의 토지 X를 재단법인 A의 설립을 위하여 출연하였다. 甲은 정관을 작성하고 X를 출연한 이후 2006. 12. 5. 교통사고로 사망하였다. 甲의 상속인 乙은 2007. 3. 2. X를 丙에게 양도한 다음 甲으로부터 직접 丙에게 소유권이전등기를 경료하여 주었다. A는 2007. 2. 9. 법인설립 허가를 얻어 2007. 2. 20. 설립등기를 마쳤다.
A가 乙, 丙에게 행사할 수 있는 법적 권리는?

[개요]

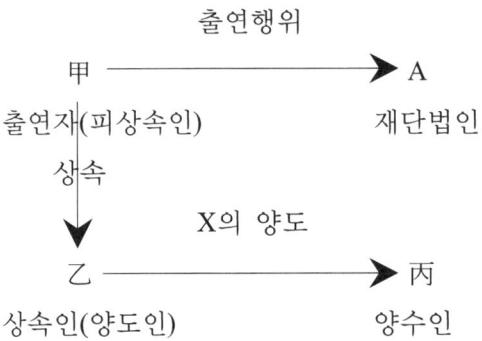

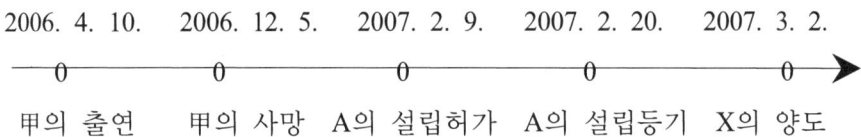

---

* 이 사안은 대법원 1979. 12. 11. 선고 78다481,482 전원합의체 판결을 기초로 하여 구성한 것이다.

[해결]

Ⅰ. 문제의 제기

(1) 甲은 A의 설립을 위하여 자신의 토지 X를 출연하고 사망하였다. 따라서 A는 甲의 상속인 乙에게 X의 이전을 청구할 수 있을 것이다. 이에 대하여 乙은 A에게 甲으로부터 상속받은 재산의 정당한 처분이라고 주장할 수 있을 것이다.

(2) 甲은 A의 설립을 위하여 자신의 토지 X를 출연하였다. 따라서 A는 X의 등기명의를 가지고 있는 丙에게 X의 등기말소 및 소유물반환을 청구할 수 있을 것이다. A의 X에 대한 반환청구에 대하여 丙은 X를 정당한 소유자인 乙로부터 취득하였다고 주장할 수 있을 것이다.

Ⅱ. A의 권리행사

1. 재단법인의 설립

재단법인이 설립되기 위해서는 정관작성 및 재산의 출연행위(제43조), 주무관청의 허가와 등기가 있어야 한다(제32조, 제33조). 여기서 '재단법인 설립행위'는 출연의사와 출연행위로 이루어지며, 출연행위에 대하여는 이를 상대방 없는 단독행위로 보는 견해와 양도계약으로 보는 견해가 있다. 통설과 판례는 재단법인에 대한 출연행위를 상대방 없는 단독행위로 본다(대판 1999. 7. 9, 98다9045). 그리고 출연행위는 요물적 단독행위이므로 재산의 출연이라는 구체적 행위가 있어야 한다. 사안에서 甲은 2006. 4. 10. X를 출연하고 2006. 12. 5. 사망하였으나 甲의 사망은 출연의 의사표시의 효력에 영향을 미치지 않으므로 甲의 출연행위는 유효하다(제111조 제2항).

2. 출연재산의 귀속

1) 귀속 주체

생전처분으로 재단법인을 설립하는 경우에 출연재산은 법인이 성립된 때로부터 법인의 재산이 된다(제48조 제1항). 따라서 출연재산은 법인이 설립되기 이전에는 설립중의 재단에 속하고 이후 법인이 설립되면 법인에게 귀속하게 된다. 따라서 생전처분으로 재단법인을 설립하는 경우에 증여에 관한 규정이 준용되고(제47조 제1항), 출연행위를 서면으로 하지 않으면 각 당사자는 이를 해제할 수 있다(제555조). 사안에서 甲은 출연의 의사표시를 한 이후 사망하기 이전까지 출연행위에 대한 해제나 취소(대판 1999. 7. 9, 98다9045)를 하지 않았으므로 甲의 출연행위는 유효하고, 출연된 X는 설립중의 재단에 속한다.

2) 귀속시기

출연재산은 재단법인이 성립된 때 법인의 재산이 된다. 여기서 출연재산의 귀속시기와 관련하여 **다수설**은 제48조를 제187조의 '기타 법률의 규정'으로 보아 등기를 하지 않더라도 제48조가 정하는 시기에 당연히 법인에 귀속된다고 한다. 이에 대하여 **소수설**은 법인 성립시에는 법인의 출연부동산 이전청구권만 발생할 뿐이고 출연부동산이 현실로 이전하는 것은 제186조에 따라 등기를 한 때라고 한다. **판례**는 과거에는 다수설을 따랐으나(대판 1976. 5. 11, 75다1656), 그 후 태도를 바꾸어 출연자와 법인과의 내부관계는 제187조에 따라 등기를 필요로 하지 않지만 제3자에 대한 관계에서는 제186조가 적용되어 등기를 하여야 법인재산이 된다는 **절충설**을 따르고 있다. 즉 "재단법인을 설립함에 있어서 출연재산은 그 법인이 성립된 때로부터 법인에 귀속된다는 민법 제48조의 규정은 출연자와 법인과의 관계를 상대적으로 결정하는 기준에 불과하여 출연재산이 부동산인 경우에도 출연자와 법인 사이에는 법인의 성립 외에 등기를 필요로 하는 것은 아니지만, 제3자에 대한 관계에 있어서, 출연행위는 법률행위이므로 출연재산의 법인에의 귀속에는 부동산의 권리에 관한 것일 경우 등기를 필요로 한다."고 판시하고 있다(대판(전) 1979. 12. 11, 78다481·482; 1981. 12. 22, 80다2762·2763; 1993. 9. 14, 93다8057). 생각건대 민법 제48조는 재단법인을 보호하기 위한 것이며, 제48조는 제187조의 "기타 법률의 규정"에 해당하고, 만일 제186조를 적용한다면 등기하기까지 법인은 재산이 없는 상황에 있게 되므로 제48조가 정하는 시기에 법인에 귀속된다고 보아야 할 것이다. 사안에서 판례와 절충설에 따르면 X의 소유권은 A가 설립등기를 마친 2007. 2. 20. A에 귀속되며 별도의 소유권이전등기가 필요하지 않다. 이에 대하여 소수설에 따르면 X는 A에게 귀속되지 않으며, 따라서 乙이 행한 X의 처분행위는 유효하다.

3. 출연재산의 반환청구

법인이 설립된 이후 출연재산이 제3자에게 양도되는 경우에 법인은 양도된 출연재산의 반환을 청구할 수 있는지의 여부가 문제된다. 이에 대하여 다수설은 법인이 출연재산의 소유권자이므로 출연재산의 반환청구권을 가진다고 하고, 소수설은 출연재산의 이전청구권만 가진다고 한다. **절충설**을 취하고 있는 판례는 제3자에 대한 관계에 있어서 출연행위는 법률행위에 불과하므로 출연재산의 법인에의 귀속에는 부동산의 권리에 관한 것일 경우 등기를 필요로 한다고 하여 출연재산의 이전청구권만 인정한다. 사안에서 乙은 X를 丙에게 양도하고 소유권이전등기를 경료하여 주었다. 그러나 우리 민법은 부동산에 관하여 공신의 원칙을 채택하고 있지 않으며, 이 경우 제3자를 보호하기 위한 규정을 두고 있지 않으므로 丙은 X의 소유권을 취득할 수 없다. 따라서 다수설에 따르면 A는 丙에 대하여 X에 대한 소유권이전등기말소청구 및 점유 중인 X의 반환청구를 할 수 있으며, 소수설과 절충설에 따르면 A는 乙에게 X에 대한 채권적인 이전청구권만 가진다.

4. 손해배상청구

乙은 甲의 상속인으로서 甲이 출연한 재산을 재단법인에게 이전할 의무를 부담한다. 그러나 乙은 출연재산을 A에게 이전하지 않고 오히려 丙에게 양도하였으므로 A에 대하여는 채무불이행책임을 부담한다(제390조). 사안에서 A가 설립되면 출연재산은 A에게 귀속하게 되므로 A는 乙에게 X의 반환을 청구할 수 있다. 그러나 乙은 출연재산 이전의무를 위반하여 X를 丙에게 양도하였으므로 A는 乙에게 이로 인한 손해배상을 청구할 수 있다. 이 경우 乙이 甲의 출연행위를 알지 못하고 X를 丙에게 양도한 경우에는 A는 乙에게 채무불이행으로 인한 손해배상책임을 물을 수 없다. 여기서 乙이 부담하는 X의 소유권이전의무는 X를 丙에게 양도함으로써 A에 대하여는 이행불능이 된다. 이 경우 통설과 판례에 따르면 채권자는 채무자에 대한 대상청구권을 가지므로 A는 乙에 대하여 丙으로부터 취득한 매매대금의 반환을 청구할 수 있다.

5. 소유권이전등기말소 및 목적물반환청구

출연재산은 재단법인이 설립등기를 한 때 재단법인에 귀속된다. 이 경우 출연재산에 대한 등기를 하지 않더라도 출연재산은 당연히 재단법인에 귀속된다고 하는 다수설에 따르면 재단법인은 출연재산의 소유권자로서 출연재산의 등기명의를 가진 자에게 소유권이전등기말소 및 회복등기를 청구할 수 있으며, 점유물에 대하여는 반환을 청구할 수 있다(제213조, 제214조). 이에 대하여 법인은 성립시에 출연재산에 대한 이전청구권만 가진다는 소수설 및 절충설인 판례에 따르면 재단법인은 소유권이전등기말소 및 회복등기를 청구할 수 없다. 사안에서 다수설에 따르면 A는 丙에 대하여 X의 소유권이전등기말소 및 회복등기와 목적물의 반환을 청구할 수 있다. 이에 대하여 소수설 및 절충설에 따르면 A는 丙에게 어떠한 권리도 행사할 수 없고, 다만 乙에게 출연재산의 이전의무 위반으로 인한 손해배상만 청구할 수 있다.

Ⅲ. 乙의 항변권 행사

1. 乙의 법적 지위

乙은 甲의 상속인으로서 상속이 개시된 때로부터 피상속인의 재산에 관한 포괄적 권리의무를 승계한다(제1005조 본문). 그러므로 乙은 甲이 재단법인에 출연한 재산을 설립중의 재단에게 이전할 의무를 승계하며, A가 설립된 이후에는 A에게 X를 이전할 의무를 부담한다.

2. 乙의 항변

甲이 출연한 재산은 법인이 성립한 때 귀속하므로 乙은 그 이전에는 甲의 출연재산이 자신에게 속한다고 항변할 수 있다. 즉 乙은 상속받은 X를 설립 중의 재단에게 이전하여 줄 의무를 부담하지만 X는 아직 A에 귀속되지 않았으므로 X를 처분할 권한은 자신에게 있다고 주장할 수 있다. 사안에서 A는 설립등기 이전에는 乙에게 채권적인 X의 이전청구권을 행사할 수 있지만 A는 X에 대한 소유권은 취득하지 못하므로 乙이 X를 丙에게 처분한 행위는 유효하다.

3. 소결

乙은 A에게 채권적인 X의 이전의무를 부담하지만 乙은 정당한 권리자로서 X를 처분할 권능을 가지고 있다. 따라서 乙의 X에 대한 처분은 유효하며, 다만 乙은 A에게 X를 이전할 의무를 위반하였으므로 乙은 A에게 채무불이행에 대한 손해배상책임을 물을 수 있다.

Ⅳ. 丙의 항변권 행사

1. 丙의 법적 지위

丙은 乙로부터 X를 구입한 이후 X에 대한 소유권이전등기를 마쳤으므로 X의 정당한 소유권자이다.

2. 丙의 항변

丙은 乙로부터 X의 소유권을 취득하였으므로 A의 청구에 대하여 X의 소유권자로서 항변할 수 있다. 판례는 "출연재산이 부동산인 경우 출연자와 법인 사이에는 법인의 성립 외에 등기를 필요로 하는 것은 아니지만, 제3자에 대한 관계에 있어서, 출연행위는 법률행위이므로 출연재산의 법인에의 귀속에는 부동산의 권리에 관한 것일 경우 등기를 필요로 한다."(대판(전) 1979. 12. 11, 78다481, 482)고 판시하고 있다. 사안에서 丙은 A가 X를 등기하기 전에 乙로부터 X를 정당하게 취득하였으므로 丙은 A에 대하여 X의 소유권자임을 주장할 수 있다.

3. 소결

丙은 X에 대하여 정당한 소유권을 가지고 있으므로 A의 소유권이전등기말소 및 목적물반환청구에 대하여 X의 소유권자로서 항변할 수 있다.

Ⅴ. 사안의 해결

(1) A는 乙에게 X의 소유권이전등기의무 불이행을 이유로 손해배상을 청구할 수 있다. 또한 A는 乙에게 丙으로부터 받은 X의 매매대금을 대상청구할 수 있다.

(2) 丙은 X의 정당한 소유권자이므로 A는 丙에게 X의 소유권이전등기 말소청구 및 목적물반환청구를 할 수 없다.

참고판례

1. 대법원 1979. 12. 11. 선고 78다481,482 전원합의체 판결

재단법인의 설립함에 있어서 출연재산은 그 법인이 성립된 때로부터 법인에 귀속된다는 민법 제48조의 규정은 출연자와 법인과의 관계를 상대적으로 결정하는 기준에 불과하여 출연재산이 부동산인 경우에도 출연자와 법인 사이에는 법인의 성립 외에 등기를 필요로 하는 것은 아니지만, 제3자에 대한 관계에 있어서, 출연행위는 법률행위이므로 출연재산의 법인에의 귀속에는 부동산의 권리에 관한 것일 경우 등기를 필요로 한다.

2. 대법원 1999. 7. 9. 선고 98다9045 판결

재단법인에 대한 출연자와 법인과의 관계에 있어서 그 출연행위에 터잡아 법인이 성립되면 그로써 출연재산은 민법 제48조에 의하여 법인 성립시에 법인에게 귀속되어 법인의 재산이 되는 것이고, 출연재산이 부동산인 경우에 있어서도 위 양당사자 간의 관계에 있어서는 법인의 성립 외에 등기를 필요로 하는 것은 아니라 할지라도, 재단법인의 출연자가 착오를 원인으로 취소를 한 경우에는 출연자는 재단법인의 성립 여부나 출연된 재산의 기본재산인 여부와 관계없이 그 의사표시를 취소할 수 있다.

152 제2장 민법총칙

[14] 법률행위의 해석

> **사례***
>
> 甲은 연립주택을 건축하여 분양하는 과정에서 乙에게 전망이 좋은 301호를 매도하기로 乙과 합의하였다. 그러나 매매계약 체결 당시 甲과 乙은 계약서에 계약의 목적물을 301호가 아닌 302호로 잘못 기재하였고, 甲과 乙은 이를 토대로 302호에 대한 소유권이전등기를 마쳤다.
> [문제1] 계약의 목적물은 무엇인가?
> [문제2] 계약당사자 사이의 법률관계는?

[개요]

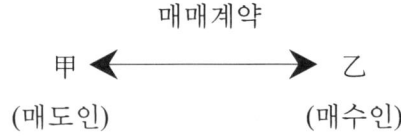

[해결]

Ⅰ. 문제의 제기

(1) 甲과 乙은 매매계약 체결시 301호를 매매의 목적물로 합의하였으나 실제 등기는 잘못 표시된 302호로 등기하였으므로 매매의 목적물이 301호인지 아니면 302호인지가 문제된다. 이와 같이 계약당사자의 진의가 표시와 일치하지 않는 경우 계약당사자의 의사표시를 어떻게 확정할 것인지에 대한 계약의 해석이 문제된다.

(2) 계약당사자가 매매의 목적물을 301호로 합의하였는데 소유권이전등

---

* 이 사안은 대법원 1993. 10. 26. 선고 93다2629 판결에 기초하여 구성한 것이다.

기는 302호로 하였으므로 쌍방 착오를 이유로 매매계약을 취소할 수 있는지가 문제된다. 또한 계약당사자 사이에 302호에 대한 물권변동이 발생하였는지도 문제된다.

Ⅱ. 매매계약의 성립 여부

1. 계약의 성립 여부

계약이 성립하기 위해서는 계약당사자 간의 서로 대립하는 의사표시의 합치가 있어야 한다. 이 경우 당사자의 합의는 당사자 일방의 의사표시가 상대방에 대하여 행하여진다는 데에 불일치가 없어야 하며(주관적 합치), 또한 서로 대립하는 의사표시가 내용적으로 일치하여야 한다(객관적 합치). 사안에서 甲과 乙은 상대방에 대한 의사표시에 대해서는 불합치가 없는 반면, 매매의 목적물은 합의된 301호가 아니라 302호로 잘못 표시하였으므로 의사표시의 객관적 합치가 문제된다.

2. 법률행위의 해석

'법률행위의 해석'이란 법률행위의 내용을 확정하는 것을 말한다. 법률행위 해석의 방법으로는 자연적 해석, 규범적 해석, 보충적 해석이 있다. '자연적 해석'은 어떤 일정한 표시에 관하여 당사자가 사실상 일치하여 이해한 경우에 그 의미대로 효력을 인정하는 것을 말한다. 그러나 자연적 해석이 행하여질 수 없는 경우에는 '상대방'이 그 표시에 부여한 의미를 탐구하는 '규범적 해석'을 하여야 하며, 규범적 해석의 결과 법률행위에 흠결이 발생하면 법관이 당사자의 '가정적 의사'를 고려하여 이를 보충하는 '보충적 해석'을 하여야 한다. 사안에서 甲과 乙은 모두 301호를 매매의 목적물로 이해하였으므로 자연적 해석이 문제된다.

3. 목적물의 확정

계약당사자가 어떤 표시를 사실상 같은 의미로 이해한 경우에 표의자의 잘못된 표시에도 불구하고 표의자의 진의에 따른 법률효과가 발생한다. 이는 '그릇된 표시는 해가 되지 않는다(falsa demonstratio non nocet)'는 법리로서 **자연적 해석방법**이라고 할 수 있다. 판례도 "부동산의 매매계약에 있어 쌍방당사자가 모두 특정의 갑 토지를 계약의 목적물로 삼았으나 그 목적물의 지번 등에 관하여 착오를 일으켜 계약을 체결함에 있어서는 계약서상 그 목적물을 갑 토지와는 별개인 을 토지로 표시하였다 하여도 갑 토지에 관하여 이를 매매의 목적물로 한다는 쌍방당사자의 의사합치가 있은 이상 위 매매계약은 갑 토지에 관하여 성립한 것으로 보아야 할 것"이라고 한다(대판 1993. 10. 26, 93다2629). 사안에서 甲과 乙은 301호를 매매의 목적물로 합의하였으나 계약당사자 쌍방이 일치하여 착오를 일으켜 계약서에는 302호로 기재하였다고 하더라도 302호는 그릇된 표시에 지나지 않으므로 계약의 성립에 영향을 미치지 못한다. 따라서 甲이 乙과 체결한 계약의 목적물은 302호가 아니라 301호이다.

Ⅲ. 착오에 의한 취소 여부

甲과 乙은 쌍방 착오로 인하여 계약서에 계약의 목적물을 잘못 기재하였다. 따라서 甲 또는 乙이 착오를 이유로 매매계약을 취소할 수 있는지가 문제된다. 그러나 매매계약의 해석상 계약당사자가 의도한 대로 법률효과가 발생하므로 표의자가 진의와 표시의 불일치를 이유로 자신의 의사표시를 무효화 할 수 없다. 즉 甲과 乙이 계약서에 계약의 목적물인 301호를 302호로 잘못 기재한 것은 단순한 오기에 불과한 것이므로 진의와 표시에 불일치가 있다고 할 수 없다. 따라서 甲과 乙은 모두 쌍방 착오를 이유로 매매계약을 취소할 수 없다.

IV. 부동산 물권변동 여부

1. 부동산 물권변동의 요건

우리 민법 제186조는 "부동산에 관한 법률행위로 인한 물권의 득실 변경은 등기하여야 그 효력이 생긴다."고 규정하고 있다. 따라서 부동산에 관한 물권변동이 발생하기 위해서는 물권적 합의와 등기가 모두 유효하여야 하고, 또한 물권적 합의와 등기가 내용상 일치하여야 한다. 사안에서 甲과 乙은 301호를 매매의 목적물로 합의하였으나 등기를 하지 않았으므로 301호에 대한 물권변동이 발생하지 않는다. 한편 甲과 乙은 302호에 대해서 소유권이전등기를 하였으나 이에 대한 합의가 없었으므로 302호에 대해서도 물권변동이 발생하지 않는다. 결론적으로 이 사안에서 301호와 302호 모두에 대하여 물권변동이 발생하지 않는다.

2. 경정등기에 의한 수정 여부

우리 민법상 부동산에 관한 법률행위로 인한 물권변동은 등기하여야 하며, 어떤 등기를 하였는데 그 등기에 착오 또는 빠진 부분이 있어서 등기와 실체관계가 불일치한 경우에 이를 바로 잡기 위하여 경정등기를 할 수 있다. 판례도 "토지를 표시하는 부동산등기에 있어서 소재지나 지번의 표시는 당해 토지의 동일성을 결정하는 요소라 할 것이므로 등기된 토지의 소재 또는 지번의 표시에 착오나 유루가 있다는 것을 이유로 한 경정은 그것을 허용해도 그 경정의 전후를 통하여 표시된 부동산의 동일성에 변함이 없는 것이라고 여겨질 정도로 위 착오 또는 유루의 표시가 경미하거나 극히 부분적일 때 한하여 허용된다."고 판시하고 있다(대판 1989. 1. 31, 87다카2358). 이처럼 경정등기는 원칙적으로 기존의 등기와 동일성이 인정되는 범위에서 행하여질 수 있으므로 지번의 경정등기는 허용되지 않는다. 사안에서 302호의 등기를 301호로 경정하는 것은 동일성이 유지되는 등기가 아니므로 경정등기가 허용되지 않는다. 즉 甲과 乙은 경정등기의 방법으로 301호에 대해서 소유권이전등기를 할 수 없다.

3. 소결

甲과 乙은 301호에 대하여 매매계약을 체결하였으므로 乙은 甲에게 301호에 대한 소유권이전등기청구권을 가진다. 반면에 302호에 대한 등기는 원인무효이므로 甲은 乙에게 302호에 대한 말소등기청구권을 행사할 수 있다(제214조).

Ⅴ. 사안의 해결

(1) 甲과 乙은 301호를 매매의 목적물로 합의하였으나 당사자 쌍방이 일치하여 착오를 일으켜 계약서에는 302호로 기재하였다. 그러나 302호의 기재는 그릇된 표시에 지나지 않으므로 계약의 성립에 영향을 미치지 못한다. 따라서 계약의 목적물은 301호이다.

(2) 甲과 乙이 계약의 목적물인 301호를 302호로 잘못 기재한 것은 단순 오기에 불과하므로 甲과 乙은 모두 쌍방 착오를 이유로 매매계약을 취소할 수 없다. 따라서 乙은 甲에게 301호에 대한 소유권이전등기청구권을 가지며, 반면에 甲은 乙에게 302호에 대한 말소등기청구권을 행사할 수 있다(제214조).

참고판례

1. 대법원 1993. 10. 26. 선고 93다2629 판결

부동산의 매매계약에 있어 쌍방당사자가 모두 특정의 갑 토지를 계약의 목적물로 삼았으나 그 목적물의 지번 등에 관하여 착오를 일으켜 계약을 체결함에 있어서는 계약서상 그 목적물을 갑 토지와는 별개인 을 토지로 표시하였다 하여도 갑 토지에 관하여 이를 매매의 목적물로 한다

는 쌍방당사자의 의사합치가 있은 이상 위 매매계약은 갑 토지에 관하여 성립한 것으로 보아야 할 것이고 을 토지에 관하여 매매계약이 체결된 것으로 보아서는 안 될 것이며, 만일 을 토지에 관하여 위 매매계약을 원인으로 하여 매수인 명의로 소유권이전등기가 경료되었다면 이는 원인이 없이 경료된 것으로서 무효이다.

2. 대법원 1989. 1. 31. 선고 87다카2358 판결

토지를 표시하는 부동산등기에 있어서 소재지나 지번의 표시는 당해 토지의 동일성을 결정하는 요소라 할 것이므로 등기된 토지의 소재 또는 지번의 표시에 착오나 유루가 있다는 것을 이유로 한 경정은 그것을 허용해도 그 경정의 전후를 통하여 표시된 부동산의 동일성에 변함이 없는 것이라고 여겨질 정도로 위 착오 또는 유루의 표시가 경미하거나 극히 부분적일 때 한하여 허용된다.

[15] 반사회질서 법률행위

사례

　甲은 남편과 이혼하고 식당 주방 일을 하면서 생계를 어렵게 유지하고 있다. 甲은 만 5세인 자녀의 급성뇌질환으로 인한 수술비 1,000만원이 긴급하게 필요하여 2016. 4. 6. 乙에게 약정원금 1,200만원, 이자는 15일에 10%, 변제기는 15일 후로 정하여 돈을 대여하였고, 乙은 甲에게 실제로는 선이자와 수수료를 공제한 나머지 1,000만원을 교부하였다. 甲은 2014. 10. 15.부터 2015. 10. 14. 사이에도 乙로부터 이자를 월 40%로 정하여 돈을 차용하고 그 원리금으로 1억 1,000만원을 지급한 적이 있다. 乙은 대부업법에 따른 등록을 하지 않은 미등록대부업체이며, 또한 乙은 甲이 빌린 1,000만원이 자녀의 수술비라는 사실도 잘 알고 있다.
　[문제1] 乙이 甲에게 대여금의 반환을 청구한 경우에 甲이 행사할 수 있는 권리는?
　[문제2] 甲은 乙에게 2015. 10. 14. 변제한 1억 1,000만원 중에서 연 25%를 초과하는 약정이자를 부당이득으로 반환청구 할 수 있는가?

[개요]

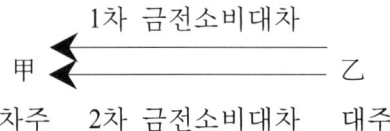

차주　2차 금전소비대차　대주

[참조조문]
※ 「대부업 등의 등록 및 금융이용자 보호에 관한 법률」 (2016. 3. 3. 시행) 제8조(대부업자의 이자율 제한)

　① 대부업자가 개인이나 「중소기업기본법」 제2조 제2항에 따른 소기업에 해당하는 법인에 대부를 하는 경우 그 이자율은 연 100분의 27.9 이하의 범위에서 대통령령으로 정하는 율을 초과할 수 없다.

　② 제1항에 따른 이자율을 산정할 때 사례금, 할인금, 수수료, 공제금, 연체이자, 체당금 등 그 명칭이 무엇이든 대부와 관련하여 대부업자가 받

는 것은 모두 이자로 본다. 다만, 해당 거래의 체결과 변제에 관한 부대비용으로서 대통령령으로 정한 사항은 그러하지 아니하다.

③ 대부업자가 제1항을 위반하여 대부계약을 체결한 경우 제1항에 따른 이자율을 초과하는 부분에 대한 이자계약은 무효로 한다.

④ 채무자가 대부업자에게 제1항에 따른 이자율을 초과하는 이자를 지급한 경우 그 초과 지급된 이자 상당금액은 원본에 충당되고, 원본에 충당되고 남은 금액이 있으면 그 반환을 청구할 수 있다.

⑤ 대부업자가 선이자를 사전에 공제하는 경우에는 그 공제액을 제외하고 채무자가 실제로 받은 금액을 원본으로 하여 제1항에 따른 이자율을 산정한다.

제11조(미등록대부업자의 이자율 제한)

① 미등록대부업자가 대부를 하는 경우의 이자율에 관하여는 「이자제한법」 제2조 제1항 및 이 법 제8조 제2항부터 제5항까지의 규정을 준용한다.

※ 「대부업 등의 등록 및 금융이용자 보호에 관한 법률 시행령」 (2021. 8. 17. 시행) 제5조(이자율의 제한)

② 법 제8조 제1항에서 "대통령령으로 정하는 율"이란 연 100분의 20을 말한다.

※ 「이자제한법」 제2조(이자의 최고한도)

① 금전대차에 관한 계약상의 최고이자율은 연 25퍼센트를 초과하지 아니하는 범위 안에서 대통령령으로 정한다.

② 제1항에 따른 최고이자율은 약정한 때의 이자율을 말한다.

③ 계약상의 이자로서 제1항에서 정한 최고이자율을 초과하는 부분은 무효로 한다.

④ 채무자가 최고이자율을 초과하는 이자를 임의로 지급한 경우에는 초과 지급된 이자 상당금액은 원본에 충당되고, 원본이 소멸한 때에는 그 반환을 청구할 수 있다.

[해결]

Ⅰ. 문제의 제기

(1) 甲은 乙로부터 1,000만원을 차용하는 금전소비대차계약을 체결하였다. 그러나 甲이 乙과 체결한 고율의 이자 약정은 선량한 풍속 기타 사회질서에 반하는 내용의 이자 약정이므로 무효라고 주장할 수 있으며, 乙이 자신의 궁박을 이용하여 현저하게 불공정한 계약을 체결하였으므로 무효라고 주장할 수 있을 것이다. 또한 甲은 이자제한법 위반을 이유로 제한 초과이자 약정의 무효를 주장할 수 있다. 그리고 乙이 甲에게 선이자를 사전에 공제하고 실제로는 1,000만원만 지급하였으므로 甲은 乙에게 그 초과부분은 원본에 충당한 것으로 주장할 수 있을 것이다.

(2) 甲이 乙에게 제한 초과이자를 임의로 지급한 경우에는 그 초과부분의 반환을 청구할 수 없다. 그러나 甲이 乙과 체결한 고율의 이자 약정은 甲이 스스로 부담하겠다고 하기보다 乙의 일방적인 요구에 의하여 체결되었다고 볼 수 있으므로 이자 약정의 불법원인은 수익자인 乙에게만 있다고 볼 수 있다. 따라서 甲은 乙에게 민법 제746조 단서에 따라 연 25%를 초과하는 이자의 반환을 청구할 수 있을 것이다.

Ⅱ. 甲의 권리행사

1. 甲의 법적 지위

甲은 乙로부터 1,000만원을 차용하는 금전소비대차계약을 체결하였다. 그러나 이 계약의 내용 중에서 고율로 정해진 이자 약정은 선량한 풍속 기타 사회질서에 반하거나 현저하게 불공정한 행위에 해당되므로 무효이다. 또한 甲은 이자제한법 위반을 이유로 제한 초과이자 약정의 무효를 주장하거나 乙이 甲에게 선이자를 사전에 공제하고 실제로는 1,000만원만 지급하였으므로 그 초과부분은 원본에 충당한 것으로 주장할 수 있다.

2. 선량한 풍속 기타 사회질서 위반 여부

계약자유의 원칙상 고율의 이자 약정이라도 원칙적으로는 유효라고 하여야 할 것이다. 그러나 법률행위가 유효하려면 사회적 타당성이 있어야 한다. 민법 제103조는 "선량한 풍속 기타 사회질서에 위반한 사항을 내용으로 하는 법률행위는 무효로 한다."고 규정하고 있다. 여기서 '사회질서 위반'의 구체적 내용은 법원의 재판을 통하여 나타나는데, 판례는 "당사자의 일방이 그의 독점적 지위 내지 우월한 지위를 악용하여 자기는 부당한 이득을 얻고 상대방에게는 과도한 반대급부 또는 기타의 부당한 부담을 과하는 법률행위는 반사회적인 것으로서 무효이다."고 한다(대판 1996. 4. 26, 94다34432). 특히 판례는 고율의 이자 약정을 반사회질서 법률행위로서 무효로 보는 요건으로, 첫째 양당사자 사이의 경제력의 차이로 인하여, 둘째 그 이율이 당시의 경제적·사회적 여건에 비추어 사회통념상 허용되는 한도를 초과하여 현저하게 고율로 정하여졌고, 셋째 대주가 그의 우월한 지위를 이용하여 부당한 이득을 얻고 차주에게는 과도한 반대급부 또는 기타의 부당한 부담을 지우는 것을 들고 있다. 사안에서 甲은 궁박한 사정 하에서 미등록대부업자 乙과 금전소비대차계약을 체결하였으며, 이 계약에서 정한 15일에 10%씩의 이자를 연리로 환산하면 연 243%가 되며, 이자제한법에 따르면 미등록대부업자가 개인에게 금전을 대부하는 경우에 이자율은 연 25%의 범위 내에서 대통령령이 정하는 이자율을 초과할 수 없도록 규정하고 있다(제2조 제1항)

결론적으로 甲이 乙과 체결한 고율의 이자 약정은 지나치게 높은 이율로서 연 243%의 이자 약정 중 연 25%를 초과하는 부분은 반사회질서 법률행위에 해당하여 무효이다.

3. 불공정한 법률행위 해당 여부

불공정한 법률행위가 성립하기 위해서는(제104조),

첫째, 당사자의 궁박, 경솔, 무경험의 상태가 있어야 한다. 여기서 '궁박'이라 함은 급박한 곤궁으로서 경제적 궁박뿐만 아니라 신체적, 정신적 궁박도 포함된다. '경솔'이라 함은 의사를 결정할 때 그 행위의 결과나 장래에 관하여 보통인이 기울이는 주의를 하지 않는 심적 상태를 말하며, '무경험'이라 함은 일반적인 생활경험이 불충분한 것을 말한다. 사안에서 甲은 이혼 후 어렵게 생계를 유지하고 있으며, 자녀의 급성뇌질환으로 인한 수술비를 마련하기 위하여 乙로부터 고율의 이자를 주고 1,000만원을 차용하였으므로 궁박에 해당한다고 볼 수 있다.

둘째, 당사자의 궁박, 경솔, 무경험을 이용하려는 의사가 있어야 한다(폭리의사). 사안에서 乙은 甲에게 궁박한 사정이 있음을 알고 있었고, 또한 이전에도 甲에게 고리로 금전을 대여한 적이 있으므로 甲의 궁박을 이용하려는 악의가 있다고 볼 수 있다.

셋째, 급부와 반대급부 사이의 현저한 불균형이 있어야 한다. 이는 단순히 시가와의 차액 또는 시가와의 배율로 판단할 수 있는 것은 아니고 구체적 개별적 사안에 있어서 일반인의 사회통념에 따라 결정되어야 한다. 사안에서 乙이 甲에게 청구하는 이자는 연 243%에 해당하므로 급부와 반대급부 사이의 현저한 불균형이 있다고 할 수 있다.

결론적으로 乙이 甲에게 연 243%에 해당하는 이자를 붙여 1,000만원을 대여한 행위는 불공정한 법률행위에 해당하므로 무효이다.

4. 제한 초과이자 약정의 효력

이자제한법에 따르면 연 25%를 초과한 이자 약정은 무효이다. 그러나 제한 초과이자가 현저하게 고율이어서 금전소비대차계약 자체가 폭리행위로 인정될 경우에는 초과이자 부분만이 무효로 되는 것이 아니라 금전소비대차계약 자체가 무효로 된다고 보아야 할 것인지가 문제된다. 이 경우 불공정한 법률행위에 관한 민법 제104조는 일반법이고 이자제한법은 이에 대한 특별법이므로 이자제한법이 우선하여 적용된다. 그 결과 제한 초과 이자 약정의 효력은 초과이자 부분에 한하여 무효로 된다고 볼 수 있다. 사안에서 甲이 乙과 체결한 금전소비대차계약은 연 243%의 이자 약정 중 연 25%를 초과하는 부분에 한하여 무효이다.

5. 선이자 공제 가부

이자제한법에 따르면 연 25%를 초과하는 이자를 선이자로 공제한 경우에 그 초과부분은 무효이다(제2조 제3항). 그러므로 채무자는 실제 교부받은 대여금액에 이에 대한 변제기까지의 연 25%의 이율 범위 내의 이자액을 합산한 금액만을 변제기에 대여원금으로서 변제할 의무가 있다. 사안에서 甲은 2016. 4. 16. 乙로부터 1,000만원을 대여하였으므로 변제기인 2016. 4. 30. 乙에게 대여금 1,000만원과 25%의 이자를 지급하면 된다.

Ⅲ. 이미 지급된 무효 부분 이자의 반환청구 가부

계약의 내용이 당사자 일방에게 지나친 금전적 부담을 지우는 행위에 해당하여 공서양속 위반으로 무효인 경우에 채무자가 임의로 지급한 제한 초과이자의 반환청구에 대하여는 학설이 나뉜다. **반환청구부정설**은 채무자의 초과이자 지급은 민법 제746조 전단이 정한 불법원인급여에 해당하여 반환청구 할 수 없다고 하고, **반환청구긍정설**은 불법이 채권자에게만 있는 것에 해당하여 민법 제746조 후단에 따라 반환청구 할 수 있다고 한다. 종전 **판례**(대판 1988. 9. 27, 87다카422,423; 대판 1994. 8. 26, 94다20952)는 부정설에 따랐으나 대법원은 **불법성 비교론**에 따라 "대주가 사회통념상 허용되는 한도를 초과하는 이율의 이자를 약정하여 지급받은 것은 그의 우월한 지위를 이용하여 부당한 이득을 얻고 차주에게는 과도한 반대급부 또는 기타의 부당한 부담을 지우는 것으로서 그 불법의 원인이 수익자인 대주에게만 있거나 또는 적어도 대주의 불법성이 차주의 불법성에 비하여 현저히 크다고 할 것이어서 차주는 그 이자의 반환을 청구할 수 있다."고 판시하였다(대판(전) 2007. 2. 15, 2004다50426). 한편 새로이 제정된 이자제한법에 따르면 당사자 사이에 약정된 이율의 일부가 사회질서에 반하는 것으로서 일부 무효가 된 경우에 최고이자율을 초과하는 이자를 임의로 지급한 때에는 그 반환을 청구할 수 있다고 한다(제2조 제4항). 생각건대 이자채권은 양적으로 가분적이고, 일정 한도를 초과한 이자 부분만을 무효로 하여 나머지 부분에 대한 계약을 존속시키는 것이 당사자의 의사에 부합하므로 공서양속에 위반하여 무효로 되는 부분이 없더라도 법률행위를 하였을 것으로 인정될 때에는 일부 무효로 보는 것이 타당하다고 생각된다. 즉 현저하게 고율인 이자 약정은 공서양속 위반으로 무효이고, 따라서 그 약정에 기초한 초과이자 지급은 불법원인급여라고 할 것이다. 다만, 불법의 원인이 대주에게만 있거나 또는 적어도 대주의 불법성이 차주의 불법성보다 현저하게 큰 경우에는 민법 제746조 단서에 따라 그 반환을 청구할 수 있다. 사안에서 甲은 乙과 연 243%의 이자 약정을 하였고, 이 중에서 연 25%를 초과하는 부분은 선량한 풍속 기타 사회질서 위반에 해당하여 무효이다. 따라서 甲이 乙에게 이자 약정에 기하여 1억 1,000만원을 지급한 것은 불법원인급여에 해당하므로 반환청구 할 수 없다. 그러나 乙이 경제적으로 우월한 지위를 이용하여 부당한 이득을 얻고 甲에게는 과도한 반대급부를 지우는 것은 乙의 불법성이 甲의 불법성보다 현저하게 큰 경우에 해당한다. 그러므로 甲은 乙에게 이미 지급한 1억 1,000만원 중에서 연 25%를 초과하는 이자의 반환을 청구할 수 있다.

Ⅳ. 사안의 해결

(1) 甲은 乙과 체결한 고율의 이자 약정이 선량한 풍속 기타 사회질서에 반하는 내용의 이자 약정이므로 무효라고 주장할 수 있으며, 乙이 자

신의 궁박을 이용하여 현저하게 불공정한 계약을 체결하였으므로 乙과 체결한 금전소비대차계약도 무효라고 주장할 수 있다. 그리고 甲은 이자제한법의 위반을 이유로 제한 초과이자 약정의 무효를 주장할 수 있으며, 또한 乙이 甲에게 선이자를 사전에 공제하고 실제로는 1,000만원만 지급하였으므로 그 초과부분은 원본에 충당한 것으로 주장할 수 있다.

(2) 甲이 乙에게 제한 초과이자를 임의로 지급한 경우에 원칙적으로 그 초과부분을 반환청구 할 수 없다. 그러나 甲이 乙과 체결한 고율의 이자 약정은 甲이 스스로 부담하겠다고 하기보다 乙의 일방적인 요구에 의하여 체결되었다고 볼 수 있으므로 이자 약정의 불법원인은 수익자인 乙에게만 있다고 볼 수 있다. 따라서 甲은 乙에게 연 25%를 초과하는 이자의 반환을 청구할 수 있다.

참고판례

1. 대법원 2007. 2. 15. 선고 2004다50426 전원합의체 판결

[1] 금전 소비대차계약과 함께 이자의 약정을 하는 경우, 양쪽 당사자 사이의 경제력의 차이로 인하여 그 이율이 당시의 경제적·사회적 여건에 비추어 사회통념상 허용되는 한도를 초과하여 현저하게 고율로 정하여졌다면, 그와 같이 허용할 수 있는 한도를 초과하는 부분의 이자 약정은 대주가 그의 우월한 지위를 이용하여 부당한 이득을 얻고 차주에게는 과도한 반대급부 또는 기타의 부당한 부담을 지우는 것이므로 선량한 풍속 기타 사회질서에 위반한 사항을 내용으로 하는 법률행위로서 무효이다.

[2] [다수의견] 선량한 풍속 기타 사회질서에 위반하여 무효인 부분의 이자 약정을 원인으로 차주가 대주에게 임의로 이자를 지급하는 것은 통상 불법의 원인으로 인한 재산 급여라고 볼 수 있을 것이나, 불법원인급여에 있어서도 그 불법원인이 수익자에게만 있는 경우이거나 수익자의 불법성이 급여자의 그것보다 현저히 커서 급여자의 반환청구를 허용하지 않는 것이 오히려 공평과 신의칙에 반하게 되는 경우에는 급여자의 반환청구가 허용되므로, 대주가 사회통념상 허용되는 한도를 초과하는 이율의 이자를 약정하여 지급받은 것은 그의 우월한 지위를 이용하여 부당한

이득을 얻고 차주에게는 과도한 반대급부 또는 기타의 부당한 부담을 지우는 것으로서 그 불법의 원인이 수익자인 대주에게만 있거나 또는 적어도 대주의 불법성이 차주의 불법성에 비하여 현저히 크다고 할 것이어서 차주는 그 이자의 반환을 청구할 수 있다.

[대법관 고현철, 김황식, 박일환, 안대희의 반대의견] 사회통념상 허용될 수 있는 한도를 초과하는 부분의 이자 약정이 일정한 요건하에 민법 제103조에 위반된 법률행위로서 무효로 평가될 수 있다 하더라도, 사회통념상 허용될 수 있는 한도란 약정 당시의 경제적·사회적 여건의 변화에 따라 유동적일 수밖에 없고 법률적인 평가나 가치판단이 개입되어야만 비로소 그 구체적인 범위를 확정할 수 있어 그 무효의 기준과 범위에 관하여 대주에게 예측가능성이 있다고 보기는 어려우며, 따라서 대주가 차주로부터 적정이율을 초과하는 이자를 지급받았다고 하더라도 대주가 명확하게 불법성을 인식했다고 평가하기는 어렵다. 적정이율을 초과하는 이자 약정이 민법 제103조에 위반되어 무효라고 보더라도 당사자 사이의 약정에 따라 이자가 지급된 이상 그 불법원인은 대주와 차주 쌍방 모두에게 있다고 볼 수밖에 없고, 일반적으로 차주가 대주보다 경제적으로 열악한 지위에 있다는 점을 감안하더라도 대주가 불법성을 명확하게 인식했다고 평가하기는 어렵다는 점에 비추어 보면, 일률적으로 대주의 불법성이 차주의 그것에 비해 현저히 크다고 단정할 수만은 없으며, 임의로 이자를 지급함으로써 이미 거래가 종료된 상황에서 다시 차주의 반환청구를 허용한다면 법적 안정성을 해칠 우려도 있으므로 결국 민법 제746조 본문에 따라 차주의 반환청구는 허용될 수 없다.

2. 대법원 2013. 5. 9. 선고 2012다56245, 56252 판결

대부업자가 사전에 공제한 선이자가 구 대부업의 등록 및 금융이용자 보호에 관한 법률(2005. 3. 31. 법률 제7428호로 개정되기 전의 것, 이하 '구 대부업법'이라 한다)에서 정하는 제한이자율을 초과하는지는 그 선이자 공제액을 제외하고 채무자가 실제로 받은 금액을 기초로 하여 대부일부터 변제기까지의 기간에 대한 제한이자율에 따른 이자를 기준으로 그 초과 여부를 판단하여야 한다. 나아가 그와 같은 판단의 결과 선이자의 이자율이 제한이자율을 초과하지 아니하는 경우에는, 제한이자율 초과

부분에 대한 이자계약을 무효로 하는 구 대부업법 제8조 제3항이 적용되지 아니하므로 다른 강행법규 위반의 무효 사유가 없는 한 그 선이자 공제는 당사자가 약정한 이자의 지급으로서 유효하고, 선이자 공제 전의 당사자 사이에서 약정된 대부원금이 채무자가 변제기에 갚아야 할 대부원금이 된다[구 대부업 등의 등록 및 금융이용자 보호에 관한 법률(2009. 1. 21. 법률 제9344호로 개정된 것)은 제8조 제5항을 신설하여 "대부업자가 선이자를 사전에 공제하는 경우에는 그 공제액을 제외하고 채무자가 실제로 받은 금액을 원본으로 하여 제1항에 따른 이자율을 산정한다."고 규정하였다. 이는 제한이자율 초과 여부의 판단 방법에 관한 앞서 본 법리를 입법화한 것에 불과하고 변제기에 갚아야 하는 대부원금에 대하여 정한 것이 아니므로, 위와 같은 해석에 영향이 없다.

[16] 비진의 의사표시

사례[*]

甲은 1979년 4월 새마을금고 乙에 입사하여 근무하던 자이고, 새마을금고 乙은 한국방송공사 사장이 대표를 맡고 있는 법인이다. 甲은 1980년 8월 초순 乙의 이사장, 이사, 사무국장 등의 지휘계통에 의한 지시에 따라 어쩔 수 없이 다른 직원 20여명과 함께 사직서를 일괄작성하여 제출하였다. 乙의 이사장 등 경영진은 甲의 사직 의사가 자신들의 지시에 의한 것으로서 甲의 진의가 아님을 알면서도 상부의 지시에 좇아 甲의 사직서를 선별 수리하여 의원면직 처리하였다. 甲은 해고 당시 퇴직금 등을 수령하면서 아무런 이의의 유보나 조건을 제기하지 않았으나 1988년 12월경 상부의 언론인 강제해직조치에 관한 청문회가 개최되었을 때 비로소 자신에 대한 의원면직처분이 불법행위로서 손해배상청구의 원인이 된다는 사실을 알았다.

[문제1] 甲이 乙에게 행사할 수 있는 권리는?
[문제2] 乙은 甲에게 어떠한 항변을 할 수 있는가?

[개요]

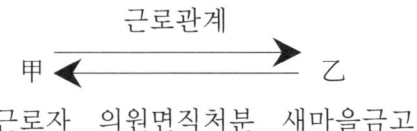

근로자   의원면직처분   새마을금고

[참조조문]

※ 「근로기준법」 제23조(해고 등의 제한)

① 사용자는 근로자에게 정당한 이유 없이 해고, 휴직, 정직, 전직, 감봉, 그 밖의 징벌(懲罰)(이하 "부당해고등"이라 한다)을 하지 못한다.

---

[*] 이 사안은 대법원 1991. 7. 12 선고, 90다11554 판결을 토대로 구성한 것이다.

[해설]

Ⅰ. 문제의 제기

(1) 甲은 乙에게 사직서를 작성하여 제출하였으나 이는 의원면직의 형식을 빌었을 뿐 실제로는 乙의 경영진의 지시 또는 종용에 따라 진의 아닌 사직의 의사표시를 한 것이고, 乙은 이러한 사정을 알면서 甲의 사직서를 수리하였다. 따라서 甲은 乙에게 자신이 표시한 사직의 의사표시는 비진의 의사표시로서 유효하지만 乙이 이를 알았으므로 무효라고 주장할 수 있을 것이다. 또한 乙은 정당한 이유 없이 근로자를 해고하지 못하게 규정한 근로기준법의 강행법규에 위반하여 甲을 부당해고 하였다. 그러므로 甲은 乙에게 해고무효의 주장과 함께 불법행위를 이유로 손해배상을 청구할 수 있을 것이다.

(2) 乙은 甲이 사직의 의사표시를 한 후 부당해고에 관한 어떠한 객관적인 조치 없이 8년이라는 시간이 지났으므로 乙은 甲의 주장에 대하여 신의칙상 실효의 원칙을 항변하거나 소멸시효 완성의 항변을 할 수 있을 것이다.

Ⅱ. 甲의 乙에 대한 권리행사

1. 甲의 법적 지위

甲은 乙의 근로자로서 사직의 의사 없이 사직서를 제출하였다. 그러므로 甲의 사직서 제출은 진의 아닌 의사표시로서 원칙적으로 유효하나, 乙이 이를 알았으므로 무효라고 주장할 수 있다. 또한 乙의 甲에 대한 해고는 부당해고로서 무효이므로 甲은 乙에게 이로 인한 손해배상을 청구할 수 있다.

2. 진의 아닌 의사표시의 여부

우리 민법 제107조는 "의사표시는 표의자가 진의 아님을 알고 한 것이라도 그 효력이 있다. 그러나 상대방이 표의자의 진의 아님을 알았거나 이를 알 수 있었을 경우에는 무효로 한다."고 규정하고 있다. 여기서 '진의 아닌 의사표시'는 표의자가 자신이 하는 표시행위의 객관적 의미가 내심의 효과의사와 일치하지 않는다는 것을 알면서 한 의사표시이다.

1) 성립요건

표의자의 진의 아닌 의사표시가 성립하기 위해서는(제107조),

첫째, 의사표시가 존재하여야 한다. 즉 일정한 효과의사를 추측하여 판단할만한 가치가 있는 행위가 있어야 한다. 甲은 乙에게 사직서를 제출하였다.

둘째, 표시와 진의가 불일치하여야 한다. 여기서 '진의'는 '특정한 내용의 의사표시를 하고자 하는 표의자의 생각'을 말하는 것이지 표의자가 진정으로 마음속에서 바라는 사항을 뜻하는 것이 아니므로 **표의자가 의사표시의 내용을 진정으로 마음속에서 바라지는 아니하였다고 하더라도 당시의 상황에서는 그것이 최선이라고 판단하여 그 의사표시를 하였을 경우에는 이를 내심의 효과의사가 결여된 진의 아닌 의사표시라고 할 수 없다**(대판 2003. 4. 25, 2002다11458). 그리고 표의자의 의사표시가 진의 아닌 의사표시인지의 여부는 효과의사에 대응하는 내심의 의사가 있는지의 여부에 따라 결정되는 것인바, 근로자가 사용자의 지시에 좇아 일괄하여 사직서를 작성 제출할 당시 그 사직서에 기하여 의원면직 처리될지 모른다는 점을 인식하였다고 하더라도 이것만으로 그의 내심에 사직의 의사가 있는 것이라고 할 수 없다(대판 1991. 7. 12, 90다11554). 나아가 근로자의 사직서 제출과 관련하여 판례는 "사용자가 근로자로부터 사직서를 제출 받고 이를 수리하는 의원면직의 형식을 취하여 근로계약관계를 종료시킨 경우에 사직의 의사 없는 근로자로 하여금 어쩔 수 없이 사직서를 작성, 제출케 하였다면 실질적으로 사용자의 일방적인 의사에 의하여 근로계약관계를 종료시키는 것이어서 해고에 해당한다고 할 것이다."고 판시하고 있다(대판 2003. 4. 11, 2002다60528). 사안에서 甲은 乙의 이사장 등의 지휘계통에 의한 지시에 따라 어쩔 수 없이 다른 직원 20여명과 함께 사직서를 일괄작성하여 제출하였다.

셋째, 표의자가 스스로 표시와 진의의 불일치를 알고 있어야 한다. 사안에서 甲은 사직서의 제출이 자신의 내심의 효과의사와 일치하지 않는다는 것을 알고 있다.

넷째, 표의자가 진의와 다른 표시를 하는 이유나 동기는 묻지 않는다. 즉 甲이 乙에게 사직의 의사표시를 하는 이유나 동기는 묻지 않는다. 따라서 甲이 乙의 지시에 좇아 사직서를 제출하였다고 하더라도 비진의 의사표시로 인정되는데 문제가 되지 않는다.

2) 사직의 의사표시 해석

사안의 경우에 甲의 사직의 의사표시가 비진의 의사표시에 해당하는지가 문제된다. '비진의'를 '특정한 내용의 의사표시를 하고자 하는 표의자의 생각'을 말한다고 넓게 해석하는 다수설과 판례는 甲이 乙에게 사직서를 작성하여 제출하였으나 이는 의원면직의 형식을 빌었을 뿐 실제로는 乙의 경영진의 지시 또는 종용에 따라 진의 아닌 사직의 의사표시를 한 것이라고 할 수 있다고 한다. 즉 다수설과 판례에 따르면 甲의 사직서 제출은 진의 아닌 의사표시라고 할 수 있으며, 乙이 이를 알았으므로 甲의 사직의 의사표시는 그 효력이 없다고 한다. 이에 대하여 '비진의'를 '외부의 영향 없는 상태에서의 자의적인 비진의'라는 뜻으로 해석하는 소수설은 甲의 사직의 의사표시는 진의 자체가 아니라 그 의사형성 과정에 대한 외부적 개입의 허용 여부가 관건이므로 강박에 의한 의사표시로서 그 유효성 여부를 판단하여야 한다고 한다(같은 취지). 소수설에 따르면 甲의 사직의 의사표시는 진의 아닌 의사표시가 아니라 강박에 의한 의사표시이므로 취소할 수 있다고 한다.

결론적으로 양설은 甲의 사직의 의사표시는 乙의 일방적인 의사표시에 의하여 근로관계를 종료시킨 것으로 볼 수 있으므로 甲의 사직의 의사표시는 그 형식에도 불구하고 실질적으로는 해고에 해당한다고 보는 결론은 동일하다.

3. 부당해고의 무효

우리나라 근로기준법은 제23조 제1항에서 "사용자는 근로자에게 정당한 이유 없이 해고하지 못한다."는 규정을 두고 있다. 그러나 이러한 해고제한 규정에 위반하여 부당해고가 이루어진 경우의 법적 효과에 관하여는 아무런 명문의 규정도 두고 있지 않지만 학설과 판례는 일치하여 부당해고의 법적 효력을 무효로 보고 있다. 그 근거로는 부당해고가 사회통념상 사법상의 효력을 도저히 인정할 수 없는 경우에는 **민법 제103조의 선량한 풍속 기타 사회질서에 위반한 사항을 내용으로 하는 법률행위**로 보고, **근로기준법 제23조 제1항의 규정을 효력규정으로 보아 사법상 효력을 무효로 함**이 상당하다고 한다. 그리고 부당해고에 대한 구제수단은 원직 복직 및 일실수입의 배상, 그리고 상당한 위자료의 지급이라고 한다. 사안에서 乙은 상부의 지시에 좇아 甲의 사직서를 수리하였고, 이는 선량한 풍속 기타 사회질서에 위반한 사항을 내용으로 하는 법률행위라고 할 수 있다. 이 경우 근로기준법 제23조 제1항의 해고제한 규정을 효력규정으로 보아 乙의 甲에 대한 해고는 무효라고 할 수 있다.

4. 부당해고에 의한 불법행위 성부

부당해고가 불법행위에 해당하기 위해서는(제750조),

첫째, 사용자측의 부당해고가 있어야 한다. 사안에서 乙은 상부의 지시에 좇아 甲의 사직서를 수리하였다.

둘째, 부당해고가 사용자측의 고의 또는 과실에 의하여야 한다. 사안에서 乙은 甲의 사직서를 선별 수리하였다.

셋째, 부당해고가 위법하여야 한다. 여기서 '위법성'을 어떻게 파악할 것인가에 대해서는 모든 부당해고는 불법행위를 구성한다는 견해, 상관관계설에 근거하여 위법성을 판단하는 견해, 강행법규 위반이 불법행위의 위법성을 담보하지 못한다는 견해가 있다. 이에 대하여 판례는 "해고권의 남용이 우리의 건전한 사회통념이나 사회상규상 용인될 수 없음이 분명한 경우에 있어서는 그 해고가 근로기준법 제23조 제1항에서 말하는 정당성을 갖지 못해 효력이 부정되는 데 그치는 것이 아니라 **위법하게 상대방에게 정신적 고통을 가하는 것이 돼 근로자에 대한 관계에서 불법행위를 구성한다.**"고 판시하고 있다(대판 1993. 10. 12, 92다43586). 생각건대 인격권은 소유권과 달리 불완전한 것이므로 그 침해가 불법행위가 되기 위해서는 다른 권리의 침해보다 그 정도가 큰 경우에 위법성이 인정된다. 판례도 부당해고시 정신적 손해배상청구권의 기초로서 인정하고 있는 불법행위는 근로자에게 위법하게 '정신적 고통'을 가한 불법행위만을 의미한다고 한다. 사안에서 乙의 이사장 등 경영진은 甲의 사직서 제출이 상부의 지시에 좇아 이루어진 것을 알면서도 甲의 사직서를 수리하였다.

넷째, 부당해고로 인하여 손해가 발생하였어야 한다. 사안에서 甲은 의원면직 처리되어 정신적 고통을 받았다.

결론적으로 乙은 상부의 지시에 좇아 甲의 사직서를 선별 수리하여 의원면직 처리하였고, 이로 인하여 甲은 일실급료나 일실퇴직금과 같은 물질적 손해 이외에 정신적 고통을 받았다. 甲은 부당해고시에 이미 퇴직금을 받았으나 乙의 부당해고로 인하여 정신적 고통을 받았으므로 정신적 손해인 위자료를 청구할 수 있다.

Ⅲ. 乙의 甲에 대한 항변

1. 乙의 법적 지위

乙은 정당한 이유 없이 甲을 부당하게 해고하였지만 해고 이후 8년이 경과하였으므로 乙은 甲의 주장에 대하여 신의칙상 실효의 항변을 하거나 또는 시효의 항변을 할 수 있다.

2. 실효의 항변

권리자가 그의 권리를 장기간 행사하지 않았기 때문에 상대방이 이제는 더 이상 권리를 행사하지 않을 것으로 믿을만한 정당한 사유가 있게 된 경우에 새삼스럽게 그 권리를 행사하는 것이 신의칙에 반한다고 인정되는 때에는 그 행사는 권리의 남용으로서 허용되지 않는다(대판 1991. 7. 26, 90다15488). 이른바 '실효의 원칙'은 민법상 신의성실의 원칙에서 파생된 것으로서 다음의 요건을 갖추어야 한다.

첫째, 권리의 불행사가 있어야 한다. 즉 권리자가 실제로 권리를 행사할 수 있는 기회가 있었음에도 불구하고 상당한 기간이 경과하도록 권리를 행사하지 아니하였어야 한다.

둘째, 상당한 기간이 경과하였어야 한다.

셋째, 상대방이 이제는 권리자가 권리를 행사하지 아니할 것으로 신뢰할 만한 정당한 기대를 갖게 되었어야 한다.

넷째, 권리자가 그 권리를 행사하는 것이 신의성실의 원칙에 위반되는 것으로 평가되어야 한다.

대법원은 실효의 원칙을 적용함에 있어 '근로자가 해고를 다투고 있다고 볼 수 있는 객관적 사정의 유무'를 신의칙 적용 여부의 판단기준으로 삼고 있다. 즉 "사용자로부터 해고된 근로자가 퇴직금 등을 수령하면서 아무런 이의의 유보나 조건을 제기하지 않았다면 특별한 사정이 없는 한 그 해고의 효력을 인정하였다고 할 것이고, 따라서 그로부터 **오랜 기간이 지난 후에 그 해고의 효력을 다투는 소를 제기하는 것은 신의칙이나 금반언의 원칙에 위배되어 허용될 수 없다.**"고 한다(대판 1996. 3. 8, 95다51847). 사안에서 甲은 해고 당시 퇴직금 등을 수령하면서 아무런 이의의 유보나 조건을 제기하지 않았고, 또한 8년 동안 해고를 다투고 있다고 볼 수 있는 어떠한 객관적 조치도 취하지 않았다. 이에 따라 乙에게는 더 이상 甲이 위 면직처분의 효력을 다투지 않을 것이라는 신뢰가 형성되었다고 볼 수 있으므로 이후에 甲이 위 면직처분의 효력을 다투는 행위(해고무효확인소송)가 있었다고 하더라도 그 행위는 신의칙상 실효의 원칙에 위반되어 효력이 없다.

3. 소멸시효의 항변

우리 민법 제766조 제1항은 "불법행위로 인한 손해배상의 청구권은 피해자나 그 법정대리인이 그 손해 또는 가해자를 안 날로부터 3년간 이를 행사하지 아니하면 시효로 인하여 소멸한다."고 규정하고 있다. 여기서 '피해자가 그 손해 및 가해자를 안 때'라고 함은 현실적으로 손해의 발생과 가해자를 알아야 할 뿐만 아니라 그 가해행위가 불법행위로서 이를 원인으로 손해배상을 청구할 수 있다는 것을 안 때이다.

이와 관련하여 판례는 甲이 불법행위의 요건사실을 그에 대한 의원면직 처분시에 이미 알았고, 또한 불법행위로 인한 손해발생 사실도 위 일실급료나 일실퇴직금을 수령한 날에 알았다고 한다. 그러므로 판례에 따르면 甲의 손해배상청구권은 민법 제766조 소정의 3년이 지났으므로 그 효력이 없다고 한다. 이에 대하여 학설은 甲이 1988년 12월경 상부의 언론인 강제해직조치에 관한 청문회가 개최되었을 때 비로소 그에 대한 의원면직처분이 불법행위로서 손해배상청구의 원인이 되는 것을 알았다고 한다. 그러므로 소수설에 따르면 소멸시효기간은 1988년 12월경부터 진행되는 것이어서 乙의 甲에 대한 소멸시효의 항변은 이유 없다고 한다. 생각건대 이 사안에서는 甲의 사직의 의사표시가 진의 자체가 아니라 의사형성 과정에 대한 외부적 개입의 허용 여부가 관건이라고 보아야 하며, 이 경우 '손해 및 가해자를 안 때'가 언제인가를 따지기 이전에 甲이 강박상태를 벗어난 것이 언제인가를 먼저 따져야 한다. 즉 판례와 같이 "乙의 강박적인 지시와 종용에 기한 부당해고가 행하여졌고 그러한 이유로 불법행위가 성립하며, 甲의 청구는 이를 근거로 하는 손해배상청구"라고 보는 경우에 甲의 손해배상청구권은 시효로 인하여 소멸하였다고 할 수 있다. 이에 반하여 소수설과 같이 甲이 아무리 손해 및 가해자를 알았더라도 강박적 상태에서 벗어나지 않는 한 손해배상청구를 할 수 없다고 보는 경우에는 甲이 강박상태에서 벗어난 날을 소멸시효기간의 기산일로 봄이 상당하다고 할 것이다.

Ⅳ. 사안의 해결

(1) 甲은 乙에게 사직의 의사 없이 사직서를 제출하였으므로 甲의 사직의 의사표시는 진의 아닌 의사표시로서 유효이다. 그러나 乙이 甲의 비진의 의사표시를 알았으므로 무효를 주장할 수 있다. 또한 乙은 정당한 이유 없이 甲을 부당하게 해고하였으므로 甲은 乙에게 근로기준법상의 해고제한 규정 위반을 이유로 해고무효를 주장할 수 있다. 이 경우 甲은 乙에게 해고 무효와 함께 부당해고로 인하여 발생한 급료 상당의 물질적 손해와 정신적 고통을 이유로 위자료를 청구할 수 있다.

(2) 乙은 정당한 이유 없이 甲을 부당하게 해고하였으나 해고 후 8년이 경과하였으므로 甲이 위 면직처분의 효력을 다투는 행위(해고무효확인소송)를 하더라도 그 행위는 신의칙상 실효의 원칙에 위반되어 효력이 없다. 또한 甲은 불법행위의 요건사실을 그에 대한 의원면직 처분시 이미 알았고, 또한 불법행위로 인한 손해발생 사실도 위 일실급료나 일실퇴직금을 수령한 날에 알았다고 볼 수 있으므로 甲의 乙에 대한 손해배상청구권은 3년의 시효가 완성되어 그 효력이 없다.

참고판례

1. 대법원 1991. 7. 12. 선고 90다11554 판결

진의 아닌 의사표시인지의 여부는 효과의사에 대응하는 내심의 의사가 있는지 여부에 따라 결정되는 것인바, 근로자가 사용자의 지시에 좇아 일괄하여 사직서를 작성 제출할 당시 그 사직서에 기하여 의원면직처리

될지 모른다는 점을 인식하였다고 하더라도 이것만으로 그의 내심에 사직의 의사가 있는 것이라고 할 수 없다.

2. 대법원 2003. 4. 25. 선고 2002다11458 판결

진의 아닌 의사표시에 있어서의 '진의'란 특정한 내용의 의사표시를 하고자 하는 표의자의 생각을 말하는 것이지 표의자가 진정으로 마음 속에서 바라는 사항을 뜻하는 것은 아니므로 표의자가 의사표시의 내용을 진정으로 마음 속에서 바라지는 아니하였다고 하더라도 당시의 상황에서는 그것이 최선이라고 판단하여 그 의사표시를 하였을 경우에는 이를 내심의 효과의사가 결여된 진의 아닌 의사표시라고 할 수 없다.

3. 대법원 2003. 4. 11. 선고 2002다60528 판결

사용자가 근로자로부터 사직서를 제출 받고 이를 수리하는 의원면직의 형식을 취하여 근로계약관계를 종료시킨 경우, 사직의 의사 없는 근로자로 하여금 어쩔 수 없이 사직서를 작성, 제출케 하였다면 실질적으로 사용자의 일방적인 의사에 의하여 근로계약관계를 종료시키는 것이어서 해고에 해당한다고 할 것이나, 그렇지 않은 경우에는 사용자가 사직서 제출에 따른 사직의 의사표시를 수락함으로써 사용자와 근로자의 근로계약관계는 합의해지에 의하여 종료되는 것이므로 사용자의 의원면직처분을 해고라고 볼 수 없다.

4. 대법원 1993. 10. 12. 선고 92다43586 판결

사용자가 근로자를 징계해고할 만한 사유가 전혀 없는데도 오로지 근로자를 사업장에서 몰아내려는 의도하에 고의로 어떤 명목상의 해고사유를 만들거나 내세워 징계라는 수단을 동원하여 해고한 경우나, 해고의 이유로 된 어느 사실이 소정의 해고사유에 해당되지 아니하거나 해고사유로 삼을 수 없는 것임이 객관적으로 명백하고, 또 조금만 주의를 기울이면 이와 같은 사정을 쉽게 알아볼 수 있는데도 그것을 이유로 징계해고에 나아간 경우 등 징계권의 남용이 우리의 건전한 사회통념이나 사회상규상 용인될 수 없음이 분명한 경우에 있어서는 그 해고가 근로기준법 제27조 제1항에서 말하는 정당성을 갖지 못하여 효력이 부정되는 데 그치는 것이 아니라, 위법하게 상대방에게 정신적 고통을 가하는 것이 되

어 근로자에 대한 관계에서 불법행위를 구성할 수 있을 것이다.

5. 대법원 1991. 7. 26. 선고 90다15488 판결

실권 또는 실효의 법리는 법의 일반원리인 신의성실의 원칙에 바탕을 둔 파생원칙인 것으로서 이는 본래 권리행사의 기회가 있었음에도 불구하고 권리자가 장기간에 걸쳐 그의 권리를 행사하지 아니하였기 때문에 의무자인 상대방은 이미 그의 권리를 행사하지 아니할 것으로 추인케 할 경우에는 새삼스럽게 그 권리를 행사하는 것이 신의성실의 원칙에 반하는 결과가 될 때 그 권리의 행사를 허용하지 않는 것을 의미한다.

6. 대법원 1996. 3. 8. 선고 95다51847 판결

사용자로부터 해고된 근로자가 퇴직금 등을 수령하면서 아무런 이의의 유보나 조건을 제기하지 않았다면 특별한 사정이 없는 한 그 해고의 효력을 인정하였다고 할 것이고, 따라서 그로부터 오랜 기간이 지난 후에 그 해고의 효력을 다투는 소를 제기하는 것은 신의칙이나 금반언의 원칙에 위배되어 허용될 수 없다.

[17] 통정허위표시

사례

甲은 2007. 11. 9. 乙로부터 乙 소유의 아파트 X를 매수하고 매매를 원인으로 하는 소유권이전등기를 마쳤다. 그러나 乙은 2007. 2. 5. 특별한 사정없이 친구인 丙에게 X를 매도하고 매매를 원인으로 하는 소유권이전등기청구권 보전을 위한 가등기를 경료하여 준 상태였고, 丙은 2007. 11. 12. 위 가등기에 기하여 소유권이전의 본등기를 마쳤다. 이로 인하여 X에 대한 甲 명의의 소유권이전등기가 직권으로 말소되었다. 그 후 丙은 2007. 12. 2. 이러한 사정을 알지 못하는 丁에게 X를 매도하고 소유권이전등기를 마쳐 주었다. 한편 甲은 丁을 상대로 제기한 소송에서 乙이 丙으로부터 수령한 매매대금의 사용처 및 보관장소를 설명하지 못하였고, 丙도 X를 취득할 정도의 돈을 가지고 있지 못하였으며, 또한 X에 대한 매매대금의 출처도 밝히지 못하는 사정 등을 입증하였다.

[문제1] 甲이 행사할 수 있는 권리는?
[문제2] 丁은 甲의 청구에 대하여 항변할 수 있는가?

[개요]

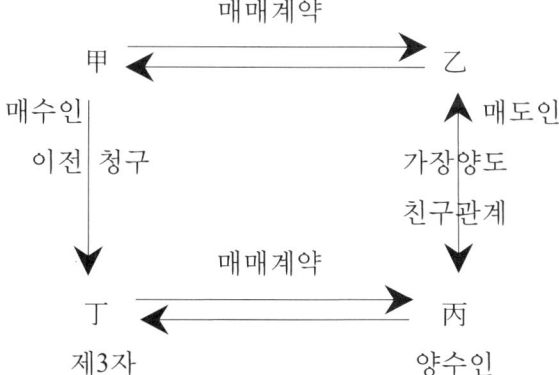

[해결]

Ⅰ. 문제의 제기

(1) 甲은 2007. 11. 9. 乙로부터 X를 매수하고 매매를 원인으로 하는 소유권이전등기를 마쳤다. 그러나 丙이 2007. 11. 12. 가등기에 기한 소유권이전의 본등기를 경료함으로써 X에 대한 甲 명의의 소유권이전등기가 직권으로 말소되었다. 그러므로 甲은 2007. 2. 5. 乙과 丙 사이에 체결된 X에 대한 매매계약이 통정허위표시에 의하여 이루어진 것으로서 당연 무효이며, 이에 따른 2007. 11. 12. 본등기도 무효라고 주장할 수 있을 것이다. 또한 甲은 乙이 丙과 통정하여 X에 대한 소유권을 가장양도 하였으므로 丙에게 채권자취소권을 행사할 수 있는지가 문제된다. 나아가 甲은 丁에게 丙 명의의 소유권이전등기가 당연 무효의 등기이므로 이를 토대로 이루어진 丁 명의의 소유권이전등기도 무효라고 주장할 수 있다. 따라서 甲은 丁에게 X에 대한 소유권이전등기의 말소를 청구할 수 있을 것이다.

(2) 丁은 2007. 12. 2. 丙과 X에 대한 매매계약을 체결하고 소유권이전등기를 마쳤다. 그러나 丁은 丙으로부터 X를 매수함에 있어 X에 관한 丙 명의의 가등기 및 그에 기한 본등기가 당사자들 사이의 통정허위표시에 의한 것임을 알지 못하였다. 그러므로 丁은 甲의 소유권이전등기말소청구에 대하여 선의의 제3자임을 주장할 수 있을 것이다.

Ⅱ. 甲의 권리행사

1. 甲의 법적 지위

甲은 2007. 11. 9. 乙과 X에 대한 매매계약을 체결하고 소유권이전등기를 마쳤으나 2007. 11. 12. 丙의 가등기에 의한 소유권이전의 본등기에 의하여 甲 명의의 소유권이전등기가 직권으로 말소되었다. 이 경우 甲은 乙

과 丙 사이에 체결된 매매계약이 통정허위표시로서 무효이므로 X에 대한 소유권이전등기도 무효라고 주장할 수 있다. 또한 甲은 乙의 채권자로서 丙에게 乙과 통정한 허위의 의사표시를 이유로 채권자취소권을 행사할 수 있다. 한편 甲은 丁에 대하여 丙 명의의 소유권이전등기가 당연 무효의 등기이며 이를 토대로 하여 이루어진 丁 명의의 소유권이전등기도 무효라고 주장하고, 또한 X에 대한 소유권이전등기의 말소를 청구할 수 있다.

2. 甲의 乙에 대한 권리행사

1) 통정허위표시 유무

상대방과 통정한 허위의 의사표시는 무효이고, 누구든지 그 무효를 주장할 수 있다. 따라서 甲은 乙과 丙에게 X의 가등기에 기한 소유권이전의 본등기가 무효라고 주장할 수 있다.

(1) 통정허위표시의 요건

乙과 丙 사이의 가장양도행위가 통정허위표시가 되기 위한 요건으로는 (제108조 제1항),

첫째, 유효한 의사표시가 존재하여야 한다. 사안에서 乙과 丙은 X에 대한 매매계약을 체결하였다.

둘째, 의사와 표시가 일치하지 않아야 한다. 사안에서 乙은 丙에게 X를 매도하고자 하는 진정한 의사 없이 X에 대한 매매계약을 체결하였다.

셋째, 표의자가 진의와 표시의 불일치를 알고 있어야 한다. 사안에서 乙은 丙과 X에 대한 매매계약을 체결하고 소유권이전등기를 경료하여 준 행위가 가장양도라는 사실을 알고 있었다.

넷째, 상대방과 통정이 있어야 한다. 여기서 '통정이 있다'고 하기 위해서는 표의자가 진의 아닌 표시를 하는 것을 상대방이 알고 있는 것만으로 부족하고, 그에 관하여 상대방과 합의가 있어야 한다(대판 1998. 9. 4, 98다17909). 사안에서 乙은 丙과 X에 대한 매매계약을 체결하였으나 乙은 자신이 수령한 매매대금의 사용처 및 보관장소를 설명하지 못하였고, 丙도 X의 소유권을 취득할 정도의 돈이 없었을 뿐만 아니라 매매대금의 출처도 밝히지 못하였다. 이러한 간접사실에 비추어 乙과 丙 사이에는 통정이 있다고 할 수 있다.

결론적으로 乙이 丙과 체결한 매매계약은 통정허위표시로서 무효라고 할 수 있다. 이 경우 통정허위표시의 존재여부는 법률효과를 발생시키려는 乙이 입증하여야 하고, 그 이외의 요건은 의사표시가 허위표시이어서 무효라고 주장하는 甲이 입증하여야 한다(대판 1970. 9. 29, 70다466).

(2) 통정허위표시의 효과

乙이 丙과 체결한 X에 대한 매매계약은 무효이므로(제108조 제1항) 원칙적으로 누구든지 언제나 그 무효를 주장할 수 있다. 다만, 乙이 무효의 원인이 소멸한 후에 X에 대한 가장양도행위를 추인하면(제139조 단서) 그 때부터 가장양도행위는 비소급적으로 유효한 매매가 된다. 사안에서 乙이 丙에게 가장양도행위를 추인한 사실이 없으므로 X에 대한 매매계약은 그 효력이 없다.

2) 물권행위의 효력

(1) 물권행위의 효력과 관련하여 물권행위의 무인성을 인정하는 다수설은 乙과 丙 사이에 체결된 X에 대한 매매계약이 무효가 되더라도 그 계약의 효력은 물권행위에 영향을 미치지 않는다고 한다. 따라서 다수설에 따르면 乙과 丙 사이에 행하여진 물권행위 자체에 별도의 무효사유가 존재하지 않는 한 丙은 X의 소유권을 취득한다(제186조).

(2) 소수설과 판례(대판 1977. 5. 24, 75다1394)는 물권행위의 무인성을 부정한다. 따라서 소수설에 따르면 乙과 丙 사이에 체결된 X에 대한 매매계약이 무효이면 이에 터 잡은 이루어진 물권행위도 무효로 된다. 이 경우 X의 소유권은 등기명의에 관계없이 乙이 가지게 된다.

3) 담보책임 성립 여부

乙이 甲에게 X의 소유권을 이전하지 못할 경우에 乙은 甲에 대하여 담보책임을 진다(제570조 본문). 사안에서 丁은 계약체결 당시 X에 대한 소유권이 乙과 丙의 가장양도행위에 의하여 이전되었다는 사실을 알지 못하였으므로 丁이 X의 소유권자가 된다. 그 결과 甲은 乙에게 담보책임을 물어 X에 대한 매매계약을 해제할 수 있고, 그로 인한 손해배상도 청구할 수 있다. 여기서 乙의 악의는 甲이 입증하여야 하며, 甲의 乙에 대한 손해배상청구권은 10년의 소멸시효에 걸린다.

4) 소결

乙이 丙과 체결한 X에 대한 매매계약은 통정허위표시에 해당되어 무효이다. 따라서 甲은 乙과 丙에 대하여 X에 대한 매매계약의 무효를 주장할 수 있다.

3. 甲의 丙에 대한 권리행사

1) 채권자취소권의 행사

통정허위표시가 채권자취소권의 요건을 갖춘 경우에 허위표시를 한 채무자의 채권자가 채권자취소권을 행사할 수 있는지의 여부에 대하여는 학설이 대립하고 있다. 다수설과 판례는 통정허위표시도 채권자취소권의 대상이 된다고 하고, 이에 대하여 소수설은 허위표시행위의 취소는 원칙적으로 부인되고 예외적으로 허위표시행위가 유효하게 다루어지는 경우에 한하여 채권자취소권의 목적이 된다고 한다. 판례는 "**채무자의 법률행위가 통정허위표시인 경우에도 채권자취소권의 대상이 되고**, 한편 채권자취소권의 대상으로 된 채무자의 법률행위라도 통정허위표시의 요건을 갖춘 경우에는 무효라고 할 것이다."고 판시하고 있다(대판 1998. 2. 27, 97다50985). 생각건대 무효인 법률행위는 이론적으로 취소를 요하지 않지만 무효와 취소의 이중효가 인정되고 있으므로 다수설의 태도가 타당하다.

2) 채권자취소권의 요건

채권자취소권의 행사 요건으로는(제406조 제1항),

첫째, 채권자가 보존하여야 할 채권을 가지고 있어야 한다. 사안에서 甲은 乙에게 소유권이전청구권을 가진다.

둘째, 채무자가 채권자를 해치는 법률행위, 즉 사해행위를 하였어야 한다.

셋째, 채무자와 수익자가 사해의 사실을 알고 있어야 한다. 여기서 특정채권이 피보전채권이 될 수 있는지에 대하여는 학설의 대립이 있다. 다수설과 판례는 특정채권의 보전을 위해서는 채권자취소권을 행사할 수 없다고 하며, 소수설은 특정채권 자체를 위해서는 채권자취소권을 행사할 수 없지만 공동담보의 보전을 목적으로 하여서는 행사할 수 있다고 한다. 사안에서 특정채권의 보존을 위한 채권자취소권의 행사는 인정되지 않으므로 甲은 丙에게 X에 대한 소유권이전청구권을 보존하기 위하여 채권자취소권을 행사할 수 없다.

4. 甲의 丁에 대한 권리행사

甲은 丁에게 丙 명의의 소유권이전등기가 당연 무효의 등기이므로 이를 토대로 이루어진 丁 명의의 소유권이전등기도 무효라고 주장할 수 있다. 그 결과 甲은 丁에게 X에 대한 소유권이전등기의 말소를 청구할 수 있다.

III. 丁의 항변권 행사

1. 丁의 법적 지위

丁은 2007. 12. 2. 丙과 X에 대한 매매계약을 체결하고 소유권이전등기를 마쳤다. 그러나 甲이 丁에게 X에 대한 매매계약의 무효를 이유로 소유권이전등기의 말소를 청구하고 있다. 이 경우 丁이 甲의 청구에 항변할 수 있는지의 여부는 丁이 乙과 丙 사이에 체결된 X에 대한 매매계약이 통정허위표시에 의한 것임을 알았는지의 여부에 달려 있다.

2. 丁의 甲에 대한 항변

丁이 甲의 소유권이전등기말소청구에 대항하기 위해서는 丁이 제108조 제2항에 규정된 선의의 제3자이어야 한다(제108조 제2항 참조). 여기서 '제3자'는 허위표시의 당사자 및 포괄승계인 이외의 자로서 허위표시에 의하여 외형상 형성된 법률관계를 토대로 실질적으로 새로운 법률상 이해관계를 맺은 자를 말하며(대판 1996. 4. 26, 94다12074), '선의'는 당해 의사표시가 허위표시임을 알지 못하는 것을 말한다. 그리고 통정허위표시에서 제3자는 선의이면 충분하고 무과실까지 요구되지는 않으며(대판 2004. 5. 28, 2003다70041), 제3자의 선의·악의를 결정하는 표준이 되는 시기는 법률상 새로운 이해관계를 맺은 때이다. 이 경우 판례는 "허위의 매매에 의한 매수인으로부터 부동산 위의 권리를 취득한 제3자는 특별한 사정이 없는 한 선의로 추정할 것이므로 허위표시를 한 부동산의 양도인이 제3자에 대하여 그 소유권을 주장하려면 제3자의 악의를 입증하여야 된다."고 판시하고 있다(대판 1970. 9. 29, 70다466). 사안에서 丁은 2007. 12. 2. 丙으로부터 X를 매수한 다음 이를 원인으로 하여 소유권이전등기를 경료하였다. 특히 丁은 2007. 12. 2. X에 대한 매매계약 체결시 乙과 丙 사이의 통정허위표시를 알지 못하였으므로 제108조 제2항의 '선의의 제3자'에 해당한다. 따라서 丁은

제108조 제2항의 '선의의 제3자'를 이유로 甲의 소유권이전등기말소청구에 대하여 항변할 수 있다.

Ⅳ. 사안의 해결

(1) 甲은 乙에 대하여 X에 대한 가등기 및 소유권이전의 본등기는 통정허위표시에 의하여 이루어진 것으로서 당연 무효의 등기라고 주장할 수 있다. 만일 丁이 X에 대한 소유권을 취득하는 경우에 甲은 乙에게 담보책임을 물을 수 있다. 한편 甲은 丁에 대하여 丙 명의의 소유권이전등기가 당연 무효의 등기이므로 이를 토대로 이루어진 丁 명의의 소유권이전등기도 무효임을 주장할 수 있다.

(2) 丁은 丙으로부터 X를 매수함에 있어 X에 관한 丙 명의의 등기가 乙과 丙 사이의 통정허위표시에 의한 것임을 알지 못하였으므로 선의의 제3자에 해당한다. 그러므로 丁은 제108조 제2항의 '선의의 제3자'를 이유로 甲의 소유권이전등기말소청구에 대하여 항변할 수 있다.

참고판례

1. 대법원 1996. 4. 26. 선고 94다12074 판결

상대방과 통정한 허위의 의사표시는 무효이고 누구든지 그 무효를 주장할 수 있는 것이 원칙이나, 허위표시의 당사자 및 포괄승계인 이외의 자로서 허위표시에 의하여 외형상 형성된 법률관계를 토대로 실질적으로 새로운 법률상 이해관계를 맺은 선의의 제3자에 대하여는 허위표시의 당사자뿐만 아니라 그 누구도 허위표시의 무효를 대항하지 못하고, 따라서 선의의 제3자에 대한 관계에 있어서는 허위표시도 그 표시된 대로 효력이 있다.

2. 대법원 1970. 9. 29. 선고 70다466 판결

허위의 매매에 의한 매수인으로부터 부동산상의 권리를 취득한 제3자는 특별한 사정이 없는 한 선의로 추정할 것이므로 허위표시를 한 부동

산 양도인이 제3자에 대하여 소유권을 주장하려면 그 제3자의 악의임을 입증할 필요가 있다고 할 것이다.

3. 대법원 1998. 2. 27. 선고 97다50985 판결

채무자의 법률행위가 통정허위표시인 경우에도 채권자취소권의 대상이 되고, 한편 채권자취소권의 대상으로 된 채무자의 법률행위라도 통정허위표시의 요건을 갖춘 경우에는 무효라고 할 것이다.

4. 대법원 1993. 8. 24. 선고 93다24445 판결

민법 제569조, 제570조에 비추어 보면, 양도계약의 목적물이 타인의 권리에 속하는 경우에 있어서도 그 양도계약은 계약당사자간에 있어서는 유효하고, 그 양도계약에 따라 양도인은 그 목적물을 취득하여 양수인에게 이전하여 줄 의무가 있다.

[18] 착오에 의한 의사표시

사례

甲은 乙로부터 토지 X를 1억원에 매수하기로 하는 매매계약을 체결하고 소유권이전등기도 마쳤다. 도시에 살고 있던 甲은 전원주택을 신축하기 위하여 X를 매수하였고, 乙도 이러한 사실을 알면서 甲에게 X를 매도하였다. 그런데 X는 농촌진흥지역에 위치하고 있어 농업인이 아닌 사람은 그 지상에 주택을 지을 수 없는 토지였으나 부동산중개사 丙은 X에 대한 매매계약을 성사시킬 목적으로 이러한 사실을 甲에게 알려주지 않은 채 계약서를 작성하도록 하였다. 한편 乙도 X에는 건축을 할 수 없으며, 丙이 X에 대한 매매계약을 성사시키기 위하여 이러한 장애사유를 은폐하고 있고, 또한 甲은 丙의 말만 믿고 자신과 계약을 체결한다는 사실을 알고 있었지만 이에 대하여 침묵하였다. 甲은 X를 구입한 후 1년이 지나 건축허가를 받는 과정에서 X에는 건축을 할 수 없다는 사실을 알게 되었고, 그 기간 동안 甲은 X를 丁에게 임대하여 100만원의 수익을 얻었다. 반면 乙은 甲으로부터 받은 매매대금 1억원으로 아파트 Y를 구입하였고, Y는 현재 1억 3,000만원에 거래되고 있다.
  [문제1] 甲이 乙에게 행사할 수 있는 권리는?
  [문제2] 甲의 주장이 받아들여지는 경우에 甲과 乙은 어떠한 의무를 부담하는가?

[개요]

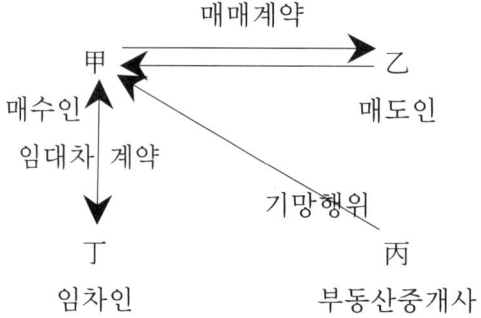

[참조조문]

※「공인중개사법」제25조(중개대상물의 확인·설명) ① 개업공인중개사는 중개를 의뢰받은 경우에는 중개가 완성되기 전에 다음 각 호의 사항을 확인하여 이를 해당 중개대상물에 관한 권리를 취득하고자 하는 중개의뢰인에게 성실·정확하게 설명하고, 토지대장 등본 또는 부동산종합증명서, 등기사항증명서 등 설명의 근거자료를 제시하여야 한다.
1. 해당 중개대상물의 상태·입지 및 권리관계
2. 법령의 규정에 의한 거래 또는 이용제한사항
3. 그 밖에 대통령령으로 정하는 사항

[해결]

Ⅰ. 문제의 제기

(1) 甲은 乙로부터 X를 1억원에 매수하기로 하는 매매계약을 체결하였다. 그러나 甲이 乙과 체결한 매매계약은 계약의 성립과정에서 계약의 목적을 달성할 수 없는 장애사유가 발생하였으므로 甲은 乙과 체결한 매매계약의 취소를 주장할 수 있을 것이다. 또한 甲이 건축을 목적으로 乙로부터 매수한 X가 건축허가를 받을 수 없어 건축이 불가능하게 되었으므로 甲은 乙에게 매매목적물에 대한 법률적 장애를 이유로 담보책임을 물을 수 있을 것이다.

(2) 매매계약이 취소되면 당사자 사이의 법률관계는 원상회복관계로 전환된다. 따라서 甲이 매매계약을 취소하면 X의 소유권은 자동적으로 乙에게 복귀하게 되며, 외관만 남은 등기는 乙의 청구에 의하여 말소될 것이다. 이 경우 甲은 丁에게 X를 임대하여 100만원의 이익을 얻었지만 선의이므로 이를 乙에게 반환할 의무가 없는 반면, 乙은 악의이므로 甲으로부터 받은 1억원의 매매대금에 이자를 붙여 반환하여야 할 것이다. 그리고

X에 대한 매매계약의 취소로 인하여 발생한 甲의 소유권이전등기말소의무와 乙의 매매대금반환의무는 동시이행의 관계에 있다고 할 것이다. 한편 甲은 乙에게 담보책임을 물어 X에 대한 매매계약을 해제하고 손해배상을 청구할 수 있을 것이다.

II. 甲의 乙에 대한 권리행사

1. 甲의 법적 지위

甲은 乙로부터 X를 1억원에 매수하기로 하는 매매계약을 체결하였다. 사안에서 甲이 乙과 체결한 매매계약은 계약의 성립요소인 당사자의 능력, 계약의 목적에는 장애사유가 없지만 의사표시에는 취소사유가 존재하므로 甲은 乙에게 이를 주장할 수 있다. 또한 매매목적물인 X에 대하여는 법률적 장애가 존재하므로 이에 대한 책임이 문제된다.

2. 계약취소의 성립 여부

甲이 乙과 체결한 매매계약에 취소사유가 존재하는 경우에 甲은 그 계약을 취소할 수 있다. 계약의 취소사유로는 법정대리인의 동의없는 미성년자의 의사표시, 착오에 의한 의사표시, 사기 강박에 의한 의사표시가 있다. 사안에서는 착오에 의한 의사표시와 사기에 의한 의사표시가 문제된다.

1) 착오에 의한 계약의 취소

착오에 의한 계약이 취소되기 위한 요건으로는(제109조),
첫째, 의사표시에 착오가 있어야 한다. 우리 민법은 의사표시의 착오를 '법률행위의 내용'에 착오가 있을 것이라고만 규정하고 있으므로 일반적으로 표시상의 착오, 내용의 착오, 동기의 착오로 유형화 된다. 사안에서는 동기의 착오가 문제되며, 동기의 착오를 이유로 의사표시를 취소할 수 있는지에 대하여는 견해가 나뉜다. 이에 대해서 동기가 표시된 경우에는 내용의 착오가 되어 의사표시의 착오가 존재하는 것으로 보는 견해(표시설), 의사표시 유무를 불문하고 중요부분에 관한 동기의 착오는 언제나 취소할 수 있는 것으로 보는 견해(표시불문설), 동기의 착오는 통상의 착오와 동일하게 취급할 수 없지만 동기의 착오 중 '거래에 있어서 중요한 사람 또는 물건의 성질에 관한 착오' 및 이에 준하는 착오에 대하여는 제109조를 유추적용하여야 한다는 견해(유추적용설), 동기의 착오는 비록 동기가 표시되어 상대방이 알고 있더라도 이를 제외하여야 한다는 견해(불고려설)가 있다. 판례는 "동기의 착오가 법률행위의 내용의 중요부분의 착오에 해당함을 이유로 표의자가 법률행위를 취소하려면 그 **동기를 당해 의사표시의 내용으로 삼을 것을 상대방에게 표시하고 의사표시의 해석상 법률행위의 내용으로 되어 있다고 인정되면 충분하고** 당사자들 사이에 별도로 그 동기를 의사표시의 내용으로 삼기로 하는 합의까지 이루어질 필요는 없다."고 하여 **동기표시설**을 취하고 있다(대판 2000. 5. 12, 2000다12259). 사안에서 甲은 주택을 신축하기 위하여 乙로부터 X를 매수하였고, 乙도 그러한 사실을 알면서 X를 매도하였으나 X는 농촌진흥지역에 해당하여 농업인이 아닌 甲은 그 지상에 주택을 지을 수 없는 토지이다. 그러므로 甲의 乙에 대한 매수의 의사표시는 동기의 착오에 의한 것이라고 볼 수 있다.

둘째, 법률행위 내용의 중요부분에 착오가 있어야 한다. 법률행위 내용의 '중요부분의 착오'란 의사표시에 의하여 달성하려고 한 법률효과의 중요부분에 착오가 있음을 의미한다. 여기서 법률행위 내용의 중요부분의 착오는 결국 착오가 얼마나 중요한가에 귀착되며, 착오의 중요성에 대한 판단기준을 어떻게 정할 것인가의 문제이다. 이에 대하여 **다수설**은 표의자가 그러한 착오가 없었더라면 의사표시를 하지 않았으리라고 생각될 정도로 중요한 것이어야 한다는 주관적 요건과, 일반인도 표의자의 입장에 섰더라면 그러한 의사표시를 하지 않았으리라고 생각될 정도로 중요한 것이어야 한다는 객관적 요건을 기준으로 한다. 판례도 "의사표시의 착오가 법률행위의 내용의 중요부분에 착오가 있는 이른바 요소의 착오이냐의 여부는 그 각 행위에 관하여 주관적, 객관적 표준에 쫓아 구체적 사정에 따라 가려져야 할 것이고 추상적, 일률적으로 이를 가릴 수는 없다."고 하여 이중기준설을 취하고 있다(대판 1985. 4. 23, 84다카890). 사안에서 甲은 주택을 신축하기 위하여 乙로부터 X를 매수하였으나 甲은 X의 지상에 주택을 지을 수 없는 토지라는 사실을 알지 못하였고, 일반인도 甲의 입장이라면 X를 매수하지 않았을 것이므로 위 매매계약은 법률행위 내용의 중요부분에 착오가 있다고 볼 수 있다(대판 2001. 7. 10, 2001다3764).

셋째, 표의자에게 중대한 과실이 없어야 한다(제109조 제1항 단서). 여기서 표의자의 '중대한 과실'이라 함은 표의자의 직업, 행위의 종류, 목적 등에 비추어 보통 요구되는 주의를 현저히 결여하는 것을 의미한다(대판 2000. 5. 12, 2000다12259). 사안에서 甲은 도시에 살고 있고, 전원주택을 짓기 위하여 X를 구입하였으며, 부동산중개사 丙이 X가 농업진흥지구로 지정된 사실을 알려주지 않아 이러한 사실을 모른 채 매매계약을 체결하였으므로 甲에게 중대한 과실이 있다고 할 수 없다. 그러므로 甲이 X에 전원주택을 신축할 수 있는지의 여부를 확인하지 아니한 채 계약을 체결한 것이 중대한 과실에 해당한다는 입증책임은 乙이 부담한다.

넷째, 취소의 배제사유가 존재하지 않아야 한다. 사안에서 취소권 배제의 약정 등 배제사유가 존재하지 않는다.

결론적으로 甲은 乙과 체결한 X에 대한 매매계약을 착오를 이유로 취소할 수 있다.

2) 사기에 의한 계약의 취소

사기에 의한 계약이 취소되기 위한 요건으로는(제110조 제2항),

첫째, 기망행위가 있어야 한다. '기망행위'란 표의자로 하여금 실제와 다른 관념을 가지게 하거나 이를 유지 또는 강화하게 하는 일체의 행위를 말한다. 그리고 기망행위는 적극적 행위뿐만 아니라 소극적 행위로 행하여지는 경우도 있으며, 특히 법률상의 고지의무 위반 등 일정한 상황이 갖추어져 있을 경우에는 침묵도 사기가 된다. 사안에서 부동산중개사 丙이 중개대상물인 X가 농촌진흥지역에 해당되어 농민이 아닌 경우에는 건축을 할 수 없다는 사실을 甲에게 알려줄 법적 의무가 있음에도 불구하고(공인중개사법 제25조 제1항) 이러한 사실을 甲에게 알려주지 않은 행위는 소극적 기망행위에 해당한다. 한편 乙이 甲에게 X가 농촌진흥지역에 해당된다는 사실을 침묵한 것도 기망행위에 해당한다(대판 1971. 5. 24, 70다2878).

둘째, 고의에 의한 기망행위가 있어야 한다. 여기서 '고의'는 표의자를 기망하여 착오에 빠지게 하려는 고의와 착오에 기하여 의사표시를 하게 하려는 2단의 고의가 있어야 한다. 사안에서 부동산중개사 丙이 매매계약을 성사시킬 목적으로 중개대상물인 X의 이용제한 사항을 甲에게 설명하지 않았고, 오히려 甲이 乙과 매매계약을 체결하도록 유도하였다. 그러므로 丙의 행위는 고의에 의한 기망행위로 볼 수 있으며, 이러한 고의는 표의자 甲이 입증하여야 한다. 한편 乙은 甲에 대한 고지의무 불이행이 특별히 문제되지 않을 것이라고 생각하였으므로 乙에게 고의에 의한 기망행위를 인정하기 어렵다.

셋째, 기망행위가 위법하여야 한다. 여기서 '위법성'은 계약의 성질, 당사자의 직업, 계약의 장소와 시기, 기타 거래의 구체적 사정을 고려하여 판단하여야 한다. 사안에서 丙은 부동산중개인으로서 중개대상물인 X에 대한 설명, 고지의무를 부담함에도 불구하고 이를 위반하였으므로 丙의 행위는 위법하다.

넷째, 타인의 기망행위에 의한 의사표시가 있어야 한다. 사안에서 甲은 부동산중개인 丙의 기망행위에 의하여 乙과 매매계약을 체결하였다.

다섯째, 기망행위와 착오 사이 그리고 착오와 의사표시 사이에 인과관계가 존재하여야 한다. 여기서 인과관계는 주관적인 것으로 충분하므로 표의자의 인식을 기준으로 원인과 결과의 관계가 있으면 된다. 사안에서 甲은 부동산중개인 丙의 소극적인 기망행위에 의하여 착오에 빠졌고, 그 결과 乙과 매매계약을 체결하였으므로 丙의 기망행위와 甲의 계약체결 사이에는 인과관계가 존재한다고 볼 수 있다.

여섯째, 상대방이 제3자의 기망행위에 대한 '인식가능성'이 존재하여야 한다. 즉 상대방 있는 의사표시에 있어서는 그 의사표시의 상대방이 제3자에 의한 사기의 사실을 알고 있거나 또는 알 수 있어야 한다(제110조 제2항). 여기서 인식가능성의 기준시점은 의사표시 당시이며, 그 대상은 기망행위가 있었다는 사실 및 표의자가 그로 인하여 의사표시를 한다는 사실이다. 사안에서 乙은 甲과 X에 대한 매매계약을 체결할 때에 X 위에는 건축을 할 수 없으며, 丙이 X에 대한 매매계약을 성사시키기 위하여 이러한 장애사유를 은폐하였고, 甲이 丙의 말만 믿고 자신과 계약을 체결한다는 사실을 알고 있었으므로 위의 요건은 충족된다.

결론적으로 甲은 乙과 체결한 X에 대한 매매계약을 丙의 사기를 이유로 취소할 수 있다.

3) 소결

우리나라의 다수설과 판례는 원칙적으로 동기의 착오를 고려하지 않고 예외적으로 동기가 표시되어 법률행위의 내용으로 된 경우에만 취소를 인정하므로 착오와 사기의 경합문제는 발생하지 않는다. 그러나 다수설과 판례는 착오가 타인의 기망행위에 의하여 발생한 때에는 양자의 경합을 인정하므로 표의자는 어느 쪽이든 그 요건을 입증하여 취소할 수 있다(대판 1985. 4. 9, 85도167). 이 경우 甲이 동기의 착오를 주장하는 때에는 동기가 표시되었음을 입증하여야 하고, 사기에 의한 취소를 주장하는 때에는 丙의 기망행위를 입증하여야 한다. 甲이 가지는 취소권은 법률의 규정에 의하여 발생되는 형성권이므로 상대방에 대하여 취소의 의사표시를 함으로써 성립한다. 다만, 취소권은 추인할 수 있는 날로부터 3년 내에, 법률행위를 한 날로부터 10년 내에 행사하여야 한다(제146조).

3. 하자담보책임의 성립 여부

매도인의 하자담보책임이 성립하기 위해서는(제580조),

첫째, 하자가 존재하여야 한다. 여기서 '하자'란 매매목적물에 존재하는 물질적인 결점, 즉 실제로 있는 상태와 있어야 하는 상태의 불일치를 말한다. 이와 관련하여 매수인이 매수한 매매목적물에 물질적인 하자는 없지만 '법률적 제한' 내지 '법률적 장애'가 있는 경우에 매도인은 매수인에게 담보책임을 부담한다. 이 경우 다수설은 법률상 장애를 **권리의 하자**로 보며, 소수설과 판례(대판 2000. 1. 18, 98다18506)는 **물건의 하자**로 본다. 생각건대 매매목적물이 주위세계와 가지는 법적 관계인 법률적 장애는 그것이 계약의 내용으로 되는 경우에 물건의 성상으로서 하자가 된다. 사안에서 乙은 甲에게 그 지상에 건물을 신축할 수 없는 X를 매도하였으므로 X에 대한 법률상 장애가 인정된다. 이 경우 甲은 X에 대한 하자의 존재 및 그 발생시기에 대하여 입증하여야 한다.

둘째, 매수인이 목적물에 하자가 있음을 알지 못하거나 또는 이를 알지 못하는데 과실이 없어야 한다. 사안에서 甲은 X에 대한 법률적 장애를 알지 못하였고 또한 이를 알지 못하는데 과실이 없었다. 이에 대한 입증은 乙이 부담한다.

결론적으로 乙이 甲에게 매도한 X는 그 지상에 건물을 신축할 수 없는 법률적 장애가 존재하며, 甲은 이를 알지 못하였으며 또한 이를 알지 못하는데 과실이 없으므로 하자담보책임이 성립한다.

Ⅲ. 甲과 乙의 법적 의무

1. 매매계약의 취소와 원상회복

1) 취소의 효과

착오를 이유로 법률행위가 취소되면 그 법률행위는 소급해서 무효가 된다(제141조 본문). 그러므로 아직 이행하지 않은 채무는 후속문제를 남기지 않고 소멸하며, 이미 이행한 채무는 급부반환의 문제를 남긴다. 이 경우 이미 이행한 급부는 수령자에게 법률상 원인없는 이득이 되므로 급부자는 수령자에게 이를 부당이득으로 반환청구할 수 있다. 사안에서 乙은 甲에게 매매의 목적물인 X를 이전하였고, 甲은 乙에게 매매대금 1억원을 지급하였으므로 甲과 乙 사이에는 급부반환의 문제가 생긴다.

2) 원상회복의 법리

계약이 취소된 경우에 반환하여야 할 급부와 관련하여 종래의 학설은 물권행위의 유인성과 무인성을 바탕으로 급부의 반환을 결정하였다. 즉 물권행위의 **무인성을 인정하는 견해**는 원인행위인 계약관계가 취소로 인하여 소멸되어도 물권행위에는 영향이 없으므로 매수인이 이미 이행된 목적물의 소유권을 취득한다고 한다. 그러므로 매도인은 매수인에 대하여 물권적 청구권이 아닌 부당이득 반환청구에 의하여 급부의 반환을 청구할 수밖에 없다고 한다. 이에 대하여 물권행위의 **유인성을 인정하는 견해와 판례**(대판 1977. 5. 24, 75다1394)는 원인행위인 계약관계가 소멸하면 이에 터 잡아 이행된 물권행위도 효력이 없게 되므로 매도인은 이행된 목적물의 소유권을 물권적 청구권을 행사하여 회복하게 된다고 한다. 그러므로 매도인은 매수인에 대하여 이미 이행한 목적물의 소유권을 반환청구할 수 있다고 한다. 최근에는 계약관계에 기하여 소유권반환관계가 발생한다고 하더라도 이는 계약법 원리에 의할 것이고 소유권 이전 유무에 따른 구분에 의하여 처리되어서는 안 된다는 견해가 있다(**계약처리설**). 이 견해는 계약이 취소된 경우에 이미 이행된 급부의 반환은 물권적 청구권을 비롯한 소유권 법리가 아니라 잘못된 계약실행의 청산이라는 관점에서 계약법의 보충규범인 부당이득 법리에 의하여야 한다고 한다. 사안에서 유인성설과 판례에 따르면 甲이 매매계약을 취소하는 경우에 X의 소유권은 乙에게 자동적으로 복귀하게 되며, 외관만 남은 등기는 乙의 청구에 의하여 말소된다.

3) 원상회복의 범위

(1) 甲의 원상회복의무

가) 원물의 반환

계약에 기하여 교환된 급부는 계약의 취소에 의하여 그 법적 근거를 상실하게 되므로 급부한 자에게 원상회복 되어야 한다. 이 경우 우리 민법은 유인성설을 취하므로 매매와 같은 물권변동의 원인행위가 취소를 이유로 소급적으로 소멸하면 물권행위도 효력이 없어서 물권변동 자체가 일어나지 않으며, 매도인은 애초부터 권리를 상실하지 않는다. 사안에서 X의 소유권은 취소와 동시에 乙에게 자동으로 복귀하게 되며, 외관만 남은 X의 등기와 점유는 乙의 물권적인 방해배제청구에 의하여 말소된다(제214조). 이 경우 乙은 甲에 대하여 물권적인 소유물반환청구권(제213조)과 부당이득반환청구권(제741조)을 가지게 되며, 양자의 청구권은 병존한다.

나) 이익의 반환

매매계약이 취소된 경우에 수익자는 그가 1차적으로 반환의무를 부담하는 목적물에 기하여 발생한 과실이나 사용이익, 기타 종된 이익도 반환하여야 한다. 이러한 이익반환의무의 성질에 대하여는 **부당이득반환의무**라는 견해, 원상회복의무라는 견해, 권리자가 원래 향유하는 원상회복청구권 외에 부당이득반환청구권을 행사할 수 있다는 견해가 있다. 이에 대하여 판례는 부당이득반환청구권설을 취하면서(대판 1997. 9. 26, 96다54997. 판례에 따라서는 부당이득반환청구와 원상회복청구의 경합설을 취하는 경우도 있다), 그 범위에 대하여는 "쌍무계약이 취소된 경우 선의의 매수인에게는 민법 제201조가 적용되어 과실취득권이 인정된다."고 한다(대판 1993. 5. 14, 92다45025). 이 경우 "토지를 사용함으로써 얻는 이득은 그 토지로 인한 과실과 동시할 것이므로 선의의 점유자는 비록 법률상 원인없이 타인의 토지를 점유사용하고 이로 말미암아 그에게 손해를 입혔다 하더라도 그 점유사용으로 인한 이득을 그 타인에게 반환할 의무가 없다."고 판시하고 있다(대판 1987. 9. 22, 86다카

1996,1997). 사안에서 甲은 丁에게 X를 임대하여 100만원의 이익을 얻었지만 선의의 매수인에 해당하므로 100만원을 乙에게 반환할 필요가 없다.

(2) 乙의 원상회복의무

가) 원물의 반환

매매계약이 취소된 경우에 금전을 취득한 수익자는 그 가액을 반환하여야 한다(제747조 제1항). 사안에서 乙은 甲으로부터 1억원을 받았으므로 이를 반환하여야 한다.

나) 이익의 반환

(가) 매매계약이 취소된 경우에 목적물을 인도받아 사용 수익한 매수인이 선의인 때에는 민법 제201조 제1항이 특칙으로 적용되므로 목적물의 사용이익을 반환할 필요가 없다. 이에 반하여 매매대금을 수령한 선의의 매도인에게는 이러한 권원을 인정할 근거가 없기 때문에 금전의 운용이익 내지 법정이자를 반환하여야 한다. 이에 대하여 매매계약이 취소된 경우와 같이 계약상 급부의 원상회복의무로서 물건을 소유자에게 반환하는 경우에는 이를 배제하여야 한다는 견해(제201조 적용설)와 계약을 원인으로 한 재화의 이동은 계약의 청산을 위한 계약법 이론에 의하여 처리되어야 하므로 제201조가 아닌 제748조가 적용되어야 한다는 견해(제748조 적용설)가 있다. 판례는 "쌍무계약이 취소된 경우 선의의 매수인에게 민법 제201조가 적용되어 과실취득권이 인정되는 이상 선의의 매도인에게도 민법 제587조의 유추적용에 의하여 대금의 운용이익 내지 법정이자의 반환을 부정함이 형평에 맞다."고 판시하여(대판 1993. 5. 14, 92다45025) 반환범위의 불공평을 제거하고 있다.

(나) 제748조 제1항의 '선의의 수익자'란 자기가 얻은 이익이 법률상 원인 없음을 알지 못하는 수익자를 말하며, 그의 과실 유무는 문제되지 않는다. 여기서 수익자가 선의인지 아니면 악의인지에 대한 판단은 오로지 법률상 원인 없는 이익임을 알았는지의 여부에 따라 결정된다(대판

1993. 2. 26, 92다48635,48642). 사안에서 甲과 乙이 체결한 매매계약이 乙의 기망행위를 이유로 취소된 경우에 乙에 대한 수익자로서의 악의성은 매매계약이 취소된 시점 이후부터 인정되며, 甲의 악의에 대하여는 乙이 입증하여야 한다.

(다) 부당이득의 반환범위에 대하여 판례는 "일반적으로 수익자가 법률상 원인 없이 이득한 재산을 처분함으로 인하여 원물반환이 불가능한 경우에 있어서 반환하여야 할 가액은 특별한 사정이 없는 한 그 처분 당시의 대가"라고 판시하고 있다(대판 1981. 8. 11, 80다2885,2886). 사안에서 乙은 甲에게 이미 수령한 매매대금 1억원을 반환하여야 하지만 Y를 구입하여 얻은 3,000만원의 운용이익은 甲에게 반환할 의무가 없다.

(3) 양자의 의무의 이행상의 견련관계

쌍무계약의 청산에 있어서 급부부당이득에 의한 반환청구는 동시이행관계에 있다. 즉 우리 민법은 제536조의 동시이행항변권을 계약해제에 의한 원상회복에만 인정하고 부당이득반환에 있어서는 이를 준용하고 있지 않지만 학설과 판례(대판 1993. 5. 14, 92다45025)는 일치하여 이를 인정하고 있다. 사안에서 계약의 취소로 인하여 발생한 甲의 소유권이전등기 말소의무와 乙의 매매대금 반환의무는 동시이행의 관계에 있다.

2. 담보책임의 내용

하자담보책임이 성립하는 경우에 매수인은 계약의 목적을 달성할 수 없는 때에는 매도인에게 계약해제권과 손해배상청구권을 행사할 수 있다(제580조 제1항 본문, 제575조 제1항). 여기서 계약해제권의 성립요건으로서 계약의 목적을 달성할 수 있는지의 여부는 계약체결 당시의 모든 사정을 고려하여 매수인의 입장에서 판단하여야 한다. 사안에서 甲은 乙로부터 X를 매수하였으나 법률적 장애로 인하여 X에 주택을 신축할 수 없게 되었으므로 甲은 乙에게 계약을 해제함과 동시에 손해배상을 청구할 수 있다. 甲이 乙에 대하여 가지는 이러한 권리는 X에 법률적 장애가 있다는 사실을 안 날로부터 6개월 내에 행사하여야 한다(제582조).

Ⅳ. 사안의 해결

(1) 甲은 乙에 대하여 착오에 의한 계약의 취소를 주장할 수 있으며, 또한 丙의 사기에 의한 계약의 취소를 주장할 수 있다. 이 경우 甲은 어느 쪽이든 그 요건을 입증하여 매매계약을 취소할 수 있다. 한편 甲은 乙에 대하여 X에 대한 법률적 장애를 이유로 하자담보책임을 물을 수 있다.

(2) 甲이 매매계약을 취소하는 경우에 X의 소유권은 乙에게 자동적으로 복귀하게 되며, 외관만 남은 등기는 乙의 청구에 의하여 말소된다. 이 경우 乙은 甲에 대하여 물권적인 소유물반환청구권(제213조)과 부당이득반환청구권(제741조)을 가지게 되며, 양자의 청구권은 병존한다. 그러나 甲은 선의이므로 X를 丁에게 임대하여 얻은 100만원의 이익은 乙에게 반환할 의무가 없다. 이에 대하여 乙은 甲으로부터 받은 1억원의 매매대금을 반환하여야 하지만 매매대금 1억원으로 Y를 구입하여 얻은 3,000만원의 운용이익은 甲에게 반환할 의무가 없다. 이 경우 계약의 취소로 인하여 발생한 甲의 X의 인도 및 소유권이전등기말소의무와 乙의 매매대금반환의무는 동시이행의 관계에 있다. 한편 甲은 乙로부터 X를 매수하였으나 법률적 장애로 인하여 X에 주택을 신축할 수 없게 되었으므로 甲은 乙에게 계약을 해제함과 동시에 손해배상을 청구할 수 있다.

> **참고판례**
>
> 1. 대법원 2000. 5. 12. 선고 2000다12259 판결
> [1] 동기의 착오가 법률행위의 내용의 중요부분의 착오에 해당함을 이유로 표의자가 법률행위를 취소하려면 그 동기를 당해 의사표시의 내용으로 삼을 것을 상대방에게 표시하고 의사표시의 해석상 법률행위의 내용으로 되어 있다고 인정되면 충분하고 당사자들 사이에 별도로 그 동기

를 의사표시의 내용으로 삼기로 하는 합의까지 이루어질 필요는 없지만, 그 법률행위의 내용의 착오는 보통 일반인이 표의자의 입장에 섰더라면 그와 같은 의사표시를 하지 아니하였으리라고 여겨질 정도로 그 착오가 중요한 부분에 관한 것이어야 한다.

[2] 착오에 의한 의사표시에서 취소할 수 없는 표의자의 '중대한 과실'이라 함은 표의자의 직업, 행위의 종류, 목적 등에 비추어 보통 요구되는 주의를 현저히 결여하는 것을 의미한다.

2. 대법원 1985. 4. 9. 선고 85도167 판결

[1] 토지의 매매계약서에 매수인의 매수목적 즉 건물건축의 목적으로 매수한다는 내용이 표시되지 않았다고 하여도 매도인이 그러한 매수인의 매수목적을 알면서 건축이 가능한 것처럼 가장하여 이를 오신한 매수인과 사이에 매매계약이 성립된 것이라면 위와 같은 매도인의 행위는 사기죄의 구성요건인 기망행위에 해당한다.

[2] 기망행위로 인하여 법률행위의 중요부분에 관하여 착오를 일으킨 경우뿐만 아니라 법률행위의 내용으로 표시되지 아니한 의사결정의 동기에 관하여 착오를 일으킨 경우에도 표의자는 그 법률행위를 사기에 의한 의사표시로서 취소할 수 있다.

3. 대법원 2000. 1. 18. 선고 98다18506 판결

매매의 목적물이 거래통념상 기대되는 객관적 성질·성능을 결여하거나, 당사자가 예정 또는 보증한 성질을 결여한 경우에 매도인은 매수인에 대하여 그 하자로 인한 담보책임을 부담한다 할 것이고, 한편 건축을 목적으로 매매된 토지에 대하여 건축허가를 받을 수 없어 건축이 불가능한 경우, 위와 같은 법률적 제한 내지 장애 역시 매매목적물의 하자에 해당한다 할 것이나, 다만 위와 같은 하자의 존부는 매매계약 성립시를 기준으로 판단하여야 할 것이다.

[19] 동기의 착오와 법률행위의 일부 취소

사례*

甲은 乙 소유의 토지 X에 대한 매수 협의를 하면서 감정평가법인 丙에게 X에 대한 감정평가를 부탁하였다. 丙은 X에 대한 감정가를 ㎡당 100만원으로 산정하여 10억원을 대금 결정 기준액으로 제시하였다. 甲과 乙은 丙의 감정서를 토대로 10억원에 X에 대한 매매계약을 체결하였다. 그러나 丙은 X를 평가하는 과정에서 용도지역 인정에 착오가 있어 자연녹지 개발제한 지역을 생산녹지로 잘못 알고 평가하였음을 뒤늦게 알게 되었고, 丙은 이를 甲과 乙에게 통지하였다. 丙이 정정한 X의 감정가는 ㎡당 50만원이며, 만일 X에 대한 매수 협의가 성립되지 않는다면 甲은 수용 등의 절차를 거쳐 X를 취득할 수 있는 법률상의 지위를 가지고 있다.

甲이 乙에게 행사할 수 있는 권리는?

[개요]

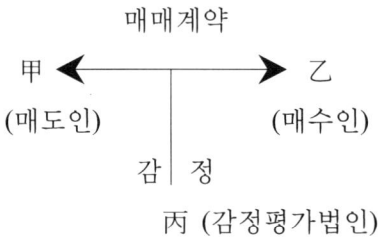

―――――――――

* 이 사안은 대법원 1998. 2. 10. 선고 97다44737 판결에 기초하여 구성한 것이다.

[해결]

Ⅰ. 문제의 제기

甲은 乙과 매매계약을 체결하면서 丙의 잘못된 감정가를 기준으로 매매대금을 산정하였다. 甲의 착오는 '목적물의 시가에 관한 착오'로서 이른바 '동기의 착오'에 해당한다. 따라서 甲이 乙과 체결한 매매계약을 동기의 착오를 이유로 취소할 수 있는지가 문제된다. 또한 甲은 X에 대한 소유권을 취득한 채 정당한 감정가를 초과한 5억원에 대하여 매매대금의 일부를 취소할 수 있는지가 문제된다.

Ⅱ. 동기의 착오를 이유로 하는 취소 여부

1. 甲의 법적 지위

甲은 丙의 잘못된 감정가를 기준으로 乙과 매매계약을 체결하였다. 甲은 丙의 감정가를 토대로 X를 협의 매수하였으므로 甲은 의사표시의 동기에 착오가 있다. 반면에 乙이 甲의 청약에 대하여 승낙을 한 동기는 丙의 감정가를 신뢰하여서가 아니라 甲이 제시한 매매가격이 본인의 기대에 부합하고, 또한 목적물과 매매가격 사이에 등가성이 인정된다고 판단하여 甲의 청약을 승낙한 것이다. 사안에서는 甲과 乙의 공통된 동기의 착오가 아니라 甲의 동기의 착오만 문제된다.

2. 동기의 착오 여부

'동기의 착오'란 의사를 형성하는 동기에 착오가 있는 경우이다. 동기의 착오를 이유로 의사표시를 취소할 수 있는지에 대하여는 학설상 대립이 있다. 제1설(표시설)은 동기가 표시되고 상대방이 알고 있는 경우에는 그 동기는 의사표시의 내용이 되므로 그 범위 안에서 동기의 착오는 표시행위의 내용의 착오가 된다고 한다. **제2설(표시불문설)**은 동기의 착오도 동기가 표시되었거나 또는 않았거나를 불문하고 다른 유형의 착오와 마찬가지로 제109조가 적용되어야 한다고 한다. **제3설(유추적용설)**은 동기의 착오는 우리 민법상 통상의 착오와 동일하게 취급할 수 없으나, 다만 동기의 착오 중에서 '거래에 있어서 중요한 사람 또는 물건이 성질에 관한 착오' 및 이에 준하는 착오에 대해서는 제109조를 유추적용할 것이라고 한다. **제4설(불고려설)**은 동기의 착오는 비록 동기가 표시되었다고 하더라도 취소사유로 되지 않으며, 다만 동기가 상대방에 의하여 유발된 경우에는 신의칙상 취소를 인정할 것이라고 한다. 판례는 "동기의 착오가 **법률행위의 내용의 중요부분의 착오**에 해당함을 이유로 표의자가 법률행위를 취소하려면 그 동기를 당해 의사표시의 내용으로 삼을 것을 상대방에게 표시하고 의사표시의 해석상 법률행위의 내용으로 되어 있다고 인정되면 **충분**하고 당사자들 사이에 별도로 그 동기를 의사표시의 내용으로 삼기로 하는 합의까지 이루어질 필요는 없다."고 판시하여 **표시설**을 따르고 있다(대판 2000. 5. 12, 2000다12259). 사안에서 甲의 착오는 '목적물의 시가에 관한 착오'로서 이른바 '동기의 착오'에 해당한다.

3. 착오를 이유로 하는 취소 여부

착오가 고려되기 위한 요건으로는 의사표시의 존재와 의사표시에 있어서 표의자의 착오가 있어야 하며, 법률행위의 내용에 착오가 있어야 하며, 그 중요부분에 착오가 있어야 하며, 그리고 표의자에게 중대한 과실이 없어야 한다(제109조).

첫째, 의사표시의 존재와 의사표시에 있어서 표의자의 착오가 있어야 한다. 사안에서 甲은 丙의 잘못된 감정가인 ㎡당 100만원으로 매매가격을 산정하였으나 정정된 감정가는 ㎡당 50만원이므로 목적물의 시가에 관한 착오가 있다고 할 수 있다.

둘째, 법률행위의 내용에 착오가 있어야 한다. 표의자가 동기의 착오가 법률행위의 내용의 중요 부분에 착오가 있음을 이유로 법률행위를 취소하려면 그 동기를 당해 의사표시의 내용으로 삼을 것을 상대방에게 표시하고 의사표시의 해석상 법률행위의 내용으로 되어 있다고 인정되면 충분하다. 사안에서 甲은 丙의 잘못된 감정가를 기준으로 乙과 X를 협의 매수하였으므로 자신의 동기를 당해 의사표시의 내용으로 삼아 그에게 표시하였다. 따라서 甲은 법률행위의 내용에 동기의 착오가 있다고 할 수 있다.

셋째, 법률행위의 내용의 중요부분에 착오가 있어야 한다. 여기서 '법률행위의 내용의 중요부분에 착오가 있다' 함은 의사표시에 의하여 달성하려고 한 법률효과의 중요부분에 착오가 있는 것을 말한다. 그리고 의사표시의 착오가 법률행위의 내용의 중요부분에 착오가 있는 이른바 요소의 착오이냐의 여부는 그 각 행위에 관하여 주관적, 객관적 표준에 쫓아 구체적 사정에 따라 가려져야 할 것이고 추상적, 일률적으로 이를 가릴 수 없다(대판 1985. 4. 23, 84다카890). 특히 토지매매에 있어서 시가에 관한 착오는 토지를 매수하려는 의사를 결정함에 있어 그 동기의 착오에 불과할 뿐 법률행위의 중요부분에 관한 착오라 할 수 없다. 즉 매매대금은 매매계약의 중요부분인 목적물의 성질에 대응하는 것이기는 하나 분량적으로 가분적인 데다가 시장경제하에서 가격은 늘 변동하는 것이어서, 설사 매매대금액 결정에 있어서 착오로 인하여 다소간의 차이가 나더라도 보통은 중요부분의 착오로 되지 않는다. 사안에서 甲은 동기의 착오가 없었더라면 이처럼 과다하게 잘못 평가된 금액을 기준으로 매매계약을 체결하지 않았으리라는 것이 명백하므로 甲의 매매대금액 결정의 동기는 X에 대한 매매계약 내용의 중요부분을 이루고 있다고 볼 수 있다.

넷째, 동기의 착오에 표의자의 중대한 과실이 없어야 한다. 여기서 '중대한 과실'이라 함은 표의자의 직업, 행위의 종류, 목적 등에 비추어 보통 요구되는 주의를 현저히 결여하는 것을 의미한다. 사안에서 토지의 시가 감정은 丙의 전문영역으로서 토지의 용도뿐만 아니라 공시지가, 지가변동률, 지역요인, 개별요인 등 여러 가지 요인들을 고려하여 평가하기 때문에 비전문가인 甲이 그 평가액의 적정 여부를 검토하여 착오를 발견하기는 매우 어렵다. 따라서 甲이 丙의 잘못된 감정서 내용을 그대로 믿고 이를 기준으로 매매계약을 체결하였다는 사정만으로 甲에게 위 착오를 일으킨 데 대하여 중대한 과실이 있다고 보기 어렵다.

결론적으로 甲은 동기의 착오를 이유로 乙과 체결한 X에 대한 매매계약을 취소할 수 있다.

Ⅲ. 일부 취소의 인정 여부

1. 일부 취소

우리 민법은 법률행위의 일부 무효와 달리 일부 취소는 규정하고 있지 않다. 그러나 학설은 이를 인정하여야 하며, 이에 대해서는 일부무효의 법리를 적용하여야 한다고 한다(이설 없음). 판례도 "하나의 법률행위의 일부분에만 취소사유가 있다고 하더라도 그 법률행위가 가분적이거나 그 목적물의 일부가 특정될 수 있다면, 그 나머지 부분이라도 이를 유지하려는 당사자의 가정적 의사가 인정되는 경우 그 일부만의 취소도 가능하다 할 것이고, 그 일부의 취소는 법률행위의 일부에 관하여 효력이 생긴다."고 판시하고 있다(대판 1998. 2. 10, 97다44737). 사안에서는 甲이 정당한 감정가인 5억원을 넘는 부분에 대해서 일부 취소가 가능한지가 문제된다.

2. 일부 취소 인정 여부

우리 판례가 인정하고 하고 있는 일부 취소의 요건으로는,

첫째, 취소의 대상인 법률행위가 가분적이거나 그 목적물의 일부가 특정될 수 있어야 한다. 이처럼 판례는 일부 취소의 경우 일부 무효와 달리 '법률행위의 가분성'과 선택적으로 '목적물의 일부가 특정될 수 있을 것'을 요구하고 있다. 그리고 매매대금은 매매계약의 중요부분인 목적물의

성질에 대응하는 것이기는 하나 분량적으로 가분적인 데다가 시장경제하에서 가격은 늘 변동하는 것이어서, 설사 매매대금액 결정에 있어서 착오로 인하여 다소간의 차이가 나더라도 보통은 중요부분의 착오로 되지 않는다고 한다. 사안에서 甲이 乙과 체결한 매매계약에서 매매대금은 금전이므로 가분적이라고 할 수 있다. 이에 대해서 매매계약과 같은 쌍무계약의 경우에는 목적물과 대금이 서로 등가성을 가지고 있으므로 쌍방의 급부가 모두 가분적이어야 한다는 견해가 있다. 이 견해에 따르면 목적물은 그대로 둔 채 초과 지급된 매매대금의 일부를 반환받기 위하여 매매계약을 일부 취소하는 것은 허용되지 않는다고 한다.

둘째, 나머지 부분이라도 이를 유지하려는 당사자의 '가정적 의사'가 인정되어야 한다. 사안에서 甲은 협의매수가 성립되지 않는 경우에 수용 등의 절차를 거쳐 토지를 취득할 수 있으므로 동기의 착오가 없었더라면 이처럼 과다하게 잘못 평가된 금액을 기준으로 협의 매수를 하지 않았으리라는 점이 명백하다.

결론적으로 甲이 乙과 체결한 X에 대한 매매계약은 정당한 평가액을 기준으로 무려 100%나 과다하게 평가된 경우로서 그 가격 차이가 현저할 뿐만 아니라, 이러한 동기의 착오가 없었더라면 그처럼 과다하게 잘못 평가된 금액을 기준으로 매매계약을 체결하지 않았을 것이므로 매매계약의 일부 취소를 인정할 수 있다.

Ⅳ. 사안의 해결

甲은 동기의 착오를 이유로 乙과 체결한 X에 대한 매매계약을 일부 취소할 수 있다. 만일 일부 취소가 인정되지 않는다면 甲은 이미 성립한 매매계약을 전부 취소하고 이미 지급한 매매대금 10억원을 부당이득으로 반환청구할 수 있다.

참고판례

1. 대법원 1998. 2. 10. 선고 97다44737 판결

[1] 동기의 착오가 법률행위의 내용의 중요 부분의 착오에 해당함을 이유로 표의자가 법률행위를 취소하려면 그 동기를 당해 의사표시의 내용으로 삼을 것을 상대방에게 표시하고 의사표시의 해석상 법률행위의 내용으로 되어 있다고 인정되면 충분하고 당사자들 사이에 별도로 그 동기를 의사표시의 내용으로 삼기로 하는 합의까지 이루어질 필요는 없지만, 그 법률행위의 내용의 착오는 보통 일반인이 표의자의 입장에 섰더라면 그와 같은 의사표시를 하지 아니하였으리라고 여겨질 정도로 그 착오가 중요한 부분에 관한 것이어야 한다.

[2] 동기의 착오가 표의자의 중대한 과실로 인한 때에는 취소하지 못하는데, 여기서 '중대한 과실'이라 함은 표의자의 직업, 행위의 종류, 목적 등에 비추어 보통 요구되는 주의를 현저히 결여하는 것을 의미한다.

[3] 하나의 법률행위의 일부분에만 취소사유가 있다고 하더라도 그 법률행위가 가분적이거나 그 목적물의 일부가 특정될 수 있다면, 그 나머지 부분이라도 이를 유지하려는 당사자의 가정적 의사가 인정되는 경우 그 일부만의 취소도 가능하다 할 것이고, 그 일부의 취소는 법률행위의 일부에 관하여 효력이 생긴다.

2. 대법원 2000. 5. 12. 선고 2000다12259 판결

[1] 동기의 착오가 법률행위의 내용의 중요부분의 착오에 해당함을 이유로 표의자가 법률행위를 취소하려면 그 동기를 당해 의사표시의 내용으로 삼을 것을 상대방에게 표시하고 의사표시의 해석상 법률행위의 내용으로 되어 있다고 인정되면 충분하고 당사자들 사이에 별도로 그 동기를 의사표시의 내용으로 삼기로 하는 합의까지 이루어질 필요는 없지만, 그 법률행위의 내용의 착오는 보통 일반인이 표의자의 입장에 섰더라면 그와 같은 의사표시를 하지 아니하였으리라고 여겨질 정도로 그 착오가 중요한 부분에 관한 것이어야 한다.

[2] 착오에 의한 의사표시에서 취소할 수 없는 표의자의 '중대한 과실'

이라 함은 표의자의 직업, 행위의 종류, 목적 등에 비추어 보통 요구되는 주의를 현저히 결여하는 것을 의미한다.

3. 대법원 1985. 4. 23. 선고 84다카890 판결

의사표시의 착오가 법률행위의 내용의 중요부분에 착오가 있는 이른바 요소의 착오이냐의 여부는 그 각 행위에 관하여 주관적, 객관적 표준에 쫓아 구체적 사정에 따라 가려져야 할 것이고 추상적, 일률적으로 이를 가릴 수는 없다고 할 것인 바, 토지매매에 있어서 시가에 관한 착오는 토지를 매수하려는 의사를 결정함에 있어 그 동기의 착오에 불과할 뿐 법률행위의 중요부분에 관한 착오라 할 수 없다.

[20] 강박에 의한 의사표시

사례

甲은 지역사회에서 상당한 사회적 지위와 명망을 가지고 있는 자로서 乙의 배우자 丙과의 불륜관계가 발각되어 서로간의 절충 끝에 乙에게 1억원의 위자료를 지급하였다. 그러나 乙은 위자료를 수령한 이후 甲이 지방자치단체장 선거에 출마를 한다는 소식을 듣고 마음이 변하여 甲 소유의 토지 X를 시가의 3분의 1에 불과한 2억원에 자신에게 매도할 것을 요구하였다. 乙은 甲에게 수시로 전화를 걸거나 사무실로 찾아와 행패를 부리면서 자신의 요구를 들어주지 않으면 丙과의 불륜관계를 언론에 폭로하겠다고 협박하였고, 甲은 乙의 협박에 외포되어 乙에게 X를 매도하였다. 乙은 자신의 협박을 숨기고자 X를 자신의 배우자 丙이 甲과 불륜관계를 청산하는 대가로 수령한 것처럼 丙 명의로 등기하였다. 이후 甲은 乙이 丙과 공모하여 이와 동일한 수법으로 수차례 범죄를 저지른 사실을 알게 되었다.
　甲이 행사할 수 있는 법적 권리는?

[개요]

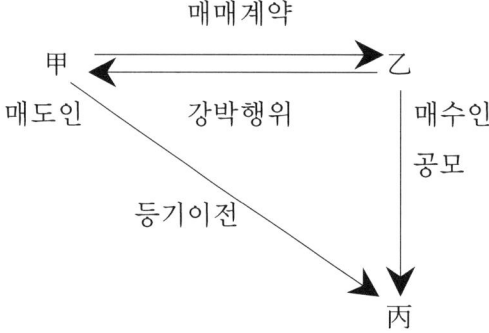

[참조조문]

※ 「부동산 실권리자명의 등기에 관한 법률」 제4조(명의신탁약정의 효력)

① 명의신탁약정은 무효로 한다.

② 명의신탁약정에 따른 등기로 이루어진 부동산에 관한 물권변동은 무효로 한다. 다만, 부동산에 관한 물권을 취득하기 위한 계약에서 명의수탁자가 어느 한쪽 당사자가 되고 상대방 당사자는 명의신탁약정이 있다는 사실을 알지 못한 경우에는 그러하지 아니한다.

③ 제1항 및 제2항의 무효는 제3자에게 대항하지 못한다.

제8조(종중, 배우자 및 종교단체에 대한 특례) 다음 각 호의 어느 하나에 해당하는 경우로서 조세 포탈, 강제집행의 면탈(免脫) 또는 법령상 제한의 회피를 목적으로 하지 아니하는 경우에는 제4조부터 제7조까지 및 제12조제1항부터 제3항까지를 적용하지 아니한다.

1. 종중이 보유한 부동산에 관한 물권을 종중(종중과 그 대표자를 같이 표시하여 등기한 경우를 포함한다) 외의 자의 명의로 등기한 경우

2. 배우자 명의로 부동산에 관한 물권을 등기한 경우

3. 종교단체의 명의로 그 산하 조직이 보유한 부동산에 관한 물권을 등기한 경우

[해결]

I. 문제의 제기

(1) 甲이 乙과 체결한 X에 대한 매매계약은 乙의 협박에 의하여 이루어졌으므로 甲은 乙에게 매매계약의 취소를 주장할 수 있으며, 또한 乙에게 협박으로 인한 손해배상을 청구할 수 있을 것이다. 나아가 甲은 乙의 협박에 의하여 X를 시가보다 현저히 저렴한 가격으로 매도하였으므로 甲은 乙과 체결한 매매계약을 반사회질서 법률행위로서 그 무효를 주장할 수 있을 것이다.

(2) 乙은 X의 취득이 자신의 협박에 의한 것임을 숨기고자 X를 丙 명의로 등기하였다. 이는 제3자간 등기명의신탁에 해당하므로 甲은 乙과 체결한 X에 대한 매매계약을 취소하고, 등기명의자인 丙에게 소유권에 기한 소유권이전등기의 말소를 청구할 수 있을 것이다.

II. 甲의 乙에 대한 권리행사

1. 甲의 법적 지위

甲이 乙과 체결한 X에 대한 매매계약은 乙의 협박에 의하여 이루어진 것으로서 甲은 乙에게 강박행위를 이유로 매매계약을 취소하거나 또는 강박으로 인한 행위의사의 결여를 이유로 매매계약의 무효를 주장할 수 있다. 또한 甲은 乙의 협박에 의하여 X를 시가보다 현저하게 저렴한 가격으로 매도하였으므로 불공정한 법률행위 내지 사회질서에 반하는 법률행위를 이유로 그 무효를 주장할 수 있다.

2. 乙의 강박행위 여부

1) 강박에 의한 의사표시

甲이 乙과 체결한 매매계약이 강박에 의한 의사표시가 되기 위한 요건으로는(제110조 제1항),

첫째, 강박행위가 있어야 한다. 여기서 '강박행위'는 해악을 가하겠다고 위협하여 공포심을 일으키게 하는 행위를 말하며, '해악'은 피강박자에게 불리한 것으로서 그 종류나 방법은 불문한다. 또한 해악은 재산적인 성질의 것일 수도 있고, 생명·신체·자유·명예 등과 같이 비재산적인 것일 수도 있다. 사안에서 乙은 甲에게 수시로 전화를 걸거나 사무실로 찾아와 행패를 부리면서 자신의 요구를 들어주지 않으면 丙과의 불륜관계를 언론에 폭로하겠다고 협박하였으므로 乙이 甲에게 고지한 해악은 강박행위에 해당한다.

둘째, 고의에 의한 강박행위가 있어야 한다. 이에 대하여 통설과 판례는 표의자에게 공포심을 일으키게 하려는 고의와 그 공포심에 기하여 의사표시를 하게 하려는 2단의 고의가 필요하다고 한다. 사안에서 乙은 甲에게 자신의 요구를 들어주지 않으면 丙과의 불륜관계를 언론에 폭로하겠다고 협박하였고, 또한 이를 이용하여 X를 자신에게 매도할 것을 甲에게 요구하였으므로 乙의 2단의 고의가 인정된다.

셋째, 강박행위가 위법하여야 한다. 여기서 '위법성'은 강박행위 그 자체가 위법하여야 하는 것은 아니며 강박자의 전체 용태가 위법하다고 인정되면 충분하다(대판 1997. 3. 25, 96다47951). 즉 강박행위의 위법성은 수단이 위법한 경우, 목적이 위법한 경우 그리고 수단과 목적의 결합이 위법한 경우에 인정된다. 사안에서 乙이 甲에게 丙과의 불륜관계를 언론에 폭로하겠다는 위협은 적법하지만 乙이 이를 통하여 甲으로부터 X를 헐값에 사는 이익을 얻었으므로 위법성이 인정된다.

넷째, 강박에 의한 의사표시가 있어야 한다. 여기서 '강박에 의한 의사표시'라고 하려면 상대방이 불법으로 어떤 해악을 고지함으로 말미암아 공포를 느끼고 의사표시를 한 것이어야 한다(대판 2003. 5. 13, 2002다73708,73715). 사안에서 甲은 乙의 협박에 공포심을 느껴 乙과 X에 대한 매매계약을 체결하였다.

다섯째, 강박행위와 의사표시 사이에 인과관계가 있어야 한다. 여기서 인과관계는 공포심과 의사표시 사이의 인과관계를 말하며, 인과관계의 존재 여부는 표의자의 관점에서 판단된다. 사안에서 甲은 지방자치단체장 선거에 출마하는 경우에 乙의 협박은 甲에게 공포심을 일으키기에 충분하며, 또한 乙의 협박이 없었다면 甲은 乙에게 X를 헐값에 팔지 않았을 것이므로 양자의 인과관계가 인정된다.

결론적으로 甲이 乙과 체결한 X에 대한 매매계약은 乙의 강박에 의하여 체결되었다.

2) 강박으로 인한 행위의사의 결여

강박에 의한 의사표시가 인정되려면 먼저 의사표시가 존재하여야 하고, 그러한 의사표시가 존재하기 위해서는 실제로 의사를 외부로 표시하는 표시행위가 요구된다. 그러나 표시행위가 단지 법률행위의 외형만 만들어진 것에 불과하면 의사표시라고 볼 수 없으므로 의사표시가 성립하기 위해서는 주관적 요건으로 표의자에게 행위의사가 존재할 것이 요구된다. 만일 표의자에게 행위의사가 없다면 객관적으로 의사표시가 존재한다고 보이더라도 이러한 행위를 표의자의 행위로 볼 수 없으므로 의사표시로 인한 법률효과는 발생하지 않는다. 따라서 강박에 의한 법률행위가 하자 있는 의사표시로서 취소되는 것에 그치지 않고 나아가 무효로 되기 위해서는, 강박의 정도가 단순한 불법적 해악의 고지로 상대방으로 하여금 공포를 느끼도록 하는 정도가 아니고, 의사표시자로 하여금 의사결정을 스스로 할 수 있는 여지를 완전히 박탈한 상태에서 의사표시가 이루어져 단지 법률행위의 외형만이 만들어진 것에 불과한 정도이어야 한다(대판 2003. 5. 13, 2002다73708,73715). 사안에서 甲은 乙의 강박에 의하여 의사결정의 자유가 완전히 박탈된 상황에서 X에 대한 매매계약을 체결하였다고 볼 수 없다. 따라서 甲은 행위의사의 결여를 이유로 매매계약의 무효를 주장할 수 없다.

3) 불법행위의 성립 여부

강박행위로 인한 의사표시의 취소는 불법행위로 인한 손해배상청구에 영향을 미치지 않는다. 즉 강박을 당한 자는 취소권을 행사함과 동시에 손해배상을 청구할 수 있다. 사안에서 乙은 甲으로부터 자신의 배우자인 丙의 불륜에 대한 위자료로 1억원을 수령한 다음, 이를 다시 언론에 폭로하겠다고 甲을 협박하여 甲으로부터 X를 시가의 3분의 1 가격으로 매수한 행위는 불법행위에 해당한다. 그러므로 甲은 乙에 대하여 시가와의 차액에 대한 손해배상을 청구할 수 있다.

4) 소결

우리나라의 학설과 판례는 심리적 강제상태와 항거불능한 강제상태를 구별하고 있다. 즉 심리적 강제상태는 표의자의 의사결정의 자유를 간섭하는 데 불과한 상태를 말하며, 이는 강박으로 인한 의사표시의 취소를 근거지운다. 이에 반하여 심리적으로 항거불능한 강제상태는 강박의 정도가 심하여 표의자의 의사결정의 자유가 완전히 배제된 경우로서 의사표시 자체가 존재하지 아니하므로 취소의 문제가 발생하지 않는다. 사안에서 甲은 乙의 강박으로 인하여 항거불능의 강제상태에서 X에 대한 매매계약을 체결한 것이 아니므로 의사표시의 무효를 주장할 수 없고, 단지 강박으로 인한 의사표시의 취소만 주장할 수 있다. 이와 동시에 甲은 乙에게 X의 시가차액에 대한 손해배상을 청구할 수 있다.

3. 급부의 현저한 불균형

(1) 불공정한 법률행위의 성립 여부

甲이 乙과 체결한 매매계약이 불공정한 법률행위가 되기 위한 요건으로는(제104조),

첫째, 당사자 일방의 궁박, 경솔 또는 무경험이 있어야 한다. 여기서 '궁박'이란 벗어날 길이 없는 어려운 상태를 말하며, 경제적인 어려움에 한정되지 않고 신체적, 정신적인 절박한 상태도 포함된다. 그리고 당사자가 궁박의 상태에 있었는지 여부는 그의 신분과 재산상태 및 그가 처한 상황의 절박성의 정도 등 제반 사정을 종합하여 구체적으로 판단하여야 한다(대판 1996. 11. 12, 96다34061; 대판 1996. 6. 14, 96다46374). 사안에서 甲은 지역사회에서 상당한 사회적 지위와 명망을 가지고 있는 자로서 지방자치단체장 선거에 출마를 준비 중이었으며, 이미 乙에게 1억원의 위자료를 지급하였음에도 불구하고 乙에게 다시 X를 시가의 3분의 1 가격으로 매도한 사정을 종합해 보면 甲은 궁박한 상태에 있었다고 할 수 있다.

둘째, 당사자의 일방이 궁박, 경솔 또는 무경험의 상태에 있는 것을 상대방이 알고서 이를 '이용하려는 의도'를 가지고 있어야 한다. 이에 대하여 다수설과 판례는 상대방이 궁박, 경솔, 무경험에 편승하여 그 상태를 이용하려는 의도가 있어야 한다고 하고, 이에 대하여 소수설은 상대방의 편승의도는 필요하지 않지만 상대방이 궁박, 경솔, 무경험으로 인해 행위한다는 인식은 필요하다고 한다. 사안에서 乙은 甲이 지방자치단체장 선거에 출마를 한다는 소식을 듣고 마음이 변하여 甲에게 X를 시가의 3분의 1에 불과한 2억원에 자신에게 매도할 것을 요구한 사정을 고려하면 乙은 甲의 궁박을 이용하려는 의도가 있다고 할 수 있으며, 이에 대한 입증책임은 甲이 부담한다.

셋째, 폭리행위가 되기 위해서는 급부와 반대급부 사이에 현저한 불균형이 있어야 한다. 여기서 '현저한 불균형'의 유무는 급부와 반대급부의 거래가치라는 객관적 기준에 의하여야 하며, 당사자의 주관적 가치를 기준으로 해서는 안 된다. 사안에서 X의 매매대금 2억원은 시가의 3분의 1밖에 되지 않으며, 또한 甲의 불륜행위를 이유로 甲으로부터 받은 위자료가 1억원임을 고려하면 4억원은 급부와 반대급부 사이에 현저한 불균형이 있다고 할 수 있다.

결론적으로 甲이 乙과 체결한 X에 대한 매매계약은 불공정한 법률행위로서 무효이다.

(2) 반사회질서 법률행위 성립 여부

甲이 乙과 체결한 매매계약이 사회질서에 반하는 거래인지에 대한 검토가 요구된다. 통설과 판례는 급부와 반대급부가 현저히 균형을 잃었다고 하여 법률행위가 곧 궁박, 경솔 또는 무경험으로 인하여 이루어진 것으로는 추정되지 않는다고 한다. 다만, 급부와 반대급부의 현저한 불균형은 입증되나 그것이 당사자의 궁박, 경솔 또는 무경험에 기인한다는 것이 입증되지 않는 경우에도 제103조를 이유로 무효로 되는 경우가 있을 수 있다고 한다(대판 1977. 12. 13, 76다2179). 사안에서 甲이 乙과 체결한 매매계약이

제104조의 주관적 요건을 입증하지 못하는 경우에도 甲은 급부와 반대급부의 현저한 불균형을 이유로 제103조에 의한 무효를 주장할 수 있다.

4. 소결(무효와 취소의 경합)

하나의 '사안'이 두 가지의 법률효과를 인정할 수 있는 법률요건을 충족하여 두 가지의 법률효과가 동시에 주장될 수 있는 경우에 무효와 취소의 경합, 소위 '이중효(Doppelwirkung)'의 문제가 발생한다. 이에 대하여 다수설과 판례(대판 1974. 2. 26, 73다1143; 대판 1984. 12. 11, 84다카1402)는 법률행위의 무효는 '아무것도 존재하지 않는 것'이 아니라 '법률행위의 효력이 발생하지 않는 것'이므로 당사자는 무효 주장에 갈음하여 무효인 법률행위를 취소할 수 있다고 한다. 이에 대하여 소수설은 법률행위의 무효는 '아무것도 존재하지 않는 것'이므로 처음부터 무효인 법률행위에 대하여는 취소할 여지가 없다고 한다. 사안에서 甲이 乙과 체결한 매매계약은 반사회질서 법률행위로서 무효이지만 강박행위에 의한 의사표시가 존재하므로 이를 취소할 수 있다.

III. 甲의 丙에 대한 권리행사

1. 甲의 법적 지위

乙은 甲과 X에 대한 매매계약을 체결하고, X에 대한 등기는 丙 명의로 하였다. 이는 제3자간 등기명의신탁에 해당하므로 甲은 乙과 체결한 X에 대한 매매계약을 취소하고, 등기명의자인 丙에게 소유권에 기한 등기말소를 청구할 수 있다.

2. 명의신탁의 유효성 여부

(1) 명의신탁의 성립요건

乙과 丙 사이에 명의신탁이 성립하기 위해서는,

첫째, 명의신탁자와 명의수탁자 사이에 명의신탁관계의 설정에 관한 합의가 있어야 한다. 여기서 명의신탁약정은 명시적으로 뿐만 아니라 묵시적으로도 행하여질 수 있다. 사안에서 乙은 丙과 공모하여 X를 丙 명의로 등기하였으므로 이 요건은 충족된다.

둘째, 명의수탁자 명의의 등기가 있어야 한다. 이와 관련하여 공부상 명의신탁자 명의의 등기가 있어야 하는지의 여부가 문제되며, 판례는 명의신탁자 명의의 등기를 생략할 수 있다고 한다(대판 1991. 5. 28, 91다7200).

(2) 명의신탁의 유효성

명의신탁에 관한 이론은 판례에 의하여 정립되었으며, 판례는 명의신탁자가 매도인으로부터 부동산을 매수하면서 자기 명의로 등기를 경료하지 않은 채 곧바로 명의수탁자 앞으로 이전등기를 하는 제3자간 등기명의신탁을 유효한 것으로 인정하였다. 그러나 「부동산 실권리자명의 등기에 관한 법률」(이하 '부동산실명법'이라고 한다) 제4조에 따르면 제3자간 등기명의 신탁약정은 무효이며, 이에 따라 행하여진 등기에 의한 부동산 물권변동도 무효이다. 다만, 부동산실명법 제8조 제2호는 배우자 명의로 부동산에 관한 물권을 등기한 경우로서 조세포탈, 강제집행의 면탈 또는 법령상 제한의 회피를 목적으로 하지 아니하는 경우에는 그 명의신탁약정과 그 약정에 기하여 행하여진 물권변동을 무효로 보는 위 법률 제4조 등을 적용하지 않는다고 하여 제4조 적용의 예외를 인정하고 있다(대판 2002. 10. 25, 2002다23840). 사안에서 丙은 乙의 법률상의 배우자이므로 X에 대한 丙 명의의 등기는 유효하다.

3. 등기말소청구

전소유자가 명의신탁자와 체결한 매매계약을 취소하는 경우에 전소유자가 직접 명의수탁자에게 등기말소를 청구할 수 있는지가 문제된다. 제3자간 등기명의신탁에서 전소유자의 급부인 명의수탁자 명의의 등기는 이른바 단축된 급부로서 법적으로 명의신탁자의 급부로 평가된다. 따라서 전소유자와 명의신탁자 사이에 이루어진 부동산 취득의 원인인 매매계약이 취소되어 그 효력이 없는 경우에 전소유자는 소유권자로서 명의수탁자에 대하여 직접 등기말소를 청구할 수 있다. 사안에서 甲이 乙과 체결한 매매계약의 이행으로 행하여진 X에 대한 丙 명의의 등기는 유효하므로 甲은 丙에게 등기말소를 청구할 수 없다. 그러나 甲이 乙과 체결한 매매계약을 취소하는 경우에 X의 소유권은 甲에게 복귀되므로 甲은 丙에게 등기말소를 청구할 수 있다.

IV. 사안의 해결

(1) 甲이 乙과 체결한 X에 대한 매매계약은 乙의 협박에 의하여 이루어졌으므로 甲은 乙에게 강박을 이유로 매매계약의 취소를 주장할 수 있으며, 또한 乙에게 협박으로 인한 손해배상을 청구할 수 있다. 또한 甲은 乙의 협박에 의하여 X를 시가보다 현저히 저렴한 가격으로 매도하였으므로 甲은 乙과 체결한 매매계약을 반사회질서 법률행위로서 그 무효를 주장할 수 있다. 이 경우 甲은 乙에 대하여 매매계약의 무효 내지 취소를 중첩적으로 주장할 수 있다.

(2) 乙은 甲으로부터 취득한 X를 자신의 협박에 의한 것임을 숨기고자 丙 명의로 등기하였다. 이는 제3자간 등기명의신탁에 해당하므로 甲은 乙과 체결한 X에 대한 매매계약을 취소하고, 등기명의자인 丙에게 소유권에 기한 등기말소를 청구할 수 있다.

참고판례

1. 대법원 2003. 5. 13. 선고 2002다73708,73715 판결

[1] 강박에 의한 의사표시라고 하려면 상대방이 불법으로 어떤 해악을 고지함으로 말미암아 공포를 느끼고 의사표시를 한 것이어야 한다.

[2] 강박에 의한 법률행위가 하자 있는 의사표시로서 취소되는 것에

그치지 않고 나아가 무효로 되기 위하여는, 강박의 정도가 단순한 불법적 해악의 고지로 상대방으로 하여금 공포를 느끼도록 하는 정도가 아니고, 의사표시자로 하여금 의사결정을 스스로 할 수 있는 여지를 완전히 박탈한 상태에서 의사표시가 이루어져 단지 법률행위의 외형만이 만들어진 것에 불과한 정도이어야 한다.

2. 대법원 1997. 3. 25. 선고 96다47951 판결

[1] 지역사회에서 상당한 사회적 지위와 명망을 가지고 있는 자가 유부녀와 통정한 후 상간자의 배우자로부터 고소를 당하게 되면 자신의 사회적 명예가 실추되고 구속될 여지도 있어 다소 궁박한 상태에 있었다고 볼 수는 있으나 상간자의 배우자가 상대방의 그와 같은 처지를 적극적으로 이용하여 폭리를 취하려 하였다고 볼 수 없는 경우, 고소를 하지 않기로 합의하면서 금 170,000,000원의 약속어음공정증서를 작성한 행위가 불공정한 법률행위에 해당한다고 볼 수 없다.

[2] 불공정한 법률행위로서 무효라는 주장 안에 반사회적 법률행위로서 무효라는 주장이 포함되어 있는지의 여부를 석명하지 않았다 하여 석명의무를 위반한 위법이 있다고 볼 수 없다.

[3] 일반적으로 부정행위에 대한 고소·고발은 그것이 부정한 이익을 목적으로 하는 것이 아닌 때에는 정당한 권리행사가 되어 위법하다고 할 수 없다.

3. 대법원 2002. 10. 25. 선고 2002다23840 판결

부동산실권리자명의등기에관한법률 제8조 제2호에서는 배우자 명의로 부동산에 관한 물권을 등기한 경우로서 조세포탈, 강제집행의 면탈 또는 법령상 제한의 회피를 목적으로 하지 아니하는 경우에는 그 명의신탁약정과 그 약정에 기하여 행하여진 물권변동을 무효로 보는 위 법률 제4조 등을 적용하지 않는다고 규정하고 있는바, 어떠한 명의신탁등기가 위 법률에 따라 무효가 되었다고 할지라도 그 후 신탁자와 수탁자가 혼인하여 그 등기의 명의자가 배우자로 된 경우에는 조세포탈, 강제집행의 면탈 또는 법령상 제한의 회피를 목적으로 하지 아니하는 한 이 경우에도 위 법률 제8조 제2호의 특례를 적용하여 그 명의신탁등기는 당사자가 혼인한 때로부터 유효하게 된다고 보아야 한다.

4. 대법원 2002. 11. 22. 선고 2002다11496 판결

갑이 을과 직접 부동산에 관한 매매계약을 체결하고 그 대금을 모두 지급하였으나 병에게 명의를 신탁하여 그 앞으로 소유권이전등기를 경료한 경우, 부동산에 관하여 을로부터 병 앞으로 이루어진 소유권이전등기의 원인이 된 명의신탁약정은 명의신탁자인 갑이 매매계약의 당사자로 되었으나 등기명의만을 명의수탁자인 병에게 신탁한 것으로서 명의수탁자가 계약당사자가 된 경우가 아니어서 부동산실권리자명의등기에관한법률 제4조 제2항 단서의 규정을 적용할 여지 없이 무효라고 봄이 상당하고, 갑으로서는 여전히 을에 대하여 부동산에 관한 소유권이전등기절차의 이행을 구할 수 있다고 할 것이므로, 을을 대위하여 병에게 말소등기절차의 이행을 구할 수 있다.

[21] 일상가사대리와 표현대리

사례

甲은 해외 지사에 근무 중인 관계로 부인 乙에게 살림 일체를 맡겼다. 乙은 이를 기화로 보관 중인 甲의 인감도장을 이용하여 위임장을 작성한 후 등기이전에 필요한 서류를 준비하여 부동산중개사 A에게 甲소유의 토지 X의 매각을 부탁하였다. 乙은 X의 매각대금으로 친정 부모의 빚을 갚아줄 계획이었지만 A에게는 甲의 부채를 변제하기 위한 것이라고 말하였다. A는 X의 구매를 원하는 丙을 乙에게 소개하였고, 丙은 乙의 말을 믿고 이를 甲에게 확인하지 않은 채 X에 대한 매매계약을 체결하였다. 乙은 丙에게 X의 소유권이전등기를 경료하여 주었다.

[문제1] 甲이 귀국하여 乙이 X를 처분한 사실을 알고 乙에게 화를 냈지만 더 이상 이에 대하여 문제삼지 않기로 하였다. 이 경우 甲이 행사할 수 있는 권리는?

[문제2] 甲이 乙로부터 X의 처분소식을 듣고 화가 난 상태에서 운전을 하다가 사고로 사망한 경우(단독상속) 乙이 행사할 수 있는 권리는?

[문제3] 乙이 X의 소유권이전등기를 丙에게 이전해 주지 않은 상태에서 뇌출혈로 갑자기 사망한 경우(단독상속) 甲은 丙의 이행청구에 대하여 항변할 수 있는가?

[개요]

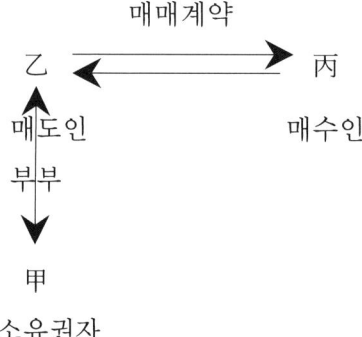

[해결]

Ⅰ. 문제의 제기

(1) 부동산의 처분에는 처분권한 있는 자의 유효한 처분행위가 요구되므로 乙이 甲 소유의 X를 처분하기 위해서는 처분권한을 가지고 있어야 한다. 처분권한은 소유자나 소유자로부터 처분권한을 부여받은 자에게 인정되므로 乙이 X를 처분할 권한이 있는지의 여부가 검토되어야 할 것이다. 乙이 X에 대한 처분권한이 있는 경우에 乙이 丙과 체결한 X에 대한 매매계약은 유효하므로 甲은 丙에게 어떠한 권리도 행사하지 못할 것이다. 반면 乙이 X에 대한 처분권한이 없는 경우에 乙의 처분행위는 무권리자의 처분에 해당되어 무효이다. 그러므로 甲이 乙의 처분행위를 추인하였는지의 여부가 검토되어야 할 것이다.

(2) 甲이 사망하고 乙이 甲을 상속한 경우에 乙은 甲의 상속인으로서 X의 처분행위를 추인하거나 거절할 수 있는 지위를 동시에 갖게 된다. 따라서 乙은 상속인의 지위에서 X의 처분행위에 대한 추인을 거절하고 무권리자의 지위에서 이행 또는 손해배상의 책임을 지는지 아니면 단순히 추인을 거절할 수 없는 것인지가 문제된다. 이는 상속의 유형과 그 효과에 따라 달라질 것이다.

(3) 甲이 乙을 상속한 경우에 甲은 추인권과 추인거절권을 보유함과 동시에 乙의 상속인으로서 丙에게 乙의 이행 또는 손해배상의무를 부담한다. 따라서 甲은 乙의 처분행위를 본인의 지위에서 추인을 거절할 수 있지만 乙의 이행 또는 손해배상의무를 부담하므로 결국 丙이 X의 소유권을 취득할 것이다.

Ⅱ. 甲의 권리행사

1. 甲의 법적 지위

乙이 丙과 甲 소유의 X에 대한 매매계약을 체결하기 위해서는 X에 대한 처분권한을 가지고 있어야 한다. 이러한 처분권한은 甲이 乙에게 X의 처분에 대한 대리권을 수여하거나, 乙이 일상가사대리권을 가지고 있거나 또는 乙의 처분행위가 적어도 표현대리에 해당하는 경우에 인정된다. 따라서 甲의 권리행사는 乙에게 X의 처분권한이 주어졌는지의 여부에 따라 달라진다.

2. 처분권한의 존부

1) 임의대리권의 존부

甲이 해외 지사에 근무 중인 관계로 부인 乙에게 살림 일체를 맡기면서 인감도장을 보관시킨 행위가 대리권을 수여한 행위(임의대리권)인지의 여부가 문제된다. 임의대리권은 본인이 대리인에게 대리권을 수여하는 행위에 의하여 발생하며, 수권행위의 방식에는 제한이 없다. 수권행위는 본인이 상대방에게 구두 또는 서면으로 할 수 있으며, 명시적 또는 묵시적 의사표시로 할 수 있다. 대리권의 존재 여부에 대하여 판례는 "남편이 아내의 인감도장을 보관하고 있었다는 사실만으로 이 인감도장의 사용에 관하여 포괄적 대리권을 위임받은 것이라 볼 수 없다."고 한다(대판 1984. 7. 24, 84도1093). 사안에서 甲이 乙에게 인감도장을 보관시킨 행위만으로는 수권행위가 있다고 할 수 없다.

2) 일상가사대리권의 존부

부부는 일상의 가사에 대하여 서로 대리권이 있다(제827조 제1항). 여기서 '일상가사'라 함은 부부가 가정공동생활을 영위함에 있어서 필요로 하는 통상의 사무를 말하며, 그 내용·정도·범위는 각 가정의 개별적·구체적 사정에 따라 결정된다. 그러나 가정공동생활에 필요한 범위를 넘는 부동산의 처분행위는 특별한 사정이 없는 한 일상가사의 범위에 속한다고 할 수 없다(대판 1998. 7. 10, 98다18988). 사안에서 乙이 행한 X의 처분행위는 일상가사의 범위에 속하지 않으므로 乙의 처분행위는 일상가사대리권의 행사로 볼 수 없다.

3) 표현대리의 성립 여부

일상가사대리권이 제126조의 표현대리에 있어서 기본대리권이 될 수 있는지의 여부가 문제된다. 제1설은 일상가사대리권을 기본대리권으로 하여 제126조의 표현대리가 성립할 수 있다고 하며, 제2설은 일상적·추상적 일상가사의 범위와 개별적·구체적 일상가사의 범위가 어긋날 경우에 일상적·추상적 일상가사의 범위 내에서만 표현대리 규정이 유추적용 된다고 하며, 제3설은 일상가사의 범위에 들어갈 경우에는 곧바로 제827조가 적용되고 그러한 범위를 넘는 경우에는 제126조의 정당한 이유의 존재 문제로 다루어 표현대리의 인정여부를 결정하자고 하며, 제4설은 일상가사대리권에 제126조를 유추적용할 필요가 없다고 한다. 판례는 제1설과 같이 **원칙적으로 일상가사대리권을 기본대리권으로 하여 표현대리가 성립할 수 있다고 한**다(대판 2009. 4. 23, 2008다95861).

한편 민법 제126조의 표현대리가 성립하기 위해서는, 첫째 대리인이 기본대리권을 가지고 있어야 하며, 둘째 대리인이 기본대리권의 범위를 넘는 대리행위를 하였어야 하고, 셋째 대리인에게 대리권이 있다고 믿을 만한 정당한 사유가 있어야 한다. 여기서 '정당한 사유'에 대하여 다수설과 판례는 여러 사정으로부터 객관적으로 관찰하여 보통인이면 대리권이 있는 것으로 믿는 것이 당연한 의미라고 하고, 소수설은 정당한 이유를 단순히 상대방의 선의·무과실과 동일하게 볼 것이 아니라 객관적으로 보아 대리권이 있다고 믿을 만한 사유로 좁게 새겨야 한다고 한다. 따라서 본인이 대리인에게 대리권을 주지 않았음에도 불구하고 대리인이 본인을 대리하여 본인의 부동산을 처분한 행위가 제126조 소정의 표현대리가 되려면 대리인에게 일상가사대리권이 있었다는 것만이 아니라 본인이 대리인에게 그 행위에 관한 대리권을 주었다고 상대방이 믿었음을 정당화할 만한 객관적인 사정이 있어야 한다(대판 1998. 7. 10, 98다18988).

사안에서 甲이 乙에게 살림 일체를 맡겼으며, 乙이 甲의 인감도장을 보관하였다는 사실은 정당한 이유의 한 요소가 될 수 있다. 그러나 乙이 甲의 X를 처분한 행위는 일상가사의 범위를 넘은 것이며, 또한 乙이 丙에게 X의 처분이 甲의 부채를 변제하기 위한 것이라고 말한 것은 객관적으로 보아 乙에게 X의 처분에 대한 대리권이 있다고 믿을 만한 사유로 보기 어렵다. 따라서 乙이 행한 X의 처분행위는 민법 제126조의 표현대리가 되지 않는다.

4) 소결

乙이 처분권한 없이 甲 소유의 X를 처분한 행위는 무효이므로 丙은 원칙적으로 X에 대한 소유권을 취득하지 못한다.

3. 처분행위에 대한 추인

1) 처분행위에 대한 추인 여부

乙이 甲 소유의 X를 처분할 권한이 없음에도 불구하고 X를 丙에게 처분하였다. 이는 타인권리의 매매로서 당사자 사이의 계약은 유효하지만 처분행위(물권적 합의)의 효력은 인정되지 않는다. 이 경우 甲이 乙의 처분행위를 추인하면 乙의 처분권 흠결이 치유되는지의 여부가 문제된다. **학설과 판례**는 "타인의 권리를 자기의 이름으로 또는 자기의 권리로 처분한 후에 본인이 그 처분을 인정하였다면 특별한 사정이 없는 한 무권대리에 있어서 본인의 추인의 경우와 같이 그 처분은 본인에 대하여 효력을 발생한다."고 하여 무권리자에 의한 처분행위에 대한 추인을 인정한다(대판 2001. 11. 9, 2001다44291).

무권리자의 처분행위에 대한 추인은 처분권의 흠결을 치유하는 기능을 가지고 있으므로 대리권의 흠결을 추완하는 무권대리행위의 추인과 다르다. 그리하여 학설은 추인의 근거에 대하여 **무효행위의 소급적 추인으로 다루는 견해, 무권대리의 추인으로 보는 견해, 사적 자치의 원리에 따라 추인을 인정하는 견해**가 있으며, 판례는 무권대리의 추인으로 보는 견해(대판 1981. 1. 13, 79다2151)를 취하다가 최근에는 **사적 자치의 원칙에 따라 추인을 인정하고 있다**(대판 2001. 11. 9, 2001다44291). 이 경우 추인은 명시적으로 또는 묵시적인 방법으로도 가능하며, 그 의사표시는 무권대리인이나 그 상대방 어느 쪽에 하여도 무방하다. 사안에서 甲이 귀국하여 乙이 자신 소유의 X를 처분한 사실을 알고 甲에게 화를 냈지만 더 이상 문제삼지 않기로 한 사정에 비추어 甲은 乙에게 X의 처분행위를 추인하였다고 할 수 있다.

2) 甲의 丙에 대한 권리행사

乙이 처분권한 없이 甲 소유의 X를 처분한 행위는 유권대리도 아니고, 일상가사의 범위에 속하지 않으며, 또한 제126조의 표현대리에도 속하지 않는다. 그러나 타인의 권리를 자기의 이름으로 처분하거나 또는 자기의 권리로 처분한 경우에도 본인이 후일 그 처분행위를 인정하면 특별한 사유가 없는 한 그 처분행위의 효력이 본인에게 미친다(대판 1992. 9. 8, 92다15550). 사안에서 甲이 乙의 처분행위를 추인하였으므로 乙과 丙 사이에 체결된 X에 대한 매매계약과 소유권이전은 처음부터 유효한 것으로 된다. 따라서 丙은 매매계약시에 소급하여 X의 소유권을 취득하며, 甲은 丙에게 매도인으로서 가지는 권리만을 행사할 수 있다.

3) 甲의 乙에 대한 권리행사

乙이 처분권한 없이 甲 소유의 X를 처분하였지만 처분권자 甲이 乙의 처분행위를 추인하였으므로 乙의 처분행위는 소급적으로 유효한 것으로 된다. 그러나 처분권자는 무권리자가 자기의 권리를 처분함으로써 손해를 입었으므로 처분권자는 무권리자에게 손해배상을 청구하거나 또는 그 얻은 이익의 반환을 청구할 수 있다. 사안에서 甲은 乙이 X를 처분하여 매매대금만큼 부당이득을 얻었으므로 그 반환을 청구할 수 있으며, 또한 X의 처분으로 손해가 있다면 甲은 乙에게 손해배상을 청구할 수 있다.

III. 乙의 권리행사

1. 乙의 법적 지위

처분권자의 사망으로 인하여 무권리자가 처분권자를 상속하면 무권리자는 처분권자의 일체의 권리와 의무를 승계하게 된다. 이 경우 처분권자가 가지고 있던 추인권과 추인거절권, 그리고 목적물반환청구권 등을 상속받게 되는데, 이 경우 무권리자가 이러한 권리를 승계하여 행사할 수 있는지에 대하여는 견해가 대립된다. **당연유효설**은 乙이 甲의 승계인으로서 처분행위의 추인을 거절할 수 있다고 하더라도 乙은 丙에게 이행 또는 손해배상책임을 져야 하므로 乙의 처분행위는 당연히 유효하고, 甲의 지위에서 추인을 거절할 수 있다고 본다. 이에 대하여 병존설은 단독상속의 경우에는 당연 유효하다고 할 것이나 공동상속의 경우에는 상속분할 전에는 추인권과 추인거절권을 준공동소유한다고 본다. 판례는 대리권한 없이 타인의 부동산을 매도한 자가 그 부동산을 상속한 후 소유자의 지위에서 자신의 대리행위가 무권대리로 무효임을 주장하여 등기말소 등을 구하는 것은 **금반언 원칙이나 신의칙상 허용될 수 없다고** 한다(대판 1994. 9. 27, 94다20617). 사안에서 乙은 甲을 상속하였으므로 자신이 행한 X의 처분행위를 추인하거나 그 추인을 거절할 수 있다. 다만, 이 경우 丙은 乙에게 제135조에 기한 책임을 물을 수 있다.

2. 乙이 단순승인을 한 경우

처분권자의 사망으로 무권리자가 처분권자를 상속하면 무권리자는 처분권자의 일체의 권리와 의무를 승계하게 된다(제1005조). 학설과 판례에 따르면 단순승인의 경우에 무권리자는 상대방에게 추인거절권을 행사할 수 없는 반면, 상대방은 무권리자에게 철회권, 손해배상 및 이행을 청구할 수 있다. 사안에서 乙은 丙에게 X의 처분행위에 대한 추인을 거절할 수 없으며, 丙이 乙에게 X의 소유권 이전을 청구하면 乙이 이에 따라야 한다. 그러나 乙은 이미 丙에게 X에 대한 소유권이전등기를 마쳐 주었기 때문에 乙은 다시 丙에게 X에 대한 소유권이전등기를 마쳐 줄 필요가 없다.

3. 乙이 한정승인을 한 경우

무권리자가 처분권자를 상속하였다고 하더라도 무권리자가 한정승인을 하면 상대방은 매매목적물에 대한 권리를 즉시 취득하지 못한다. 왜냐하면 상속인이 한정승인을 하면 피상속인의 재산과 상속인의 재산은 별개로 취급되어 피상속인의 재산으로 상속채권자를 만족시키고 남은 부분만 한정승인자에게 귀속되기 때문이다(제1029조 이하 참조). 사안에서 丙은 乙과 X에 대한 매매계약을 체결하고 그 소유권을 이전받았지만 X의 소유권은 여전히 甲에게 있다. 따라서 乙이 한정승인을 한 경우에 X가 甲의 채권자를 만족시키고 난 이후 잔존 부분이 있을 경우에만(제1031조) 그 잔존 부분은 비로소 丙에게 귀속된다.

4. 乙이 상속을 포기한 경우

무권리자가 상속을 포기하면 무권리자는 처분권자의 권리를 취득하지 못한다(제1041조 이하). 즉 무권리자가 상속포기를 하면 상속개시시부터 상속인이 아니었던 것이 되므로(제1042조) 무권리자가 가진 처분권은 치유되지 않는다. 그 결과 피상속인의 재산은 법정상속순위에 따라 차순위 상속인에게 귀속하게 된다. 사안에서 乙이 甲의 단독상속을 포기하면 乙은 X에 대한 처분권을 취득하지 못하며, 처분권한 없는 乙로부터 X를 취득한 丙도 X의 소유권을 취득하지 못한다. 따라서 丙은 甲의 상속인에게 X의 소유권을 주장할 수 없으며, 丙은 단지 乙에 대하여 제135조에 따른 책임만 물을 수 있다.

Ⅳ. 甲의 항변

처분권자가 무권리자를 상속한 경우에 처분권자가 무권리자의 권리와 의무를 상속한다. 이 경우 무권리자의 처분행위가 유효하고 추인을 거절하지 못한다는 **당연유효설**과 상속인이 피상속인의 처분행위의 추인을 거절하더라도 신의칙에 반하지 않으므로 무권리자의 처분행위가 당연히 유효로 되지 않고 추인을 거절할 수 있다는 **병존설**의 대립이 있다. 이 경우 처분권자가 무권리자의 처분행위를 본인의 지위에서 추인을 거절하더라도 신의칙에 반한다고 할 수 없다. 다만, 처분권자는 본인의 지위에서 추인권과 추인거절권을 보유함과 동시에 만일 추인을 거절하면 무권리자의 이행 또는 손해배상의무를 부담한다. 따라서 처분권자가 추인거절권을 행사할 수 있느냐의 여부에 대해서만 다툼이 있을 뿐이고, 결국 상속인이 무권리자의 처분행위에 대하여 책임을 지는 점에서는 동일하다. 사안에서 甲이 乙을 단독상속한 경우에 乙이 이미 X의 등기를 丙에게 이전해 주었으므로 丙이 X의 소유권을 취득한다. 만일 甲이 乙을 공동상속한 경우에는 甲은 丙에게 그의 상속지분에 상당하는 이행책임 또는 손해배상책임을 진다.

Ⅴ. 사안의 해결

(1) 乙이 처분권한 없이 甲 소유의 X를 처분한 행위는 무효이므로 丙은 원칙적으로 X에 대한 소유권을 취득하지 못한다. 그러나 甲이 귀국하여 乙이 자신 소유의 X를 처분한 사실을 알고 甲에게 화를 냈지만 더 이

상 문제 삼지 않기로 한 사정에 비추어 甲은 乙에게 X의 처분행위를 추인하였다고 할 수 있다. 이에 따라 丙은 매매계약시에 소급하여 X의 소유권을 취득하며, 甲은 丙에게 매도인으로서 가지는 권리만을 행사할 수 있다. 한편 甲은 乙에게 X의 처분으로 얻은 부당이득의 반환을 청구하거나 손해배상을 청구할 수 있다.

(2) 甲이 사망하고 乙이 甲을 상속한 경우에 乙은 甲의 상속인으로서 X의 처분행위를 추인하거나 거절할 수 있는 지위를 동시에 갖게 된다. 이 경우 乙은 丙에게 X의 처분행위에 대한 추인을 신의칙상 거절할 수 없으며, 丙이 乙에게 X의 소유권 이전을 청구하면 乙은 이에 따라야 한다. 즉 乙은 丙에게 X의 처분행위에 대한 추인을 거절할 수 없으며, 乙은 이미 丙에게 X에 대한 소유권이전등기를 마쳐 주었기 때문에 乙은 다시 丙에게 X에 대한 소유권이전등기를 마쳐 줄 필요가 없다.

(3) 甲이 乙을 상속한 경우에 甲은 추인권과 추인거절권을 보유함과 동시에 乙의 상속인으로서 丙에게 乙의 이행 또는 손해배상의무를 부담한다. 따라서 甲은 乙의 처분행위를 본인의 지위에서 추인을 거절할 수 있지만, 이 경우 甲은 丙에게 乙의 이행 또는 손해배상의무를 부담하므로 결국 丙이 X의 소유권을 취득한다.

> ### 참고판례
>
> 1. 대법원 2001. 11. 9. 선고 2001다44291 판결
> 무권리자가 타인의 권리를 자기의 이름으로 또는 자기의 권리로 처분한 경우에, 권리자는 후일 이를 추인함으로써 그 처분행위를 인정할 수 있고, 특별한 사정이 없는 한 이로써 권리자 본인에게 위 처분행위의 효력이 발생함은 사적 자치의 원칙에 비추어 당연하고, 이 경우 추인은 명시적으로뿐만 아니라 묵시적인 방법으로도 가능하며 그 의사표시는 무권대리인이나 그 상대방 어느 쪽에 하여도 무방하다.

2. 대법원 2009. 4. 23. 선고 2008다95861 판결

민법 제827조에서 말하는 '일상의 가사'라 함은 부부가 공동생활을 영위하는 데 필요한 통상의 사무를 말하는 것이어서 특별한 사정이 없는 한 부동산을 처분하는 행위는 일상의 가사에 속한다고 할 수 없는 것이고, 처가 특별한 수권 없이 남편을 대리하여 위와 같은 행위를 하였을 경우에 그것이 민법 제126조 소정의 표현대리가 되려면 처에게 일상가사대리권이 있었다는 것만이 아니라 상대방이 처에게 남편이 그 행위에 관한 대리의 권한을 주었다고 믿었음을 정당화할 만한 객관적인 사정이 있어야 한다.

3. 대법원 1994. 9. 27. 선고 94다20617 판결

갑이 대리권 없이 을 소유 부동산을 병에게 매도하여 부동산소유권이전등기등에관한특별조치법에 의하여 소유권이전등기를 마쳐주었다면 그 매매계약은 무효이고 이에 터잡은 이전등기 역시 무효가 되나, 갑은 을의 무권대리인으로서 민법 제135조 제1항의 규정에 의하여 매수인인 병에게 부동산에 대한 소유권이전등기를 이행할 의무가 있으므로 그러한 지위에 있는 갑이 을로부터 부동산을 상속받아 그 소유자가 되어 소유권이전등기이행의무를 이행하는 것이 가능하게 된 시점에서 자신이 소유자라고 하여 자신으로부터 부동산을 전전매수한 정에게 원래 자신의 매매행위가 무권대리행위여서 무효였다는 이유로 정 앞으로 경료된 소유권이전등기가 무효의 등기라고 주장하여 그 등기의 말소를 청구하거나 부동산의 점유로 인한 부당이득금의 반환을 구하는 것은 금반언의 원칙이나 신의성실의 원칙에 반하여 허용될 수 없다.

[22] 복대리와 표현대리

사례*

甲은 乙에게 자신의 토지 X를 담보로 제공하여 1억원을 차용해 줄 것을 부탁하면서 담보설정에 필요한 위임장과 서류를 교부하였다. 그런데 乙이 갑작스런 교통사고를 당하여 甲이 부탁한 1억원을 대출할 수 없게 되자 乙은 부득이 대출대행을 전문으로 하는 丙에게 1억원의 대출에 대한 복임행위를 하였다. 丙은 甲의 대리인 자격으로 乙이 거래한 적이 있는 B은행으로부터 3억원을 대출받았다. 그런데 甲은 乙이 丙에게 1억원의 대출에 대한 복임행위를 하기 전에 심장병으로 사망하였고, 甲의 상속인으로는 배우자 丙이 있다. B은행은 丙에게 3억원을 대출하여 줄 당시에 甲이 사망한 사실을 모르고 있었고, 또한 甲의 사망 사실을 알지 못한 것에 대해서 과실이 없다. 다만, B은행은 대출 당시에 丙에게 乙의 위임장을 확인하였으나 대리권한의 범위에 대해서는 확인하지 않았다.
[문제] B은행은 누구에게 어떠한 권리를 행사할 수 있는가?

[개요]

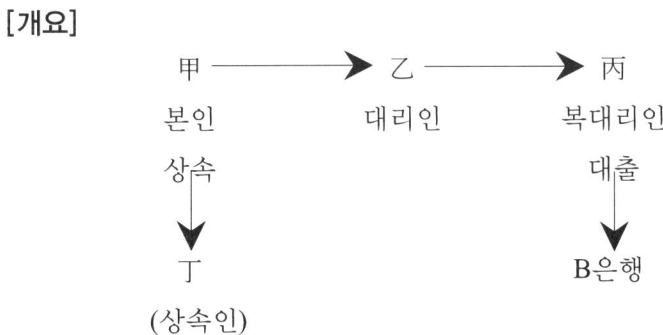

---

* 이 사안은 대법원 1993. 8. 27. 선고 93다21156 판결, 대법원 1998. 5. 29. 선고 97다55317 판결을 토대로 구성한 것이다.

[해결]

Ⅰ. 문제의 제기

B은행은 乙의 위임장을 제시한 丙에게 3억원을 대출하여 주었으므로 대출기간이 만료되면 본인인 甲의 상속인 丁에게 3억원의 반환을 청구할 수 있을 것이다. 이에 대하여 丁은 B에게 甲이 사망한 이후 乙이 丙을 복대리인으로 선임하였으므로 丙의 대리행위 효과가 甲에게 미치지 않는다고 항변할 수 있을 것이다. 따라서 乙의 丙에 대한 복임행위가 유효한지의 여부 및 乙의 복임행위가 유효하지 않더라도 표현대리가 성립하는지의 여부가 문제된다.

Ⅱ. 丙의 대리권 인정 여부

1. 丙의 법적 지위

丙은 乙이 자신의 이름으로 선임한 복대리인으로서 甲의 대리인이다. 따라서 丙이 甲의 대리인으로서 유효한 법적 지위를 가지려면 乙이 복임권을 가지고 있어야 하며, 또한 乙의 권한 내에서 복대리인을 선임할 것이 필요하다.

2. 乙의 복임권

임의대리인은 원칙적으로 복임권이 없으나 본인의 승낙이 있거나 부득이한 사유가 있는 때에는 복임권을 가진다(제120조). 여기서 "부득이한 사유"는 본인의 승낙이 없거나 또는 대리인이 사임할 수 없는 사정이 있는 것을 말한다. 그리고 본인의 승낙은 명시적, 묵시적으로 행하여질 수 있으며, 승낙이 있는지의 여부는 수권행위의 해석에 의하여 확정된다. 판례는 본인이 대리인에게 채권자를 특정하지 않은 채 부동산을 담보로 제공하여 금전을 차용해 줄 것을 위임한 경우에는 본인의 의사에는 복대리인의 선임에 관한 승낙이 포함되어 있다고 본다(대판 1993. 8. 27, 93다21156). 사안에서 甲이 乙에게 丙의 선임에 대한 명시적 승낙을 하거나 부득이한 사유가 있다고 보기 어렵다. 다만, 乙이 대출대행을 전문으로 하는 丙을 복대리인으로 선임한 행위는 甲에게 불리하지 않으므로 甲은 乙에게 복대리인 선임에 관한 묵시적 승낙이 있었다고 볼 수 있다.

3. 丙의 대리 권한

복대리인은 대리인이 그의 권한 내의 행위를 하기 위하여 대리인 자신의 이름으로 선임한 본인의 대리인이다. 복대리인의 대리권은 대리인의 대리권보다 넓을 수 없고, 또한 대리인의 대리권이 소멸하면 복대리인의 대리권도 소멸한다. 특히 대리인의 복임행위가 유효하기 위해서는 복임행위 당시에 대리인에게 대리권이 존재하여야 한다. 그러나 대리권은 본인이 사망하거나, 대리인이 사망하거나, 성년개시 또는 파산이 개시되면 대리권은 소멸한다(제127조). 사안에서 甲은 乙이 丙을 복대리인으로 선임하기 전에 사망하였으므로 乙이 가진 대리권은 소멸한다. 따라서 乙이 丙을 선임한 복임행위는 무효로서 丙은 처음부터 대리권을 갖지 못한다.

4. 소결

丙은 처음부터 적법한 대리권이 없으므로 丙이 甲의 대리인으로서 B은행에서 3억원을 대출받은 행위는 무권대리가 된다.

Ⅲ. B의 권리행사

1. B의 법적 지위

B은행은 丙에게 적법한 대리권이 있다고 믿고 丙에게 3억원을 대출하

였다. 그러므로 B은행의 신뢰를 보호하고 거래 안전을 도모하기 위하여 丙의 대출행위를 표현대리로 볼 것인지가 문제된다. 그리고 丙의 대출행위에 표현대리를 인정한다면 어느 범위까지 인정할 것인지가 문제된다.

2. 대리권 소멸 후의 표현대리

대리권 소멸 후의 표현대리가 성립하기 위하여는(제129조),

첫째, 대리인이 과거에는 대리권을 가지고 있었으나 대리행위를 할 때에는 대리권이 소멸하였어야 한다. 따라서 대리인이 처음부터 대리권이 전혀 없었던 경우에는 원칙적으로 제129조의 표현대리가 성립할 수 없다(대판 1984. 10. 10, 84다카780). 그러나 판례는 대리인이 대리권 소멸 후 복대리인을 선임하여 복대리로 하여금 대리행위를 하도록 한 경우에는 제129조의 표현대리가 성립할 수 있다고 한다(대판 1998. 5. 29, 97다55317). 그 이유는 표현대리 법리가 거래 안전을 위한 권리외관 이론에 기초하고 있으며, 원대리인이 대리권 소멸 후 직접 대리행위를 한 경우와 복대리인을 통하여 대리행위를 한 경우를 다르게 취급할 이유가 없기 때문이라고 한다. 사안에서 乙이 丙을 복대리인으로 선임하여 丙이 B은행으로부터 3억원을 대출받은 행위는 제129조의 표현대리로 인정할 수 있다.

둘째, 대리행위가 소멸한 대리권의 범위 내에서 행하여졌어야 한다. 만일 대리행위가 소멸한 대리권의 범위를 넘어서 행하여졌다면 제126조의 표현대리가 문제될 뿐이다. 이 경우 제129조의 표현대리나 제126조의 표현대리가 성립하려면 상대방이 과거에 대리인과 거래를 한 적이 있어야 한다(대판 1979. 3. 27, 79다234). 사안에서 丙의 대출행위는 甲의 사망으로 인하여 乙이 가진 대리권이 이미 소멸하였으나 乙이 과거에 가지고 있던 대리권의 범위 내에서 乙이 거래한 적이 있는 B은행에서 대출이 이루어졌으므로 제129조의 표현대리가 인정된다.

셋째, 상대방이 선의·무과실이어야 한다. 즉 상대방은 대리인이 이전에 대리권을 가지고 있었기 때문에 지금도 그 대리권이 계속 존재한다고 믿고, 또한 그와 같이 믿는데 과실이 없어야 한다(대판 2009. 5. 28, 2008다 56392). 그리고 대리권이 이전에 존재하였다는 것과 상대방의 신뢰 사이에는 인과관계가 있어야 한다. 사안에서 B은행은 丙에게 3억원을 대출하여 줄 당시에 甲이 사망한 사실을 모르고 있었고, 또한 甲의 사망 사실을 알지 못한 것에 대해서 과실이 없다.

결론적으로 丙이 B은행으로부터 3억원을 대출받은 행위는 대리 권한의 범위인 1억원의 한도에서 제129조의 표현대리가 인정될 수 있으며, 대리 권한의 범위를 초과하는 2억원에 대해서는 제126조의 표현대리가 성립하는지가 문제된다.

3. 권한을 넘은 표현대리

권한을 넘은 표현대리가 성립하기 위해서는(제126조),

첫째, 대리인에게 기본대리권이 존재하여야 한다. 제126조에서 말하는 권한을 넘은 표현대리는 현재 대리권을 가진 자가 그 권한을 넘은 경우에 성립하는 것이지 현재 아무런 대리권도 가지지 아니한 자가 본인을 위하여 한 어떤 대리행위가 과거에 이미 가졌던 대리권을 넘은 경우에까지 성립하는 것은 아니다(대판 1973. 7. 30, 72다1631). 한편 과거에 가졌던 대리권이 소멸되어 민법 제129조에 의하여 표현대리로 인정되는 경우에는 그 표현대리의 권한을 넘는 대리행위가 있을 때에는 민법 제126조에 의한 표현대리가 성립할 수 있다(대판 1979. 3. 27, 79다234). 사안에서 丙이 B은행으로부터 3억원을 대출받은 행위는 제129조에 의한 표현대리로 인정되며, 이에 따라 丙에게 대리권이 존재하는 것처럼 다루어지므로 제126조의 표현대리가 인정된다.

둘째, 대리인이 권한을 넘는 대리행위를 하였어야 한다. 사안에서 丙은 乙로부터 1억원의 대출을 부탁받았으나 B은행에서 대리 권한의 범위를 초과하는 3억원을 대출받았다.

셋째, 상대방이 대리인에게 대리권이 있다고 믿을 만한 정당한 이유가 있어야 한다. 여기서 "정당한 이유"에 대해서 학설과 판례는 "상대방이 대리권이 있다고 믿는데 과실이 없는 것". 즉 선의·무과실을 의미한다는 견해(선의·무과실설)와 "대리권을 주었다고 믿었음을 정당화할 만한 객관적인 사정"이라는 견해(객관적 사정설)가 있다. 생각건대 제126조는 제125조나 제129조와 달리 상대방의 선의·무과실 대신에 "권한이 있다고 믿을 만한 정당한 이유"가 있을 것을 규정하고 있으므로 정당한 사유를 선의·무과실로 보는 것은 적합하지 않다. 따라서 정당한 이유는 제반사정에 비추어 보통 사람이라면 대리권이 존재하는 것으로 믿었을 것이 분명하다고 여겨지는 경우를 말한다. 그리고 정당한 이유의 유무는 대리행위 당시를 기준으로 판단하여야 한다(대판 1981. 12. 8, 81다332). 사안에서 B은행은 대출 당시에 丙에게 위임장을 확인하였으나 본인에게 대리권 수여유무를 확인하지 않았고, 또한 대리 권한의 범위에 대해서도 확인하지 않았다.

결론적으로 B은행이 丙에게 대리권이 있다고 믿을 만한 정당한 이유가 있다고 보기 어려우므로 대리 권한을 넘은 2억원의 대출에 대해서는 제126조의 표현대리가 성립하지 않는다.

4. 대출계약의 효력범위

(1) 대출계약의 효력범위

丙의 대출행위가 대리 권한을 넘는 부분에 대해서는 제126조가 적용되지 않는다. 이 경우 丙의 대출행위 전부가 무권대리로서 무효로 되는지 아니면 권한을 넘는 부분에 대해서는 표현대리로서 유효로 되는지가 문제된다.

(2) 일부 무효 법리의 적용 여부

현행 민법상 법률행위의 일부분이 무효인 때에는 원칙적으로 그 전부를 무효로 한다(제137조 본문). 그러나 그 무효 부분이 없더라도 법률행위를 하였을 것이라고 인정될 때에는 나머지 부분은 무효가 되지 않는다(제

137조 단서). 여기서 당사자가 그 무효 부분이 없더라도 법률행위를 하였을 것이라고 인정되는지의 여부는 당사자의 의사에 의하여 판정되며, 그 당사자의 의사는 실재하는 의사가 아니라 법률행위의 일부분이 무효임을 법률행위 당시에 알았다면 당사자 쌍방이 이에 대비하여 의욕하였을 가정적 의사를 말한다(대판 1996. 2. 27, 95다38875).

특히 법률행위의 일부무효가 인정되기 위해서는 그 법률행위가 전체로서 일체성을 가지는 것이어야 하고, 당사자가 그 무효 부분이 없더라도 법률행위를 하였을 것이라고 인정되어야 한다. 사안에서 丙의 대출행위는 무효 부분과 유효 부분으로 구분되며, 양자는 일체성과 분할가능성이 인정된다. 또한 丙이 무효 부분인 2억원을 대출하지 않았다고 하더라도 乙은 최소한 1억원은 대출하였을 것이 인정되며, B은행도 위임 범위 내에서 1억원은 대출하였을 것으로 인정된다. 따라서 B은행이 丙에게 대출한 1억원에 대해서는 본인인 甲에게 그 효력이 미친다.

(3) 소결

B은행이 丙에게 대출한 1억원에 대해서는 본인인 甲에게 그 효력이 미치므로 B은행은 甲의 상속인인 丁에게 1억원의 반환을 청구할 수 있다. 한편 B은행이 丙에게 대출한 2억원에 대해서는 무권대리가 성립하므로 甲의 상속인 丁이 2억원의 대출행위를 추인하지 않는 한, 그 효력은 甲이 아닌 丙에게 미친다. 따라서 B은행은 丙에게 대리권이 없음을 알지 못하고, 또한 알 수도 없다면 B은행은 丙에게 제135조에 따라 2억원의 반환을 청구하거나 또는 그로 인한 손해의 배상을 청구할 수 있다.

Ⅳ. 사안의 해결

B은행은 甲의 위임장을 제시한 丙에게 3억원을 대출하여 주었으므로 대출기간이 만료하면 甲의 상속인 丁에게 3억원의 반환을 청구할 수 있다. 그러나 丙은 처음부터 적법한 대리권이 없으므로 B은행에서 3억원을

대출받은 행위는 무권대리가 된다. 이 경우 丙이 B은행으로부터 대출한 1억원에 대해서는 제129조의 표현대리가 성립하므로 그 효력이 甲에게 미친다. 그러므로 B은행은 甲의 상속인인 丁에게 1억원의 반환을 청구할 수 있다. 그러나 丙이 B은행으로부터 대출한 2억원에 대해서는 무권대리가 성립하므로 甲의 상속인 丁이 2억원의 대출행위를 추인하지 않는 한, 그 효력은 甲이 아닌 丙에게 미친다. 따라서 B은행은 丙에게 대리권이 없음을 알지 못하고, 또한 알 수도 없는 경우에 丙에게 2억원의 반환을 청구하거나 또는 그로 인한 손해의 배상을 청구할 수 있다.

참고판례

1. 대법원 1993. 8. 27. 선고 93다21156 판결

갑이 채권자를 특정하지 아니한 채 부동산을 담보로 제공하여 금원을 차용해 줄 것을 을에게 위임하였고, 을은 이를 다시 병에게 위임하였으며, 병은 정에게 위 부동산을 담보로 제공하고 금원을 차용하여 을에게 교부하였다면, 을에게 위 사무를 위임한 갑의 의사에는 '복대리인 선임에 관한 승낙'이 포함되어 있다고 봄이 타당하다.

2. 대법원 1998. 5. 29. 선고 97다55317 판결

표현대리의 법리는 거래의 안전을 위하여 어떠한 외관적 사실을 야기한 데 원인을 준 자는 그 외관적 사실을 믿음에 정당한 사유가 있다고 인정되는 자에 대하여는 책임이 있다는 일반적인 권리외관 이론에 그 기초를 두고 있는 것인 점에 비추어 볼 때, 대리인이 대리권 소멸 후 직접 상대방과 사이에 대리행위를 하는 경우는 물론 대리인이 대리권 소멸 후 복대리인을 선임하여 복대리인으로 하여금 상대방과 사이에 대리행위를 하도록 한 경우에도, 상대방이 대리권 소멸 사실을 알지 못하여 복대리인에게 적법한 대리권이 있는 것으로 믿었고 그와 같이 믿은 데 과실이 없다면 민법 제129조에 의한 표현대리가 성립할 수 있다.

3. 대법원 1979. 3. 27. 선고 79다234 판결

[1] 민법 제126조의 표현대리는 현재에 대리권을 가진 자가 그 권한을

넘는 경우에 성립되고, 과거에 가졌던 대리권을 넘는 경우에는 적용이 없다.

[2] 민법 제129조의 대리권 소멸 후의 표현대리로 인정되는 경우에 그 표현대리의 권한을 넘는 대리행위가 있을 때에는 민법 제126조의 표현대리가 성립될 수 있다.

4. 대법원 2009. 5. 28. 선고 2008다56392 판결

민법 제125조의 표현대리에 해당하여 본인에게 대리행위의 직접의 효과가 귀속하기 위하여는 대리행위의 상대방이 대리인으로 행위한 사람에게 실제로는 대리권이 없다는 점에 대하여 선의일 뿐만 아니라 무과실이어야 함은 같은 조 단서에서 명백하고, 이는 민법 제126조 또는 제129조에서 정하는 표현대리에 있어서도 다를 바 없다.

5. 대법원 1981. 12. 8. 선고 81다322 판결

권한을 넘은 표현대리에 있어서 무권대리인에게 그 권한이 있다고 믿을 만한 정당한 이유가 있는가의 여부는 대리행위(매매계약) 당시를 기준으로 결정하여야 하고 매매계약 성립 이후의 사정은 고려할 것이 아니므로, 무권대리인이 매매계약 후 그 이행단계에서야 비로소 본인의 인감증명과 위임장을 상대방에게 교부한 사정만으로는 상대방이 무권대리인에게 그 권한이 있다고 믿을 만한 정당한 이유가 있었다고 단정할 수 없다.

6. 대법원 1996. 2. 27. 선고 95다38875 판결

복수의 당사자 사이에 중간생략등기의 합의를 한 경우 그 합의는 전체로서 일체성을 가지는 것이므로, 그 중 한 당사자의 의사표시가 무효인 것으로 판명된 경우 나머지 당사자 사이의 합의가 유효한지의 여부는 민법 제137조에 정한 바에 따라 당사자가 그 무효 부분이 없더라도 법률행위를 하였을 것이라고 인정되는지의 여부에 의하여 판정되어야 할 것이고, 그 당사자의 의사는 실재하는 의사가 아니라 법률행위의 일부분이 무효임을 법률행위 당시에 알았다면 당사자 쌍방이 이에 대비하여 의욕하였을 가정적 의사를 말한다.

[23] 표현대리와 무권대리

사례

甲은 동생 乙이 B은행으로부터 1억원의 사업자금을 대출받을 수 있도록 자신 소유의 토지 X를 담보로 제공하는 것을 허락하고, 이에 필요한 인감도장, 인감증명서, 등기권리증 등을 교부하였다. 乙은 위 인감도장을 이용하여 甲으로부터 토지 X의 매매에 관한 권한을 위임받았다는 내용의 위임장을 작성한 다음, 甲의 위임장, 인감도장, 인감증명서, 등기권리증을 丙에게 제시하고 丙과 X에 대한 매매계약을 체결하였다. 특히 丙은 乙이 甲과 형제관계이며, 甲은 외국회사의 해외 법인에 근무 중이어서 대리권 수여에 대한 확인이 어렵고, 그리고 乙이 매매계약서에 "甲의 대리인 乙"이라고 표시한 사실을 신뢰하여 2016. 8. 20. 계약체결과 동시에 계약금 5,000만원을, 9. 5. 중도금 2억 5,000만원을, 9. 30. 잔금 2억원을 지급하였다.

[문제1] 丙이 甲에게 행사할 수 있는 권리는?
[문제2] 乙이 자신의 대리권을 증명하지 못한 경우에 丙과 甲 사이의 법률관계는?
[문제3] 乙이 자신의 대리권을 증명하지 못하고, 또한 甲이 X에 대한 매매계약을 추인하지 않은 경우에 丙이 乙에게 주장할 수 있는 권리는?(표현대리 불성립의 경우)

[개요]

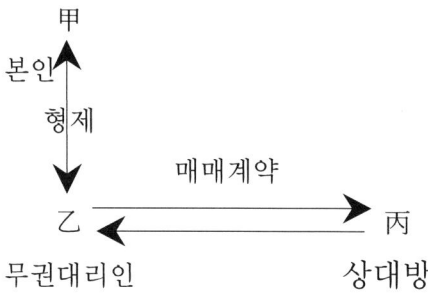

[해결]

Ⅰ. 문제의 제기

(1) 乙은 甲으로부터 1억원의 사업자금 대출에 필요한 범위에서 甲의 X를 담보로 제공하는 것을 허락받았고, 乙은 이를 이용하여 甲의 대리인 자격으로 X를 丙에게 매도하였다. 따라서 丙은 甲에게 제126조의 표현대리를 주장하여 X에 대한 매매계약의 이행을 청구할 수 있을 것이다.

(2) 乙이 자신의 대리권을 증명하지 못하면 乙이 丙과 체결한 X에 대한 매매계약은 협의의 무권대리에 해당하므로 乙과 丙 사이에 체결된 X에 대한 매매계약은 원칙적으로 甲에게 효력이 미치지 않을 것이다. 이 경우 甲은 무권대리행위로서 행하여진 X에 대한 매매계약을 추인하거나 추인을 거절할 수 있으며, 丙은 甲에게 무권대리행위의 추인을 최고하거나 X에 대한 매매계약을 철회할 수 있을 것이다.

(3) 丙은 乙에게 X에 대한 매매계약의 이행을 청구하거나 손해배상을 청구할 수 있을 것이다. 또한 丙은 乙에게 불법행위로 인한 손해배상도 청구할 수 있을 것이다.

Ⅱ. 丙의 甲에 대한 권리행사

1. 丙의 법적 지위

丙은 甲의 대리인 乙과 甲 소유의 X에 대한 매매계약을 체결하였다. 따라서 매수인 丙은 본인 甲에게 매매목적물인 X 및 그 등기의 이전을 청구할 수 있다. 사안에서 乙은 甲의 이름으로 丙과 X에 대한 매매계약을 체결하였으므로 乙이 甲의 정당한 대리인인지의 여부에 대한 검토가 필요하다.

대리인이 한 의사표시가 본인에게 그 효력이 발생하기 위해서는, 첫째 대리권의 범위 내에서, 둘째 본인을 위한 것임을 표시하여야 한다(제114조). 사안에서 乙은 甲의 대리인으로서 丙과 X에 대한 매매계약을 체결하였으나 乙은 X의 매매계약에 대한 대리권한이 없으므로 무권대리에 해당한다. 따라서 乙과 丙 사이에 체결된 X에 대한 매매계약은 원칙적으로 甲에게 그 효력이 미치지 않으며(제130조), 예외적으로 표현대리가 성립하거나 본인의 추인이 있는 경우에만 甲에게 그 효력이 미친다.

2. 제126조의 표현대리의 성립여부

1) 성립요건

乙과 丙 사이에 체결된 X에 대한 매매계약에 제126조의 표현대리가 성립하기 위해서는,

첫째, 대리인에게 기본대리권이 있어야 한다. 즉 대리인에게 실제로 행하여진 대리행위에 대한 대리권은 없지만 그 어떤 행위에 대해서는 대리권이 존재하여야 한다(대판 1992. 5. 26, 91다32190). 사안에서 乙은 丙과 체결한 X에 대한 매매계약에 대하여 대리권이 없지만 1억원의 대출을 위한 담보제공에 대해서는 甲으로부터 대리권을 수여받았다.

둘째, 대리인이 기본대리권의 범위를 넘는 대리행위를 하였어야 한다. 여기서 '권한을 넘는'다는 것은 실제로 존재하는 대리권의 범위를 넘는 모든 경우를 말한다. 다만, 대리인이 현명하지 않은 채 본인인 것처럼 가장하여 월권행위를 한 경우에는 특별한 사정이 없는 한 제126조의 표현대리가 성립하지 않는다(대판 2002. 6. 28, 2001다49814). 사안에서 乙은 1억원의 대출을 위한 담보제공에 대해서는 甲으로부터 대리권을 수여받았지만, 이와 달리 乙은 甲의 대리인으로서 丙과 X에 대한 매매계약을 체결하였다.

셋째, 상대방이 대리인에게 대리권이 있다고 믿고 또한 그렇게 믿을만한 정당한 이유가 있어야 한다. 여기서 학설과 판례는 '정당한 사유'를 무

권대리 당시 존재한 여러 사정을 객관적으로 관찰하여 보통인이라면 대리권이 있는 것으로 믿는 것이 당연하다고 생각되는 것을 말하며, 선의 무과실로 이해한다. 그리고 이러한 정당한 이유에 대한 증명책임은 상대방이 부담한다. 사안에서 乙이 丙과 X에 대한 매매계약을 체결할 당시 甲의 위임장, 인감도장, 인감증명서, 등기권리증을 丙에게 제시하였다. 丙은 乙이 甲과 형제관계이며, 甲은 외국회사의 해외 법인에 근무중이어서 대리권 수여에 대한 확인이 어렵고, 그리고 乙이 매매계약서에 "甲의 대리인 乙"이라고 표시한 사실을 신뢰하였으므로 정당한 이유가 인정된다(대판 1988. 2. 9, 87다카273).

2) 효과

(1) 제126조의 표현대리의 요건이 갖추어진 경우에 본인은 무권대리인의 대리행위에 대하여 책임이 있다(제126조). 그 결과 본인은 상대방에 대하여 채무를 이행할 의무를 부담하며, 이와 동시에 상대방으로부터 채권과 그 밖의 권리를 취득한다. 사안에서 乙이 丙과 체결한 X에 대한 매매계약은 제126조의 표현대리에 관한 요건을 충족하므로 그 효력이 甲에게 미친다. 따라서 丙은 甲에게 X의 이전 및 소유권이전등기를 청구할 수 있으며, 甲은 丙에게 동시이행의 항변권을 행사할 수 있다(제536조). 그러나 丙은 乙에게 이미 매매대금을 지급하였으므로 甲은 丙의 X에 대한 이행청구를 거절할 수 없다.

(2) 제126조의 표현대리는 상대방이 이를 주장하는 경우에 문제되며, 상대방이 주장하지 않는 한 본인이 표현대리를 주장하지 못한다. 특히 상대방이 표현대리를 주장할 때에는 무권대리인과 표현대리에 해당하는 무권대리행위를 특정하여 주장하여야 한다(대판 1984. 7. 24, 85다카1819). 사안에서 丙은 무권대리인 乙과 체결한 X에 대한 매매계약의 효력을 甲에게 주장할 수 있다.

(3) 丙은 乙과 체결한 X에 대한 매매계약을 무권대리행위로서 철회할

수 있다(제134조). 이 경우 甲은 X에 대한 매매계약을 추인하여 丙의 철회권을 소멸시킬 수 있다(제130조).

3. 소결

丙이 乙과 체결한 X에 대한 매매계약은 제126조의 표현대리에 해당하므로 丙은 甲에게 X의 이전 및 소유권이전등기를 청구할 수 있다. 또한 丙은 乙과 체결한 X에 대한 매매계약을 무권대리행위로서 철회할 수 있다.

Ⅲ. 丙과 甲 사이의 법률관계

1. 무권대리의 성립 여부

乙이 대리권이 없음에도 불구하고 甲을 대리하여 丙과 X에 대한 매매계약을 체결한 경우에 무권대리에 해당하는지가 문제된다. 乙의 대리행위가 무권대리가 되기 위해서는(제135조), 첫째 대리권이 없어야 하고, 둘째 본인의 대리인이라고 표시하여야 하고, 셋째 법률행위의 효과를 본인에게 귀속시키려는 대리의사가 있어야 한다. 사안에서 乙은 대리권이 없음에도 불구하고 甲의 대리인이라고 표시하고 丙과 X에 대한 매매계약을 체결하였으므로 좁은 의미의 무권대리에 해당한다.

2. 丙의 권리행사

1) 丙의 법적 지위

무권대리행위는 본인의 의사에 의하여 그 효력이 좌우된다. 따라서 상대방은 본인에 대하여 일정한 경우에 최고권과 철회권을 행사할 수 있다.

2) 최고권 행사

무권대리행위의 상대방은 상당한 기간을 정하여 본인에게 무권대리행위의 추인여부의 확답을 최고할 수 있다(제131조 제1문). 이 경우 최고는 본인에게 하여야 하고, 무권대리인은 최고의 상대방이 아니다. 최고를 받은 본인이 추인을 하거나 추인거절을 하면 그에 따른 효과가 발생한다. 만일 본인이 기간 내에 확답을 발하지 아니한 때에는 추인을 거절한 것으로 본다(제131조 제2문).

3) 철회권 행사

상대방은 계약 당시 대리인에게 대리권이 없음을 알지 못한 때에는 본인의 추인이 있을 때까지 그 계약을 철회할 수 있다(제134조). 이 경우 철회는 본인의 추인이 있기 전에 본인이나 그 무권대리인에 대하여 하여야 한다. 상대방이 철회권을 행사하면 무권대리인과 체결한 계약은 확정적으로 무효로 된다.

4) 소결

甲의 추인 또는 추인거절이 없는 경우에 丙은 甲에게 상당한 기간을 정하여 乙과 체결한 X에 대한 매매계약의 추인여부의 확답을 최고할 수 있다. 또한 계약체결 당시 乙에게 대리권이 없음을 알지 못한 때에는 乙과 체결한 X에 대한 매매계약을 철회하여 그 효과를 무효로 확정할 수 있다.

3. 甲의 권리행사

1) 甲의 법적 지위

협의의 무권대리는 당연히 본인에게 효과가 발생하지 않는다(제130조 참조). 그러나 무권대리라고 하더라도 본인에게 유리한 경우가 있으므로 본인이 무권대리행위의 효과를 원할 경우에는 본인은 무권대리행위로서 행하여진 계약을 추인하거나 적극적으로 추인의 의사가 없음을 표시하여 무권대리행위를 무효로 확정지을 수 있다.

2) 추인권 행사

본인은 추인의 의사표시를 무권대리인에게 하거나 무권대리행위의 상대방에게 할 수 있다. 이 경우 본인이 추인의 의사표시를 상대방에게 하는 경우에는 추인의 효력이 곧바로 발생하지만 무권대리인에게 하는 경우에는 상대방이 추인이 있었음을 알지 못하는 때에는 그 상대방에 대하여 추인의 효과를 주장하지 못한다(제132조). 본인의 추인이 있으면 무권대리행위는 처음부터(소급적으로) 유권대리행위였던 것과 같은 효과가 생긴다(제133조 본문).

3) 추인거절권 행사

무권대리행위가 있는 경우에 이를 추인할 것인지의 여부는 본인의 자유에 속한다. 그러나 본인은 적극적으로 추인할 의사가 없음을 무권대리인이나 그 상대방에게 표시하여 무권대리행위를 확정적으로 무효로 할 수 있다. 본인이 추인을 거절하면 무권대리행위는 무효로 확정된다(제132조)

4) 소결

甲은 乙이 대리권 없이 丙과 체결한 X에 대한 매매계약을 추인하여 처음부터 유효한 행위로 확정하거나 또는 추인을 거절하여 무효로 확정할 수 있다.

Ⅳ. 丙의 乙에 대한 권리행사

1. 무권대리인의 책임

무권대리행위가 표현대리로 되지 않고, 본인의 추인도 없으면 본인은 무권대리행위에 대하여 책임을 지지 않는다. 그렇다고 하여 "본인을 위하여" 대리행위를 한 대리인에게 그 효과를 귀속시킬 수도 없다. 이 경우 민법 제135조는 무권대리인이 상대방에 대하여 무과실의 책임을 진다고 규정하고 있다(제135조).

첫째, 대리인이 대리행위를 하였으나 대리권을 증명할 수 없어야 한다(제135조 제1항, 대판 1962. 4. 12, 61다1021). 이 경우 그 입증책임은 무권대리인이 자기에게 대리권이 있었음을 증명하여야 한다.

둘째, 상대방이 무권대리인에게 대리권이 없음을 알지 못하고, 또한 알지 못하는데 과실이 없어야 한다(제135조 제2항).

셋째, 본인의 추인이 없거나 표현대리가 성립하지 않아야 한다(제135조 제1항 참조).

넷째, 상대방이 아직 철회권을 행사하지 않아야 한다(제135조 제1항 참조).

다섯째, 무권대리인이 행위능력자이어야 한다(제135조 제2항).

사안에서 乙은 대리권 없이 甲의 대리인으로서 丙과 X에 대한 매매계약을 체결하였고, 丙은 계약체결 당시 乙이 X에 대한 매매계약에 대리권한이 없음을 알지 못하였고, 이에 대하여 과실이 있다고 볼 수도 없다. 그리고 乙의 X에 대한 매매계약은 표현대리가 성립하지 않으며, 또한 丙이 아직 철회권을 행사하지 않았으므로 丙은 乙에게 무권대리인의 책임을 물을 수 있다.

2. 책임의 내용

무권대리인은 상대방의 선택에 좇아 이행 또는 손해배상의 책임을 진다(제135조 제1항).

1) 이행책임

상대방이 이행을 선택하면 무권대리인은 대리행위가 본인에 대하여 효력을 발생하였더라면 본인이 상대방에게 부담하였을 것과 같은 내용의 급부를 상대방에게 이행하여야 한다. 무권대리인이 상대방의 선택에 따라 급부를 이행한 경우에 무권대리인은 반대급부청구권을 취득한다.

2) 손해배상책임

상대방이 손해배상을 선택한 경우에 손해배상의 범위에 대하여는 학설이 대립이 있다. 통설인 **이행이익설**은 계약이 유권대리로서 효력을 발생하였지만 그것이 이행되지 않았기 때문에 생긴 손해라고 하고, 소수설인 **신뢰이익설**은 계약이 효력을 발생하지 않으나 그것이 효력을 발생하는 유권대리라고 믿었기 때문에 받은 손해라고 한다. 따라서 통설에 따르면 제135조의 손해배상은 본래 급부의 시가 상당액에서 반대급부의 가액을 뺀 금액의 배상을 말한다.

3) 소결

丙은 乙에게 X의 인도 및 소유권이전등기를 청구하거나 X의 시가 상당액에서 반대급부의 가액을 뺀 금액의 손해배상을 청구할 수 있다. 이 경우 계약이행청구권이나 손해배상청구권의 소멸시효는 丙이 선택권을 행사할 수 있는 때로부터 진행되며, 그 시기는 乙이 대리권을 증명할 수 없고, 또한 甲이 추인할 가능성이 없어진 때이다.

3. 불법행위책임

무권대리행위는 상대방에 대하여 불법행위가 되므로 상대방은 무권대리인에게 불법행위를 이유로 손해배상을 청구할 수 있다(제750조). 사안에서 乙은 대리권 없이 丙과 甲 소유의 X에 대한 매매계약을 체결하였고, 丙은 乙을 신뢰하여 X에 대한 매매계약을 체결하였으므로 丙은 乙에게 손해배상을 청구할 수 있다.

V. 사안의 해결

(1) 丙이 乙과 체결한 X에 대한 매매계약은 제126조의 표현대리에 해당하므로 丙은 甲에게 X의 인도 및 소유권이전등기를 청구할 수 있다. 또한 丙은 乙과 체결한 X에 대한 매매계약을 무권대리행위로서 철회할 수 있다.

(2) 丙이 乙과 체결한 X에 대한 매매계약은 무권대리행위에 의한 것이므로 甲은 乙이 丙과 체결한 X에 대한 매매계약을 추인하여 처음부터 유효한 행위로 확정하거나, 추인을 거절하여 무효로 확정할 수 있다.

(3) 丙은 乙에게 X의 인도 및 소유권이전등기를 청구하거나 X의 시가 상당액에서 반대급부의 가액을 뺀 금액의 손해배상을 청구할 수 있다. 또한 丙은 乙을 신뢰하여 X에 대한 매매계약을 체결하였으므로 丙은 乙에게 불법행위로 인한 손해배상을 청구할 수 있다.

[24] 무권리자의 처분행위

사례

甲은 사업을 공동으로 경영하는 동업자 乙에게 일시적으로 자신 소유의 토지 X에 대한 인감도장, 인감증명서, 등기권리증 등을 맡겨 두었다. 乙은 이를 기화로 관계서류를 위조하여 X를 자기 앞으로 소유권이전등기를 마친 다음 이러한 사정을 모르는 丙과 X에 대한 매매계약을 체결하였다. 乙은 시가 5억원인 X를 丙에게 6억원에 매도하고 X의 소유권이전등기도 경료하여 주었다.
[문제1] 丙은 X를 취득할 수 있는가?
[문제2] 甲이 乙의 처분행위를 추인한 경우에 당사자 사이의 법률관계는?
[문제3] 甲이 乙의 처분행위를 추인하지 않은 경우에 당사자 사이의 법률관계는?

[개요]

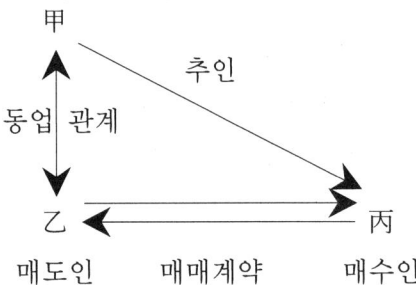

[해결]

I. 문제의 제기

(1) 丙은 乙과 X에 대한 매매계약을 체결한 다음 X에 대한 소유권이전등기도 경료하였다. 그러나 乙은 무권리자로서 X에 대한 처분권이 없으므로 丙이 등기부상 소유자로 표시된 乙로부터 X에 대한 소유권을 이전받았다고 하더라도 丙은 X의 소유권을 취득할 수 없을 것이다.

(2) 乙은 X를 처분할 권한이 없음에도 불구하고 X에 대한 관계서류를 위조하여 자신의 명의로 변경한 다음 丙에게 X를 매도하였다. 그 결과 丙은 乙과 X에 대한 매매계약을 체결하였다고 하더라도 X에 대한 소유권을 취득할 수 없다. 그러나 X의 진정한 소유자인 甲이 乙의 처분행위를 추인하면 특별한 사정이 없는 한 乙의 처분은 甲에 대하여 그 효력이 발생한다. 그 결과 丙은 X에 대한 소유권을 취득하며, 甲은 乙에 대하여 丙으로부터 취득한 매매대금 6억원을 부당이득으로 반환청구할 수 있을 것이다.

(3) 乙이 아무런 권한 없이 甲 소유의 X에 대한 서류를 위조하여 그 등기를 자기명의로 이전하였으므로 乙의 X에 대한 소유권이전등기는 아무런 효력이 없다. 따라서 X의 소유권은 여전히 甲에게 존속하며, 甲은 丙에게 소유권에 기한 물권적 청구권을 행사할 수 있다. 반면에 丙은 乙에게 채무불이행을 이유로 매매계약을 해제하거나 또는 하자담보책임을 물을 수 있을 것이다. 또한 丙은 乙에게 사기를 이유로 매매계약을 취소하거나 불법행위를 이유로 손해배상을 청구할 수 있을 것이다.

II. 丙의 X에 대한 소유권 취득 여부

1. 丙의 법적 지위

丙은 乙과 X에 대한 매매계약을 체결하였지만 乙은 X를 처분할 권한

이 없는 자이다. 그러므로 乙이 X의 명의를 자신의 이름으로 변경하여 丙에게 매도하였다고 하더라도 丙은 X에 대한 정당한 소유자가 될 수 없다. 그러나 乙이 甲 소유의 X를 처분할 권한이 없다고 하더라도 乙은 자기의 이름으로 丙과 X에 대한 매매계약을 체결하였으므로 丙은 매매계약의 당사자로서 법적 지위를 가진다.

2. 丙의 X에 대한 소유권 취득 여부

무권리자의 처분행위는 원인무효의 행위이므로 권리자에게는 아무런 효력이 발생하지 않는다. 그러므로 권리자는 처분행위의 상대방에 대해서 물권적 청구권을 행사하여 목적물의 반환을 청구할 수 있다. 사안에서 丙은 처분권이 없는 乙과 X에 대한 매매계약을 체결하였으므로 X의 소유권을 취득할 수 없다. 왜냐하면 우리 민법은 부동산물권변동에 있어 공신의 원칙을 인정하고 있지 않기 때문이다. 다만, 丙은 乙과 X에 대한 매매계약을 체결하였으므로 그 매매계약은 타인의 권리매매로서 유효하며(제569조 참조), 그 결과 丙은 乙에게 담보책임을 물을 수 있다.

Ⅲ. 甲이 乙의 처분행위를 추인한 경우에 당사자 사이의 법률관계

1. 乙의 처분행위에 대한 추인

1) 추인의 법적 근거

권리자는 자기의 권리에 대하여 처분권을 갖는다. 그러므로 권리자는 무권리자가 사전의 동의 없이 행한 처분행위에 대하여도 사후의 동의를 함으로써 그 효력을 유효하게 할 수 있다. 다만, 그 근거에 대하여는, ① 무효행위의 소급적 추인으로 다루고자 하는 견해, ② 무권대리의 추인으로 보려는 견해, ③ 사적 자치의 원칙에 따라 추인을 인정하자는 견해가 있으며, 판례는 "무권리자가 타인의 권리를 자기의 이름으로 또는 자기의 권리로 처분한 경우에, 권리자는 후일 이를 추인함으로써 그 처분행위를 인정할 수 있고, 특별한 사정이 없는 한 이로써 권리자 본인에게 위 처분행위의 효력이 발생함은 사적 자치의 원칙에 비추어 당연하다."고 판시하고 있다(대판 2001. 11. 9, 2001다44291). 우리나라의 학설과 판례는 권리자의 추인에 의하여 무권리자의 처분행위가 유효로 된다는 결론에 있어서는 동일하다. 다만, 무권대리의 추인은 무권대리인이 한 법률행위의 효과를 본인에게 귀속시키는 것인 반면, 무권리자의 추인은 명문의 규정이 없는 우리 민법하에서는 사적 자치의 원칙에서 그 근거를 찾아야 할 것이다. 이러한 추인은 무권리자의 처분의 원인행위인 매매계약에 영향을 미치는 것이 아니라 무권리자의 처분으로 인하여 물권변동의 효과가 발생하지 않는 흠결을 치유하는 것이다. 사안에서 甲의 추인으로 인하여 乙의 처분행위가 권한있는 자의 처분으로 취급되는 효과가 있다.

2) 추인의 방법

추인은 무권리자의 처분행위의 효과를 자기에게 귀속시키려는 단독행위이므로 의사표시의 요건을 갖추어야 하나 특별한 방식을 요하지는 아니한다. 따라서 무권리자의 추인행위에 대한 권리자의 추인은 "명시적으로뿐만 아니라 묵시적인 방법으로도 가능하며 그 의사표시는 무권대리인이나 그 상대방 어느 쪽에 하여도 무방하다."(대판 2001. 11. 9, 2001다44291). 다만, 무권리자에 대하여 추인을 하는 경우 상대방이 추인이 있었음을 알지 못한 때에는 이에 대하여 추인의 효과를 주장할 수 없다(제132조 단서 참조).

3) 추인의 효과

무효행위는 절대적 무효를 원칙으로 하므로 본래 행위 당시부터 모든 사람에게 효력이 없는 것으로 취급된다. 그러므로 무효인 법률행위는 추인을 하여도 그 효력이 생기지 아니한다(제139조 본문). 다만, 무효인 법률행위라도 당사자가 무효임을 알고 추인한 경우에는 그 시점에서 새로운 법률행위를 한 것으로 본다(제139조 단서). 이 경우 무효이었던 행위가 유효로 되는 것이 아니고, 무효행위와 동일한 내용을 가지는 다른 행위가 유효하게 성립되는 것이다. 이와 같이 무효행위는 추인한 때부터 장래에 향해서만 효과가 생기지만 **학설과 판례는 모두 소급적 추인을 인정**하며, 그 근거에 대하여는 견해를 달리한다. 학설은, ① 무권대리행위의 추인에 관한 규정인 민법 제130조를 유추적용하여 소급적 추인을 인정하자는 견해, ② 무효행위의 추인의 경우로 다루어 무효행위는 당사자가 추인을 하여도 소급하여 효력을 발생하지 않는 것이나(민법 제139조), 당사자 사이에서 또는 제3자의 권리를 해하지 않는 범위에서는 제3자에 대한 관계에 있어서도 소급적으로 추인할 수 있다는 견해, ③ 사적 자치의 원리에 따라 추인을 인정하는 견해로 나뉜다. 판례는 "본인이 그 처분을 인정했다면 특별한 사정이 없는 한 무권대리에 있어서 본인의 추인의 경우와 같이 그 처분은 본인에 대하여 효력을 발생한다."고 판시하여 **추인의 소급효를 인정**하고 있다(대판 2001. 11. 9, 2001다44291). 다만, 민법 제139조는 확정무효를 그 대상으로 하므로 강행법규위반·공서양속위반의 행위는 법률상 당연하게 확정적으로 무효이므로 추인이 있어도 그 효력이 생길 여지가 없다. 사안에서 乙의 처분행위는 확정무효가 아니므로 甲의 추인이 있는 때에는 丙이 X에 대한 소유권을 취득한다.

4) 소결

甲은 乙의 처분행위에 대한 추인을 乙 또는 丙에게 할 수 있으며, 甲의 추인이 있으면 乙의 처분행위는 유효하다. 따라서 권리자와 상대방 사이에는 직접적인 권리와 의무가 발생하지 않는다. 즉 丙이 적법하게 X에 대한 권리를 취득하므로 甲은 더 이상 처분행위의 상대방인 丙에 대하여 물권적 청구권을 행사하지 못한다. 이에 반하여 甲은 乙에 대하여 부당이득의 반환 및 손해가 있으면 그 배상을 청구할 수 있다.

2. 甲과 丙 사이의 법률관계

권리자가 무권리자의 처분행위를 추인하면 무권리자의 처분행위의 효력이 권리자에게 미친다(대판 1992. 9. 8, 92다15550). 즉 권리자의 추인은 진정한 권리자로서 가지는 목적인 권리에 대한 추탈권의 포기를 의미하므로 권리자와 상대방 사이에 직접적인 권리와 의무가 발생하지 않는다. 따라서 권리자는 자신의 권리를 상실하고, 상대방은 적법하게 목적물에 대한 권리를 취득한다. 사안에서 甲은 X에 대한 소유권을 상실하고, 丙이 X에 대한 소유권을 취득한다.

3. 甲과 乙 사이의 법률관계

1) 채무불이행으로 인한 손해배상청구

甲은 자신 소유의 X에 대한 인감도장, 인감증명서, 등기권리증 등을 모두 乙에게 맡겨 두었으므로 양자 사이에는 X의 관리에 관한 위임계약이 체결되었다고 볼 수 있다. 그러나 乙이 X에 대한 관리행위를 넘어 이를 丙에게 처분한 것은 위임계약에 따른 선관주의의무 위반으로 볼 수 있다(제681조). 따라서 甲은 乙에게 채무불이행으로 인한 손해배상을 청구할 수 있다(제390조). 그러나 甲은 乙의 처분행위를 추인하였으므로 甲은 乙에게 채무불이행으로 인한 손해배상을 청구할 수 없다.

2) 불법행위로 인한 손해배상청구

처분자가 악의나 중과실인 경우에 추인권자는 취득한 것의 반환뿐만 아니라 손해가 있을 때에는 이를 함께 청구할 수 있다. 따라서 甲은 乙에게 X의 처분에 따른 손해배상을 청구할 수 있다. 그러나 甲은 乙의 처분행위를 추인하였으므로 甲은 乙에게 소유권 상실에 따른 손해배상을 청구할 수 없다.

3) 부당이득반환청구

권리자가 무권리자에 의한 처분행위를 추인한 경우에도 권리자는 무권리자에 대하여 무권리자가 그 처분행위로 인하여 얻은 이득의 반환을 청구할 수 있다. 이 경우 처분자가 악의일 때에는 제748조 제1항을 원용할 수 없다. 따라서 무권리자인 처분자가 자신의 능력이나 수완을 이용하여 객관적 가액 이상의 대금을 수령한 경우에 권리자는 처분자에게 처분대가를 청구할 수 있다. 사안에서 乙은 악의로 甲 소유의 X를 丙에게 처분하였으므로 甲은 乙에게 시가인 5억원이 아니라 매매대금으로 수령한 처분대가인 6억원을 부당이득으로 반환청구할 수 있다.

4. 乙과 丙 사이의 법률관계

丙은 X에 대한 매매계약의 체결시에 소급해서 X에 대한 소유권을 유효하게 취득한다. 그러므로 乙과 丙 사이에는 더 이상 법률문제가 존재하지 않는다.

Ⅳ. 甲이 乙의 처분행위를 추인하지 않은 경우에 당사자 사이의 법률관계

1. 무권리자의 처분의 효력

乙이 아무런 권한 없이 甲 소유의 토지 X에 대해 서류를 위조하여 그 등기를 자기명의로 이전하였으므로 乙의 소유권이전등기는 아무런 효력을 가지지 않는다. 따라서 X에 대해 체결된 乙과 丙 사이의 매매계약도 아무런 효력이 생기지 않으며, X의 소유권은 여전히 甲에게 존속한다. 그러므로 甲은 丙에게 소유권에 기한 물권적 청구권을 행사할 수 있고, 丙은 乙에게 채무불이행을 이유로 매매계약을 해제하거나 또는 하자담보책임을 물을 수 있다.

2. 甲과 丙 사이의 법률관계

무권리자의 처분행위는 원인무효의 행위이므로 권리자에게는 아무런 법적 효력이 발생하지 않는다. 사안에서 소유권자인 甲은 등기명의자인 丙에게 X에 대한 소유권이전등기말소 또는 진정명의회복을 원인으로 하는 소유권이전등기를 청구하고(제214조), 또한 X의 인도를 청구할 수 있다(제213조). 다만, 丙이 선의이므로 甲은 丙에게 X의 사용이익에 대하여는 부당이득의 반환을 청구할 수 없다(제201조 제1항).

3. 乙과 丙 사이의 법률관계

1) 채무불이행으로 인한 손해배상책임

무권리자가 타인의 권리를 처분하는 경우에도 그 매매계약이 원시적 이행불능에 속하는 내용을 목적으로 하는 당연 무효의 계약이라고 볼 수 없다(대판 1993. 9. 10, 93다20283). 그러므로 무권리자는 상대방에게 급부를 이행할 책임을 지며, 만일 무권리자가 매매의 목적인 권리를 상대방에게 이행하지 못하면 상대방은 계약을 해제하거나 계약해제와 함께 손해배상을 청구할 수 있다(제551조). 사안에서 乙은 권한 없이 甲 소유의 X를 丙에게 매도하였지만 그 매매계약은 당연 무효가 아니므로 乙은 丙에게 X를 이전하여 줄 의무를 진다. 그러나 乙은 丙에게 X를 이전할 수 없으므로 丙은 乙에게 이행불능으로 인한 채무불이행책임을 물을 수 있다. 또한 丙은 乙에게 이행불능을 이유로 X에 대한 매매계약을 해제하고 손해배상을 청구할 수 있다.

2) 타인권리 매매로 인한 담보책임

매도인이 타인의 권리를 매매한 경우에 매도인은 그 권리를 취득하여 매수인에게 이전하여야 한다(제569조). 만일 매도인이 그 권리를 취득하여 매수인에게 이전할 수 없을 때에는 일정한 담보책임을 진다(제570조). 매수인이 선의인 경우에는 계약을 해제하고 손해배상을 청구할 수 있다(제570조). 이 경우 손해배상의 범위는 '이행이익의 배상'이며, 그 배상액의 산정은 **불능 당시의 시가**에 의한다. 즉 판례는 "타인의 권리를 매매한 자가 권리이전을 할 수 없게 된 때에는 매도인은 선의의 매수인에 대하여 불능 당시의 시가를 표준으로 그 계약이 완전히 이행된 것과 동일한 경제적 이익을 배상할 의무가 있다."고 한다(대판(전) 1967. 5. 18, 66다2618). 사안에서 乙은 丙에게 X를 이전할 수 없으므로 丙은 乙에게 계약을 해제하고 손해배상을 청구할 수 있다. 이 경우 丙은 乙에게 5억원의 손해배상을 청구할 수 있다.

3) 사기로 인한 계약 취소

매도인이 타인의 권리를 매매한 경우에 매수인이 매도인의 기망에 의하여 타인의 물건을 매수한 때에는 사기를 이유로 계약을 취소할 수 있다(대판 1973. 10. 23, 73다268). 이 경우 제110조의 사기에 의한 의사표시가 성립하기 위해서는, 첫째 사기에 의한 의사표시가 있어야 하며, 둘째 기망행위자에게 고의가 있어야 하며, 셋째 사기자의 기망행위가 있어야 하며, 넷째 기망행위의 위법성이 있어야 하며, 다섯째 기망행위와 의사표시 사이에 인과관계가 있어야 한다. 사안에서 乙은 동업자 甲이 일시적으로 맡긴 X에 대한 서류를 이용하여 관계서류를 위조한 다음 X를 자기 앞으로 소유권이전등기를 마쳤다. 그리고 이러한 사정을 모르는 丙과 X에 대한 매매계약을 체결하였으므로 사기에 의한 의사표시가 성립한다. 따라서 丙은 乙과 체결한 매매계약을 사기를 이유로 취소할 수 있다.

4) 불법행위로 인한 손해배상청구

매도인이 무권리자임에도 불구하고 마치 자신이 소유자인 것처럼 매수인을 기망하여 매매계약을 체결하였고, 매수인으로부터 매매계약에 따른 매매대금을 편취하였으므로 매도인은 매수인에게 제750조의 불법행위책임을 진다. 이 경우 불법행위가 성립하기 위해서는, 첫째, 가해자의 고의·과실에 의한 행위가 있어야 하며, 둘째 가해자에게 책임능력이 있어야 하며, 셋째 가해행위가 위법하여야 하며, 넷째 가해행위와 손해 사이에 인과관계가 있어야 한다. 이 경우 손해배상의 범위는 "무효의 소유권이전등기를 유효한 등기로 믿고 위 토지를 매수하기 위하여 출연한 금액, 즉 매매대금"이다(대판(전) 1992. 6. 23, 91다33070). 사안에서 丙은 乙 명의의 소유권이전등기를 유효한 등기로 믿고 X에 대한 매매계약을 체결하였으므로 丙은 乙에게 매매대금 상당액인 5억원의 손해배상을 청구할 수 있다.

4. 甲과 乙 사이의 법률관계

무권리자가 권한 없이 타인의 권리를 매매한 경우에 권리자는 무권리자에게 채무불이행책임, 불법행위책임 및 부당이득의 반환을 청구할 수 있다.

V. 사안의 해결

(1) 乙은 무권리자로서 X에 대한 처분권이 없다. 그러므로 丙이 등기부상 소유자로 표시되어 있는 乙로부터 X에 대한 소유권을 이전받았다고 하더라도 丙은 X의 소유권을 취득할 수 없다.

(2) 丙은 무권리자인 乙과 X에 대한 매매계약을 체결하였으므로 丙은 X에 대한 소유권을 취득할 수 없다. 그러나 X의 진정한 소유자인 甲이 乙의 처분행위를 추인하면 특별한 사정이 없는 한 乙의 처분은 甲에 대하여 효력이 발생한다. 그 결과 丙은 X에 대한 소유권을 취득하며, 甲은 乙에 대하여 丙으로부터 취득한 매매대금 6억원을 부당이득으로 반환청구할 수 있다.

(3) 乙이 아무런 권한 없이 甲 소유의 X에 대해 서류를 위조하여 그 등기를 자기명의로 이전하였으므로 乙의 소유권이전등기는 아무런 효력이

없다. 따라서 X의 소유권은 여전히 甲에게 존속한다. 그러므로 甲은 丙에게 소유권에 기한 물권적 청구권을 행사할 수 있고, 丙은 乙에게 채무불이행을 이유로 매매계약을 해제하거나 또는 하자담보책임을 물을 수 있다. 또한 丙은 乙에게 사기를 이유로 매매계약을 취소하거나 불법행위를 이유로 손해배상을 청구할 수 있다.

참고판례

1. 대법원 2001. 11. 9. 선고 2001다44291 판결

[1] 공공용지의 취득 및 손실보상에 관한 특례법에 의한 협의취득은 토지수용법상의 수용과 달리 사법상의 매매에 해당하고 그 효력은 당사자에게만 미치므로, 무권리자로부터 협의취득이 이루어졌다고 하더라도 진정한 권리자는 권리를 상실하지 아니한다.

[2] 무권리자가 타인의 권리를 자기의 이름으로 또는 자기의 권리로 처분한 경우에, 권리자는 후일 이를 추인함으로써 그 처분행위를 인정할 수 있고, 특별한 사정이 없는 한 이로써 권리자 본인에게 위 처분행위의 효력이 발생함은 사적 자치의 원칙에 비추어 당연하고, 이 경우 추인은 명시적으로뿐만 아니라 묵시적인 방법으로도 가능하며 그 의사표시는 무권대리인이나 그 상대방 어느 쪽에 하여도 무방하다.

2. 대법원 1967.5.18. 선고 66다2618 전원합의체 판결

타인의 권리를 매매한 자가 권리이전을 할 수 없게 된 때에는 매도인은 선의의 매수인에 대하여 불능 당시의 시가를 표준으로 그 계약이 완전히 이행된 것과 동일한 경제적 이익을 배상할 의무가 있다.

3. 대법원 1973. 10. 23. 선고 73다268 판결

민법 제569조가 타인의 권리의 매매를 유효로 규정한 것은 선의의 매수인의 신뢰 이익을 보호하기 위한 것이므로, 매수인이 매도인의 기망에 의하여 타인의 물건을 매도인의 것으로 알고 매수한다는 의사표시를 한 것은 만일 타인의 물건인줄 알았더라면 매수하지 아니하였을 사정이 있는 경우에는 매수인은 민법 제110조에 의하여 매수의 의사표시를 취소할 수 있다고 해석해야 할 것이다.

4. 대법원 1992. 6. 23. 선고 91다33070 전원합의체 판결

[1] 불법행위로 인한 재산상 손해는 위법한 가해행위로 인하여 발생한 재산상 불이익, 즉 그 위법행위가 없었더라면 존재하였을 재산상태와 그 위법행위가 가해진 현재의 재산상태의 차이를 말하는 것이고, 그것은 기존의 이익이 상실되는 적극적 손해의 형태와 장차 얻을 수 있을 이익을 얻지 못하는 소극적 손해의 형태로 구분된다.

[2] 타인 소유의 토지에 관하여 매도증서, 위임장 등 등기관계서류를 위조하여 원인무효의 소유권이전등기를 경료하고 다시 이를 다른 사람에게 매도하여 순차로 소유권이전등기가 경료된 후에 토지의 진정한 소유자가 최종 매수인을 상대로 말소등기청구소송을 제기하여 그 소유자 승소의 판결이 확정된 경우 위 불법행위로 인하여 최종 매수인이 입은 손해는 무효의 소유권이전등기를 유효한 등기로 믿고 위 토지를 매수하기 위하여 출연한 금액, 즉 매매대금으로서 이는 기존이익의 상실인 적극적 손해에 해당하고, 최종 매수인은 처음부터 위 토지의 소유권을 취득하지 못한 것이어서 위 말소등기를 명하는 판결의 확정으로 비로소 위 토지의 소유권을 상실한 것이 아니므로 위 토지의 소유권상실이 그 손해가 될 수는 없다.

[25] 유동적 무효

사례

甲은 乙에게 토지거래허가구역 내에 있는 자신의 토지 X를 3억원에 파는 매매계약을 체결하였다. 甲은 乙에게 관할관청으로부터 X에 대한 토지거래허가를 받아주기로 약속하였고, 乙은 甲에게 계약금으로 3,000만원을 2017. 7. 5.에 지급하고, 중도금 1억 5,000만원은 7. 30.에, 잔금 1억 2,000만원은 8. 20.에 지급하기로 하였다. 甲은 관할관청에 토지거래허가를 신청하였으나 아직 결정이 되지 않은 상태에서 7. 30.이 도래하였고, 乙은 토지거래허가 결정이 나지 않았음을 이유로 중도금 지급을 거절하고 있다.
[문제1] 이 경우 당사자 사이의 법률관계를 설명하시오?
[문제2] X에 대한 토지거래허가신청이 관할관청으로부터 불허가된 경우는 어떠한가?
[문제3] 甲과 乙이 허가구역 지정기간 중에 X에 대하여 토지거래허가를 받지 않고 거래계약을 체결한 후 허가구역 지정이 해제된 경우는 어떠한가?

[개요]

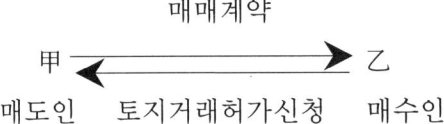

매도인   토지거래허가신청   매수인

[참조조문]

※ 「부동산 거래신고 등에 관한 법률」(법률 제13797호, 2016. 1. 19. 제정, 2017. 1. 20. 시행, 이 법은 「국토의 계획 및 이용에 관한 법률」 제118조를 삭제하고 그 내용을 동 법 제11조에 규정하였으며, 「국토의 계획 및 이용에 관한 법률」은 「국토이용관리법」을 폐지하고 새로이 제정한 것이다)

제11조(허가구역 내 토지거래에 대한 허가) ① 허가구역에 있는 토지에 관한 소유권·지상권(소유권·지상권의 취득을 목적으로 하는 권리를 포함한

다)을 이전하거나 설정(대가를 받고 이전하거나 설정하는 경우만 해당한다)하는 계약(예약을 포함한다. 이하 "토지거래계약"이라 한다)을 체결하려는 당사자는 공동으로 대통령령으로 정하는 바에 따라 시장·군수 또는 구청장의 허가를 받아야 한다. 허가받은 사항을 변경하려는 경우에도 또한 같다.

⑥ 제1항에 따른 허가를 받지 아니하고 체결한 토지거래계약은 그 효력이 발생하지 아니한다.

부칙 제11조(다른 법령과의 관계) 이 법 시행 당시 다른 법령에서 종전의 「공인중개사의 업무 및 부동산 거래신고에 관한 법률」, 「부동산 거래신고에 관한 법률」, 「외국인토지법」, 「국토의 계획 및 이용에 관한 법률」 또는 그 규정을 인용한 경우 이 법 중 그에 해당하는 규정이 있으면 종전의 규정을 갈음하여 이 법 또는 이 법의 해당 규정을 인용한 것으로 본다.

[해결]

Ⅰ. 문제의 제기

(1) 甲은 乙과 X에 대한 매매계약을 체결하였지만 관할관청의 토지거래허가가 결정되지 않은 상태에 있으므로 그 효력이 발생하지 않을 것이다. 따라서 甲은 乙에게 중도금의 이행지체를 이유로 채무불이행으로 인한 손해배상을 청구하거나 또는 매매계약을 해제할 수 없을 것이다. 또한 甲은 乙에게 더 이상 허가신청절차의 협력의무도 부담하지 않을 것이다. 반면 乙도 甲에게 X의 이행을 청구하지 못하며, 또한 채무불이행을 이유로 매매계약을 해제하거나 그로 인한 손해배상을 청구할 수 없을 것이다. 그러나 乙은 甲에게 계약금을 지급하고 아직 중도금을 지급하지 않았으므로 甲은 해약금을 지급하고 매매계약을 해제할 수 있으며, 乙도 계약금을 포기하고 거래계약을 해제할 수 있을 것이다.

(2) X에 대한 토지거래허가신청이 관할관청으로부터 불허가된 경우에 특별한 사정이 없는 한 甲과 乙이 X에 대하여 체결한 매매계약은 확정적으로 무효이다. 따라서 甲은 乙에게 중도금과 잔금의 지급을 청구할 수 없으며, 乙도 甲에게 X의 이전을 청구할 수 없을 것이다. 다만, 매매계약이 확정적으로 무효로 됨에 따라 乙은 甲에게 지급한 계약금을 부당이득으로 반환청구할 수 있을 것이다.

(3) 甲이 乙과 X에 대한 매매계약을 체결할 당시 허가구역 내에 있던 X가 그 후 허가구역 지정이 해제되었다면 그 매매계약은 계약체결시에 소급하여 유효로 된다. 그러므로 甲과 乙은 새로이 X에 대한 매매계약을 체결할 필요없이 기존 계약상의 권리와 의무를 부담할 것이다.

Ⅱ. 유동적 무효상태에서의 권리관계

1. 甲과 乙의 법적 지위

甲과 乙은 토지거래허가구역 내에 있는 토지 X에 대한 매매계약을 체결하였다. 그런데 부동산거래신고법 제11조 제6항은 토지거래허가구역 내에 있는 토지거래계약에 대하여 "제1항에 따른 허가를 받지 아니하고 체결한 토지거래계약은 그 효력이 발생하지 아니한다."고 하여 토지거래허가가 없는 토지거래계약은 그 효력이 부정된다고 규정한다. 판례도 토지거래계약(허가를 배제하거나 잠탈하는 내용의 계약 아닌 계약은 여기에 해당하는 것으로 본다)이 허가를 받을 것을 전제로 체결된 경우에는 관할관청의 허가를 받을 때까지는 법률상 미완성의 법률행위로서 소유권 등 권리의 이전 또는 설정에 관한 거래의 효력이 전혀 발생하지 않음은 확정적 무효의 경우와 다를 바 없지만, 일단 허가를 받으면 그 계약은 소급하여 유효한 계약이 되고 이와 달리 불허가가 된 때에는 무효로 확정되므로 허가를 받기까지는 유동적 무효의 상태에 있다고 한다(대판(전) 1991. 12. 24, 90다12243). 사안에서 X에 대한 매매계약은 관할관청의 허가가 결정되지 않은 상태에 있지만 甲이 乙에게 채무불이행을 이유로 손해배상을 청구하거나 또는 매매계약을 해제할 수 있는지가 문제된다. 반면 乙도 甲에게 X의 이행까지 중도금 지급을 거절할 수 있는지, 허가신청절차의 협력의무 불이행에 대한 책임을 물을 수 있는지가 문제된다.

2. 이행청구의 가부

부동산거래신고법상 토지거래허가구역 내의 토지에 관한 매매계약은 관할관청으로부터 허가를 받기 전에는 매매계약의 효력이 발생하지 않는다. 즉 관할관청의 허가를 받기 전에는 매매계약은 물권적 효력뿐만 아니라 채권적 효력도 발생하지 않으므로 각 당사자는 상대방에 대하여 이행청구를 할 수 없다(대판 1992. 9. 8, 92다19989). 거래당사자는 상대방에게 권리 이전에 대한 청구를 할 수 없으므로 매매계약의 불이행을 이유로 계약을 해제하거나 그로 인한 손해배상을 청구할 수 없다(대판 2000. 1. 28, 99다40524). 나아가 관할관청의 허가를 받기 전에는 매매계약의 채권적 효력을 인정하지 않으므로 소유권이전등기청구권가등기가 허용되지 않으며, 허가를 조건으로 하는 조건부소유권이전등기청구를 구하는 장래 이행의 소도 제기할 수 없다. 사안에서 甲이 乙과 체결한 X에 대한 매매계약은 그 효력이 발생하지 않으므로 甲과 乙은 각자 상대방에게 X의 이전을 청구하거나 중도금 지급을 청구할 수 없으며, 이러한 채무의 불이행을 이유로 손해배상을 청구하거나 매매계약을 해제할 수 없다.

3. 해약금에 의한 해제

매매계약의 당사자는 계약 당시 상대방에게 계약금을 교부한 경우에 당사자 사이에 다른 약정이 없는 한 당사자 일방이 계약의 이행에 착수할 때까지 계약금 교부자는 이를 포기하고 계약을 해제할 수 있고, 그 상대방은 계약금의 배액을 상환하고 계약을 해제할 수 있다(제565조). 따라서 부동산거래신고법상의 토지거래허가를 받지 않아 유동적 무효 상태인 매매계약에 있어서 특별한 사정이 없는 한 당사자 사이의 매매계약은 매도인이 계약금의 배액을 상환하고 계약을 해제함으로써 적법하게 해제된다(대판 1997. 6. 27, 97다9369). 사안에서 甲은 乙에게 X를 이전하지 않았고, 乙도 甲에게 중도금을 지급하지 않는 상태에 있으므로 甲은 乙에게 6,000만 원을 상환하고 매매계약을 해제할 수 있다.

4. 협력의무의 가부

토지에 대한 매매계약에서 계약당사자는 공동허가신청절차에 협력할 의무가 있다. 그러므로 계약당사자 중 일방이 이러한 의무에 위배하여 허가신청절차에 협력하지 않으면 상대방은 협력하지 않은 당사자에 대하여 협력의무의 이행을 청구할 수 있다(대판(전) 1991. 12. 24, 90다12243). 그러나 유동적 무효의 상태에 있는 거래계약의 당사자는 상대방이 그 거래계약의 효력이 완성되도록 협력할 의무를 이행하지 아니하였음을 들어 일방적으로 유동적 무효의 상태에 있는 거래계약 자체를 해제할 수 없다(대판(전) 1999. 6. 17, 98다40459). 사안에서 甲은 관할관청에 X에 대한 토지거래허가를 신청하였으나 아직 결정이 되지 않은 상태이므로 乙은 甲에게 공동허가신청절차에 대한 협력의무 불이행을 이유로 X에 대한 매매계약 자체를 해제할 수 없다.

4. 부당이득반환청구의 가부

계약당사자가 유동적 무효 상태의 매매계약을 체결하고 그에 기하여 임의로 지급한 계약금 등은 그 계약이 유동적 무효 상태로 있는 한 그를 부당이득으로서 반환을 구할 수 없고, 유동적 무효 상태가 확정적으로 무효가 되었을 때 비로소 부당이득으로 그 반환을 구할 수 있다(대판 1997. 11. 11, 97다36965). 즉 매수인이 허가가 날 것을 예상하여 임의로 미리 지급한 대금은 쌍방이 계약이 장래 유효로 될 것을 기대하고 주고받은 것이므로 계약이 유동적 무효상태에 있는 동안에는 이를 가리켜 '법률상 원인 없는' 대금의 수수로 볼 수 없다. 사안에서 甲이 乙과 체결한 X에 대한 매매계약은 유동적 무효상태에 있으므로 乙은 甲에게 이미 지급한 계약금 3,000만원을 부당이득으로 반환청구할 수 없다.

Ⅲ. 확정적 무효상태에서의 법률관계

토지거래허가를 받지 아니하여 유동적 무효 상태에 있는 계약이라고 하더라도 일단 거래허가신청을 하여 불허가되었다면 특별한 사정이 없는 한 불허가된 때로부터 그 매매계약은 확정적으로 무효로 된다. 다만, 그 불허가의 취지가 미비된 요건의 보정을 명하는 데에 있고 그러한 흠결된 요건을 보정하는 것이 객관적으로 불가능하지도 아니한 경우라면 그 불허가로 인하여 매매계약이 확정적으로 무효가 되는 것은 아니다(대판 1998. 12. 22, 98다44376). 그리고 매매계약이 확정적으로 무효가 되면 매수인은 매도인에게 매매계약에 기하여 소유권이전등기절차의 이행이나 토지의 인도를 구할 수 없고, 매매예약 또는 조건부 매매계약에 기한 가등기도 할 수 없게 된다. 반면 매도인도 매수인에게 매매대금의 지급을 구할 수 없고 오히려 매수인이 자신에게 지급한 계약금, 중도금 등에 대하여 계약의 무효를 이유로 부당이득 반환을 청구할 수 있다. 사안에서 甲이 乙과 체결한 X에 대한 매매계약은 특별한 사정이 없는 한 확정적으로 무효이다. 따라서 甲은 乙에게 중도금과 잔금의 지급을 청구할 수 없으며, 乙도 甲에게 X의 이전을 청구할 수 없다. 다만, X에 대한 매매계약이 확정적으로 무효로 됨에 따라 乙이 甲에게 지급한 계약금은 법률상 원인 없는 급부로 되어 乙은 甲에게 이를 부당이득으로 반환청구할 수 있다.

Ⅳ. 확정적 유효상태에서의 법률관계

계약당사자가 허가구역지정기간 중에 허가구역 내의 토지에 대하여 토지거래허가를 받지 않고 매매계약을 체결한 후 허가구역지정이 해제된 경우에 그 매매계약의 효력이 어떻게 되는지가 문제된다. 이에 대해서 학설은, ① 허가를 받을 필요 없이 확정적으로 유효로 된다는 입장(**확정적 유효설, 허가불요설**), ② 허가를 받는지의 여부와 관계없이 확정적으로 무효로 된다는 입장(**확정적 무효설**), ③ 허가를 받을 때까지는 여전히 유동적 무효의 상태에 있다는 입장(**유동적 무효설, 허가필요설**)으로 나뉜다. 이러한 논의는 전원합의체 판결에서도 계속되었는데, 다수의견은 **확정적 유효설(허가불요설)**의 입장을 취한 반면, 반대의견은 유동적 무효설(허가필요설)의 입장을 취하고 있다(대판(전) 1999. 6. 17, 98다40459). 그리고 허가구역 내의 토지가 일단 관할관청의 허가를 받으면 유동적 무효상태에 있는 매매계약은 소급하여 유효하게 되므로 허가 후에 새로이 거래계약을 체결할 필요가 없다(대판 1991. 12. 24, 90다12243). 사안에서 甲과 乙이 X에 대한 매매계약을 체결할 당시 허가구역 내에 있던 토지 X가 그 후 허가구역지정이 해제되었다면 그 매매계약은 계약체결시에 소급하여 유효로 된다. 그러므로 甲과 乙은 X에 대한 새로운 계약을 체결할 필요가 없을 뿐만 아니라 당연히 다시 허가를 받을 필요도 없다.

Ⅴ. 사안의 해결

(1) 甲은 乙과 X에 대한 매매계약을 체결하였지만 관할관청의 토지거래허가가 결정되지 않은 상태에 있으므로 甲은 乙에게 이행지체를 이유로 채무불이행으로 인한 손해배상을 청구하거나 또는 매매계약을 해제할 수 없다. 반면 乙도 甲에게 X의 이행을 청구하지 못하며, 또한 채무불이행을 이유로 매매계약을 해제하거나 그로 인한 손해배상을 청구할 수 없다. 다만, 乙은 甲에게 계약금을 지급하고 아직 중도금을 지급하지 않았으므로 甲은 乙에게 해약금을 지급하고 매매계약을 해제할 수 있다.

(2) X에 대한 토지거래허가신청이 관할관청으로부터 불허가된 경우에 특별한 사정이 없는 한 甲과 乙이 체결한 X에 대한 매매계약은 확정적으로 무효이다. 따라서 甲은 乙에게 중도금과 잔금의 지급을 청구할 수 없으며, 乙도 甲에게 X의 이전을 청구할 수 없다. 다만, 매매계약이 확정적

으로 무효로 됨에 따라 乙은 甲에게 지급한 계약금을 부당이득으로 반환청구할 수 있다.

(3) 甲이 乙과 X에 대한 매매계약을 체결할 당시 허가구역 내에 있던 X가 그 후 허가구역지정이 해제되었다면 그 매매계약은 계약체결시에 소급하여 유효로 된다. 그러므로 甲은 乙과 X에 대한 새로운 계약을 체결할 필요 없이 기존의 매매계약에 따른 권리와 의무를 부담한다.

참고판례

1. 대법원 1991. 12. 24. 선고 90다12243 전원합의체 판결

[1] 국토이용관리법상의 규제구역 내의 '토지등의 거래계약' 허가에 관한 관계규정의 내용과 그 입법취지에 비추어 볼 때 토지의 소유권 등 권리를 이전 또는 설정하는 내용의 거래계약은 관할 관청의 허가를 받아야만 그 효력이 발생하고 허가를 받기 전에는 물권적 효력은 물론 채권적 효력도 발생하지 아니하여 무효라고 보아야 할 것인바, 다만 허가를 받기 전의 거래계약이 처음부터 허가를 배제하거나 잠탈하는 내용의 계약일 경우에는 확정적으로 무효로서 유효화될 여지가 없으나 이와 달리 허가받을 것을 전제로 한 거래계약(허가를 배제하거나 잠탈하는 내용의 계약이 아닌 계약은 여기에 해당하는 것으로 본다)일 경우에는 허가를 받을 때까지는 법률상 미완성의 법률행위로서 소유권 등 권리의 이전 또는 설정에 관한 거래의 효력이 전혀 발생하지 않음은 위의 확정적 무효의 경우와 다를 바 없지만, 일단 허가를 받으면 그 계약은 소급하여 유효한 계약이 되고 이와 달리 불허가가 된 때에는 무효로 확정되므로 허가를 받기까지는 유동적 무효의 상태에 있다고 보는 것이 타당하므로 허가받을 것을 전제로 한 거래계약은 허가받기 전의 상태에서는 거래계약의 채권적 효력도 전혀 발생하지 않으므로 권리의 이전 또는 설정에 관한 어떠한 내용의 이행청구도 할 수 없으나 일단 허가를 받으면 그 계약은 소급해서 유효화되므로 허가 후에 새로이 거래계약을 체결할 필요는 없다.

[2] 같은 법 제31조의2 소정의 벌칙적용대상인 "허가 없이 '토지등의 거래계약'을 체결하는 행위"라 함은 처음부터 허가를 배제하거나 잠탈하는 내용의 계약을 체결하는 행위를 가리키고 허가받을 것을 전제로 한

거래계약을 체결하는 것은 이에 해당하지 않는다.

[3] 같은 법 제21조의3 제1항 소정의 허가가 규제지역 내의 모든 국민에게 전반적으로 토지거래의 자유를 금지하고 일정한 요건을 갖춘 경우에만 금지를 해제하여 계약체결의 자유를 회복시켜 주는 성질의 것이라고 보는 것은 위 법의 입법취지를 넘어선 지나친 해석이라고 할 것이고, 규제지역 내에서도 토지거래의 자유가 인정되나 다만 위 허가를 허가 전의 유동적 무효 상태에 있는 법률행위의 효력을 완성시켜 주는 인가적 성질을 띤 것이라고 보는 것이 타당하다.

[4] 규제지역 내의 토지에 대하여 거래계약이 체결된 경우에 계약을 체결한 당사자 사이에 있어서는 그 계약이 효력 있는 것으로 완성될 수 있도록 서로 협력할 의무가 있음이 당연하므로, 계약의 쌍방 당사자는 공동으로 관할 관청의 허가를 신청할 의무가 있고, 이러한 의무에 위배하여 허가신청절차에 협력하지 않는 당사자에 대하여 상대방은 협력의무의 이행을 소송으로써 구할 이익이 있다.

[5] 위 "마"항의 매매계약을 체결한 경우에 있어 관할 관청으로부터 토지거래허가를 받기까지는 매매계약이 그 계약내용대로의 효력이 있을 수 없는 것이어서 매수인으로서도 그 계약내용에 따른 대금지급의무가 있다고 할 수 없으며, 설사 계약상 매수인의 대금지급의무가 매도인의 소유권이전등기의무에 선행하여 이행하기로 약정되어 있었다고 하더라도, 매수인에게 그 대금지급의무가 없음은 마찬가지여서 매도인으로서는 그 대금지급이 없었음을 이유로 계약을 해제할 수 없다.

[다수의견에 대한 보충의견] 국토이용관리법상의 규제구역내 토지등의 거래계약허가에 관한 관계규정의 본래의 취지는 허가를 얻기 전에는 거래계약 그 자체를 체결하여서는 안되고, 이에 위반하여 거래계약을 체결하더라도 그 효력이 없다는 취지인 것이며, 다만 그렇다고 하더라도 관할 관청의 허가를 얻어서 거래계약을 체결하기 위한 준비행위로서의 합의는 법이 당연히 예정하고 있다고 할 것인바, 규제구역 내에 있는 '토지 등의 거래계약'을 체결하고자 하는 당사자는 거래계약의 예정금액 등 장차 체결할 거래계약의 기본이 되는 사항은 미리 합의를 할 것이고, 이 거래계약을 실현시키기 위하여 준비행위로서 먼저 허가신청의 내용이나

방법에 관한 합의를 하는 것이 당연한 순서일 것이며, 당사자가 공동으로 관할 관청의 허가를 신청할 의무는 이와 같은 준비행위로서의 합의에 근거하여 발생한다고 보는 것이 상당하다. 그런데 이와 같은 준비행위로서의 합의를 함에 있어 거래계약의 내용을 미리 정하여 거래계약의 허가가 있을 경우 새삼스럽게 거래계약을 별도로 체결할 것 없이 그와 같은 내용의 거래계약의 약정이 있는 것으로 하는 합의가 동시에 이루어지는 것이 오히려 통상적일 것이고, 그와 같은 경우에는 거래계약의 허가가 있었을 때에 미리 합의한 내용에 따른 거래계약이 성립되고 이 때에 그 효력을 발생하는 것으로 해석하는 것이 상당하며 위와 같은 두개의 합의(약정)를 하였음에도 당사자의 일방이 허가신청절차에 협력하지 아니한다면 상대방은 소송으로써 그 이행을 구할 이익이 있다고 보아야 할 것이다. 그리고 당사자의 의사는 위와 같은 공동으로 허가신청을 할 합의와 허가가 있으면 미리 합의된 바에 따라 거래계약의 체결이 있는 것으로 하는 합의가 함께 있었던 것으로 해석하는 것이 상당할 것이고, 이 때에 그 계약서에 허가신청에 관한 명시적인 언급이 없다 하더라도 묵시적인 합의가 있었다고 보아야 할 것이다.

[다수의견 중 허가조건부 소유권이전등기절차이행청구부분에 대한 별개의견] 다수의견이 토지등의 거래계약허가와 관련된 국토이용관리법상의 판시 금지규정, 효력규정, 처벌규정과 그 법률의 입법목적, 기본이념 등에 터잡아 허가를 받지 않고 맺은 '토지 등의 거래계약'이 채권계약으로서는 물론 물권계약으로서도 절대무효라고 본 견해에는 이론이 없으나 토지 등의 거래계약허가는 다수의견과 같이 '토지 등의 거래계약'의 성립을 인정하는 바탕 위에서 그 거래계약의 효력을 완성시키는 인가적 성질을 갖는 것이 아니라 허가 없는 거래계약의 일반적 금지에 대한 개별적 해제인 허가적 성질을 갖는다고 하여야 할 것이며 결국 국토이용관리법상 허가 전의 '토지 등의 거래계약'은 성립을 용인할 수 없으며 이에 위반한 거래계약은 절대적으로 무효라는 점에서 허가를 조건으로 한 소유권이전등기청구권은 발생할 여지가 없다.

[반대의견] 관계 규정을 종합하면 거래계약 당사자가 공동으로 허가신청을 하였다 하더라도 그 허가 여부는 오로지 관할 도지사의 재량에 맡

겨져 있고 설사 거래 당사자에게 허가협력의무를 명하는 판결이 있다 하더라도 그 판결은 그에 따른 공동허가신청만을 강제하거나 공동허가신청과 같은 효력만을 낳을 뿐 그 허가 여부는 여전히 관할 도지사의 재량에 맡겨지기는 마찬가지라 할 것이며 그렇게 하여 허가가 났다 한들 허가 전의 '토지 등의 거래계약' 자체의 성립이 법률상 부인되는 바에야 어차피 허가 후에 다시 '토지 등의 거래계약'을 맺어야 되는데 그 때 당사자의 한 쪽이 그 계약체결에 불응해 버리면 그 계약은 성립할 여지가 없게 되어 그 허가협력의무의 이행만으로는 아무런 권리변동의 효력을 가져올 수 없음이 분명하므로 이렇게 본다면 허가협력을 소송으로 청구하는 것은 아무런 이익이 없다.

2. 대법원 1999. 6. 17. 선고 98다40459 전원합의체 판결

[1] 국토이용관리법상 토지의 거래계약허가구역으로 지정된 구역 안의 토지에 관하여 관할 행정청의 허가를 받지 아니하고 체결한 토지거래계약은 처음부터 그 허가를 배제하거나 잠탈하는 내용의 계약일 경우에는 확정적 무효로서 유효화될 여지가 없으나, 이와 달리 허가받을 것을 전제로 한 거래계약일 경우에는 일단 허가를 받을 때까지는 법률상 미완성의 법률행위로서 거래계약의 채권적 효력도 전혀 발생하지 아니하지만, 일단 허가를 받으면 그 거래계약은 소급해서 유효로 되고 이와 달리 불허가가 된 때에는 무효로 확정되는 이른바 유동적 무효의 상태에 있다고 보아야 한다.

[2] [다수의견] 토지거래허가구역으로 지정된 토지에 관하여 건설교통부장관이 허가구역 지정을 해제하거나, 또는 허가구역 지정기간이 만료되었음에도 허가구역 재지정을 하지 아니한(이하 '허가구역 지정해제 등'이라고 한다) 취지는 당해 구역 안에서의 개별적인 토지거래에 관하여 더 이상 허가를 받지 않도록 하더라도 투기적 토지거래의 성행과 이로 인한 지가의 급격한 상승의 방지라는 토지거래허가제도가 달성하려고 하는 공공의 이익에 아무런 지장이 없게 되었고 허가의 필요성도 소멸되었으므로, 허가구역 안의 토지에 대한 거래계약에 대하여 허가를 받은 것과 마찬가지로 취급함으로써 사적자치에 대한 공법적인 규제를 해제하여 거래 당사자들이 당해 토지거래계약으로 달성하고자 한 사적자치를 실현

할 수 있도록 함에 있다고 할 것이므로, 허가구역 지정기간 중에 허가구역 안의 토지에 대하여 토지거래허가를 받지 아니하고 토지거래계약을 체결한 후 허가구역 지정해제 등이 된 때에는 그 토지거래계약이 허가구역 지정이 해제되기 전에 확정적으로 무효로 된 경우를 제외하고는, 더 이상 관할 행정청으로부터 토지거래허가를 받을 필요가 없이 확정적으로 유효로 되어 거래 당사자는 그 계약에 기하여 바로 토지의 소유권 등 권리의 이전 또는 설정에 관한 이행청구를 할 수 있고, 상대방도 반대급부의 청구를 할 수 있다고 보아야 할 것이지, 여전히 그 계약이 유동적 무효상태에 있다고 볼 것은 아니다.

[반대의견] 국토이용관리법상의 토지거래허가제도가 폐지되지 않고 존치되어 있는 이상, 허가구역 지정기간 중에 허가구역 안의 토지에 관하여 체결된 거래계약은 허가구역 지정해제 등이 된 이후에도 여전히 허가를 받아야 유효로 된다고 해석하여야 토지의 투기적 거래의 규제가 가능하고 이를 목적으로 한 위 제도의 내용 및 취지와 합치되며, 법이론상으로도 무리가 없고, 다수의견에 따르면 허가구역 지정기간 경과 후에는 과거의 투기거래를 문제삼지 않고 이를 용인하는 결과가 되어, 자본을 건전한 투자와 소비로 유도하고 투기거래로 유입되는 것을 차단하여 건실한 경제발전을 도모하고 나아가 토지이용질서를 확립하려는 국가의 기본경제정책에도 배치된다.

3. 대법원 2000. 1. 28. 선고 99다40524 판결

국토이용관리법상 토지거래허가구역 내의 토지에 관한 거래계약은 관할관청으로부터 허가받기 전의 상태에서는 거래계약의 채권적 효력도 전혀 발생하지 아니하여 무효이므로 권리의 이전 또는 설정에 관한 어떠한 내용의 이행청구도 할 수 없고, 따라서 상대방의 거래계약상 채무불이행을 이유로 손해배상을 청구할 수도 없다.

4. 대법원 1997. 11. 11. 선고 97다36965,36972 판결

[1] 국토이용관리법상의 토지거래허가구역 내의 토지에 관하여 관할관청의 허가를 받기 전에 체결한 매매계약은 처음부터 허가를 배제하거나 잠탈하는 내용의 계약일 경우에는 확정적 무효로서 유효화될 여지가

없지만, 이와 달리 허가받을 것을 전제로 한 거래계약일 경우에는 일단 허가를 받을 때까지는 법률상 미완성의 법률행위로서 소유권 등 권리의 이전에 관한 계약의 효력이 전혀 발생하지 않음은 확정적 무효의 경우와 다를 바 없으나, 일단 허가를 받으면 그 계약은 소급하여 유효한 계약이 되고 이와 달리 불허가된 경우에는 무효로 확정되므로 허가를 받기까지는 유동적 무효의 상태에 있다고 보아야 하고, 이와 같이 허가를 배제하거나 잠탈하는 내용이 아닌 유동적 무효 상태의 매매계약을 체결하고 그에 기하여 임의로 지급한 계약금 등은 그 계약이 유동적 무효 상태로 있는 한 그를 부당이득으로서 반환을 구할 수 없고 유동적 무효 상태가 확정적으로 무효가 되었을 때 비로소 부당이득으로 그 반환을 구할 수 있으며, 이와 같은 유동적 무효 상태의 계약은 관할 시장, 군수 또는 구청장에 의한 불허가처분이 있는 경우와 당사자 쌍방이 허가신청 협력의무의 이행 거절 의사를 명백히 표시한 경우에는 허가 전 거래계약 관계 즉 계약의 유동적 무효 상태가 더 이상 지속한다고 볼 수 없고 그 계약 관계는 확정적으로 무효라고 인정되는 상태에 이른다.

[2] 토지거래허가신청에 대한 관할 시장, 군수 또는 구청장의 불허가처분으로 인하여 매매계약이 확정적으로 무효 상태에 이르게 되려면 매도인과 매수인이 공동으로 허가를 받고자 국토이용관리법 제21조의3 제3항에 따라 허가신청서에 계약 내용과 토지의 이용 계획 등을 진실과 부합되게 기재하여 이를 관할 시장, 군수, 또는 구청장에게 제출하였지만 그 진실된 허가신청서의 기재에도 불구하고 관할 시장, 군수 또는 구청장에 의하여 그 허가신청이 국토이용관리법 제21조의4 소정의 허가 기준에 적합하지 아니하다고 판단되는 경우를 전제로 하는 것이므로, 단지 매매계약의 일방 당사자만이 임의로 토지거래허가신청에 대한 불허가처분을 유도할 의도로 허가신청서에 기재하도록 되어 있는 계약 내용과 토지의 이용 계획 등에 관하여 사실과 다르게 또는 불성실하게 기재한 경우라면 실제로 토지거래허가신청에 대한 불허가처분이 있었다는 사유만으로 곧바로 매매계약이 확정적인 무효 상태에 이르렀다고 할 수 없다.

[26] 소멸시효의 완성

사례

甲은 乙에게 2010. 12. 31.을 변제기로 정하여 1억원을 대여하였다. 丙은 乙의 채무를 보증하기 위하여 甲과 연대보증계약을 체결하였고, 丁은 자신의 토지 X에 저당권을 설정하고 저당권설정등기도 마쳤다. 2021. 3. 10. 甲은 乙에게 대여금 1억원의 반환을 청구하였고, 乙은 甲에게 3,000만원을 변제하였다.

[문제1] 乙은 甲에게 잔금 7,000만원의 지급을 거절하고 이미 변제한 3,000만원의 반환을 청구할 수 있는가?

[문제2] 甲이 丙에게 잔금 7,000만원의 반환을 청구한 경우에 丙은 甲에게 잔금 지급을 거절할 수 있는가?

[문제3] 甲이 잔금 7,000만원을 반환받기 위하여 丁의 X에 대한 저당권을 실행하였고, 이에 丁이 甲에게 변제기의 유예를 요청한 경우에 丁은 甲에게 저당권등기 말소를 청구할 수 있는가?

[개요]

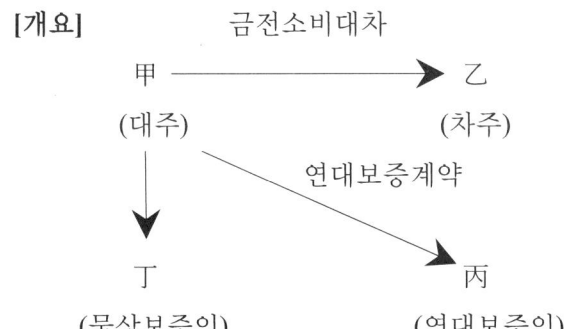

[해결]

Ⅰ. 문제의 소재

(1) 甲은 乙에게 1억원의 대여금 채권을 가지고 있으므로 변제기인 2010. 12. 31.에 1억원의 반환을 청구할 수 있을 것이다. 이에 대하여 乙의 법적 지위는 乙이 대여금채무의 시효완성 사실을 알고 채무의 일부인 3,000만원을 변제하였는지의 여부에 따라 판단될 것이다.

(2) 丙은 乙의 연대보증인으로서 乙이 甲에게 가지는 항변을 가지고 甲에게 대항할 수 있다. 그러므로 丙도 원칙적으로 甲에게 시효완성의 항변을 주장하여 잔금 7,000만원의 지급 청구를 거절할 수 있을 것이다.

(3) 丁은 乙의 물상보증인으로서 乙이 甲에게 가지는 항변을 가지고 甲에게 대항할 수 있다. 그러나 丁은 시효완성 후에 甲에게 변제기의 유예를 요청하였으므로 丁이 시효완성 사실을 알면서 甲에게 기간 유예를 요청하였는지에 따라 그 책임이 달라질 것이다.

Ⅱ. 소멸시효 완성 효과

1. 소멸시효 완성 여부

소멸시효에 의하여 권리가 소멸하기 위해서는,

첫째, 권리가 소멸시효에 걸리는 것이어야 한다. 사안에서 甲은 乙에게 1억원을 빌려주었으므로 甲은 乙에게 대여금채권을 가지고 있다. 대여금채권은 소멸시효의 대상이 되는 권리이다(제162조 제1항).

둘째, 권리자가 법률상 그의 권리를 행사할 수 있음에도 불구하고 행사하지 않아야 한다. 사안에서 甲의 채권은 확정기한부 채권이므로 확정기한이 도래한 때부터 시효가 진행된다. 따라서 甲의 채권은 변제기 다음

날인 2011. 1. 1.부터 소멸시효가 진행되며(제157조 본문), 그 이후 甲의 권리행사가 불가능한 점은 보이지 않는다.

셋째, 권리자의 권리불행사 상태가 일정기간 동안 계속되어야 한다. 사안에서 甲의 채권은 2011. 1. 1.부터 소멸시효가 진행되어(제166조 제1항) 2020. 12. 31. 자정이 되면 소멸시효가 완성된다(제162조 제1항, 제159조).

결론적으로 甲의 乙에 대한 대여금채권은 소멸시효가 완성되었다.

2. 소멸시효 완성 효과

우리 민법은 소멸시효의 효과에 대하여 "시효가 완성한다"고 규정하고 있어(제162조 이하), '완성한다'는 의미가 무엇인지에 대해서는 학설의 대립이 있다. 이에 대해서는 소멸시효의 완성으로 권리가 당연히 소멸한다는 절대적 소멸설, 소멸시효의 완성으로 권리가 당연히 소멸하지는 않고 다만 시효의 이익을 받을 자에게 권리의 소멸을 주장할 권리(원용권)가 생길 뿐이라고 하는 상대적 소멸설이 있다. 판례는 "당사자의 원용이 없어도 시효완성의 사실로서 채무는 당연히 소멸한다."고 절대적 소멸설을 따르고 있다(대판 1979. 2. 13, 78다2157). 생각건대 민법 제정과정에서 상대적 소멸설에 입각한 원용 규정을 삭제한 점, 상대적 소멸설에 따르면 물권이 시효로 소멸한 경우에 상대적 물권관계가 발생하게 된다는 점 등을 고려하면 판례 및 다수설이 취하고 있는 절대적 소멸설이 타당하다. 사안에서 甲의 대여금채권은 소멸시효가 완성되었고, 절대적 소멸설에 따르면 甲의 채권은 당연히 소멸하게 된다.

III. 소멸시효 완성 후 일부 변제의 효과

1. 乙의 법적 지위

소멸시효의 이익은 시효가 완성된 후에는 자유롭게 포기할 수 있다.

그러나 甲은 乙에게 소멸시효 완성 후 대여금의 반환을 청구하였고, 乙은 甲에게 대여금의 일부를 변제하였다. 이 경우 대여금의 일부변제를 소멸시효 이익의 포기로 볼 수 있는지가 문제된다.

2. 소멸시효 이익의 포기

소멸시효 이익의 포기는 시효완성의 이익을 받을 당사자가 진정한 권리자에게 행사하여야 한다. 또한 시효이익의 포기가 유효하려면 포기자가 시효완성의 사실을 알고서 하여야 한다. 이와 관련하여 **절대적 소멸설**에 따르면, 채무자가 시효완성의 사실을 알고 변제한 때에는 시효이익의 포기(제184조 제1항)는 악의의 비채변제(제742조)가 되어 그 반환을 청구하지 못한다고 한다. 이에 반하여 채무자가 시효완성의 사실을 모르고 변제한 때에는 제744조의 도의관념에 적합한 비채변제에 해당하여 그 반환을 청구하지 못한다고 한다. 그리고 판례는 "채무자가 소멸시효 완성 후 채무를 일부 변제한 때에는 그 액수에 관하여 다툼이 없는 한 그 채무 전체를 묵시적으로 승인한 것으로 보아야 하고, 이 경우 시효완성의 사실을 알고 그 이익을 포기한 것으로 추정된다."고 한다(대판 2001. 6. 12, 2001다3580).

첫째, 시효이익 포기의 의사표시는 시효완성의 이익을 받을 당사자가 하여야 한다(대판 1998. 2. 28, 97다53366). 사안에서는 乙이 이에 해당한다.

둘째, 시효이익 포기의 의사표시의 상대방은 진정한 권리자이다(대판 1994. 12. 23, 94다40734). 사안에서는 丙이 이에 해당한다.

셋째, 소멸시효 완성 후 채무의 일부변제를 시효이익의 포기로 볼 수 있는지가 문제된다. 사안에서 乙이 대여금채무의 시효완성 사실을 알고 甲에게 3,000만원을 변제한 경우에는 시효이익의 포기로 추정된다. 이 경우 乙의 일부변제는 시효이익의 포기로써 그 효과는 채무 전부에 미치므로 乙은 甲의 잔금지급 청구를 거절할 수 없다. 반면에 乙이 대여금채무의 시효완성 사실을 모르고 甲에게 3,000만원을 변제한 경우에는 시효이익의 포기로 될 수 없다. 하지만 乙의 급부는 도의관념에 적합한 비채변제가 되어 乙은 甲에게 부당이득을 이유로 이미 변제한 3,000만원의 반환을 청구하지 못한다.

3. 소결

乙의 법적 지위는 乙이 대여금채무의 시효완성 사실을 알고 있었는지의 여부에 따라 판단된다. 만일 乙이 시효완성 사실을 알고 甲에게 3,000만원을 변제하였다면 시효이익의 포기로 추정되므로 乙은 잔금 7,000만원의 지급 청구를 거절할 수 없다. 그리고 乙이 甲에게 이미 변제한 3,000만원은 악의의 비채변제가 되므로 乙은 甲에게 그 반환을 청구할 수 없다. 반면에 乙이 시효완성 사실을 모르고 甲에게 3,000만원을 변제하였다면 시효이익의 포기로 될 수 없다. 하지만 乙이 甲에게 이미 변제한 3,000만원은 도의관념에 적합한 비채변제가 되므로 乙은 甲에게 그 반환을 청구할 수 없다. 다만, 乙은 甲에 대해서 잔금 7,000만원의 지급 청구를 거절할 수 있다.

Ⅳ. 종속된 권리에 대한 소멸시효의 효력

1. 서

주된 권리의 소멸시효가 완성된 때에는 종속된 권리에도 그 효력이 미친다(제183조). 사안에서 乙의 甲에 대한 채무가 시효로 소멸하면 이에 종속된 丙의 보증채무 및 丁의 피담보채무도 소멸한다.

2. 연대보증인의 소멸시효 주장 가부

(1) 연대보증인의 법적 지위

연대보증은 보증채무의 일종으로서 주채무에 대한 부종성이 인정된다.

따라서 연대보증인은 주채무자가 채권자에게 가지는 항변으로 채권자에게 대항할 수 있으나(제433조 제1항), 주채무자의 항변 포기는 보증인에게 효력이 없다(제433조 제2항). 사안에서 丙은 乙의 채무를 보증하기 위하여 甲과 연대보증계약을 체결하였으므로 연대보증인의 법적 지위를 가지며, 乙이 甲에게 가지는 항변으로 甲에게 대항할 수 있다.

(2) 연대보증인이 소멸시효 완성을 주장할 수 있는지의 여부

소멸시효의 완성으로 권리가 당연히 소멸한다는 절대적 소멸설에 따르면, 누구나 소멸시효의 완성을 주장할 수 있다. 그러나 판례는 소멸시효를 주장할 수 있는 자는 "시효로 인하여 채무가 소멸되는 결과 직접적인 이익을 받는 사람"에 한정된다고 한다(대판 1997. 12. 26, 97다22676). 또한 "주채무가 시효로 소멸한 때에는 보증인도 그 시효소멸을 원용할 수 있으며, 주채무자가 시효의 이익을 포기하더라도 보증인에게는 그 효력이 없다."고 판시하고 있다(대판 1991. 1. 29, 89다카1114). 사안에서 丙은 乙의 연대보증인으로서 시효완성으로 인하여 직접적인 이익을 받는 사람에 해당한다. 따라서 丙은 甲에게 시효완성을 주장할 수 있다.

(3) 소결

乙이 시효완성 사실을 알고 甲에게 3,000만원을 변제하였다면 시효이익의 포기로 추정되지만, 그 효과는 '상대효'만 있으므로 丙에게는 미치지 않는다. 따라서 소멸시효로 인하여 직접 이익을 받는 丙은 甲에게 잔금 7,000만원의 지급 청구를 거절할 수 있다. 반면에 乙이 시효완성 사실을 모르고 甲에게 3,000만원을 변제하였다면 시효이익의 포기로 될 수 없다. 따라서 乙의 甲에 대한 잔금지급 채무가 소멸하므로 丙의 채무도 당연히 소멸하게 된다. 따라서 丙은 甲에게 잔금 7,000만원의 지급 청구를 거절할 수 있다.

3. 물상보증인의 소멸시효 주장 가부

(1) 丁의 법적 지위

타인의 채무를 담보하기 위하여 자기의 물건에 담보권을 설정한 물상보증인은 채권자에 대하여 물적 유한책임을 지고 있어 그 피담보채권의 소멸에 의하여 직접 이익을 받는 관계에 있으므로 소멸시효의 완성을 주장할 수 있다(대판 2004. 1. 16, 2003다30890). 사안에서 丁은 乙의 물상보증인으로서 주채무인 乙의 피담보채무가 시효완성으로 소멸되면 丁도 甲에게 시효완성을 주장할 수 있다. 그러나 丁은 시효완성 후에 甲에게 변제기의 유예를 요청하였으므로 기한 유예의 청구가 가지는 의미에 따라 그 책임이 달라진다.

(2) 소멸시효 완성 후 기간 유예의 청구

소멸시효의 완성으로 권리가 당연히 소멸한다는 절대적 소멸설에 따르면, 누구나 소멸시효의 완성을 주장할 수 있다. 그러나 판례는 소멸시효의 완성을 주장을 할 수 있는 자는 "시효로 인하여 채무가 소멸되는 결과 직접적인 이익을 받는 사람"에 한정된다고 한다(대판 1997. 12. 26, 97다22676). 그리고 "채권의 소멸시효가 완성된 후에 채무자가 그 기한의 유예를 요청하였다면 그 때에 소멸시효의 이익을 포기한 것으로 보아야 한다."고 판시하고 있다(대판 1965. 12. 28, 65다2133). 이 경우 물상보증인이 시효완성 사실을 알면서 채권자에게 기한의 유예를 요청하였다면 피담보채무의 소멸에도 불구하고 채권자에게 채무가 존속하는 경우와 동일한 내용의 책임을 부담한다(제436조 유추적용). 그러나 물상보증인이 시효완성 사실을 알지 못하면서 채권자에게 기한의 유예를 요청하였다면 시효이익의 포기로 볼 수 없다. 이 경우 물상보증인이 채권자에게 기간의 유예를 요청하고 다시 소멸시효의 완성을 원용하는 것은 신의칙에 반하므로 소멸시효의 원용은 인정되지 않는다. 사안에서 丁은 乙의 채무를 담보하기 위하여 X에 저당권을 설정하였으므로 丁은 甲에게 시효완성을 주장할 수 있는 지위에 있다. 그러므로

丁이 시효완성 사실을 알고 甲에게 기한의 유예를 요청하였다면 甲에게 피담보채무에 대한 책임을 진다. 그러나 丁이 시효완성 사실을 모르고 甲에게 기한의 유예를 요청하였다면 시효이익의 포기가 되지 않는다.

(3) 소결

丁은 乙의 물상보증인으로서 甲에게 시효완성을 주장할 수 있다. 그러나 丁이 시효완성 사실을 알고 甲에게 기한의 유예를 요청하였다면 丁은 甲에게 피담보채무에 대한 책임을 진다. 그 결과 X에 대해서는 7,000만원의 잔존채무에 대한 저당권이 존속하므로 丁은 甲에게 저당권등기의 말소를 청구할 수 없다. 반면에 丁이 시효완성 사실을 모르고 甲에게 기한의 유예를 요청하였다면 시효이익의 포기가 되지 않는다. 이 경우 丁의 시효완성의 원용은 신의칙에 반하므로 丁은 甲에게 X에 대한 저당권등기의 말소를 청구할 수 없다.

V. 사안의 해결

(1) 乙이 시효완성 사실을 알고 甲에게 3,000만원을 변제하였다면 乙은 잔금 7,000만원의 지급 청구를 거절할 수 없다. 그리고 乙은 甲에게 이미 변제한 3,000만원도 반환을 청구할 수 없다. 반면에 乙이 시효완성 사실을 모르고 甲에게 3,000만원을 변제하였다면 乙은 甲에게 그 반환을 청구할 수 없으나 잔금 7,000만원의 지급 청구는 거절할 수 있다.

(2) 乙이 시효완성 사실을 알고 甲에게 3,000만원을 변제하였다면 丙은 甲에게 잔금 7,000만원의 지급 청구를 거절할 수 있다. 반면에 乙이 시효완성 사실을 모르고 甲에게 3,000만원을 변제하였다면 시효이익의 포기가 되지 않으므로 丙은 甲에 대하여 잔금 7,000만원의 지급 청구를 거절할 수 있다.

(3) 丁이 시효완성 사실을 알고 甲에게 기한의 유예를 요청하였다면 丁

은 甲에게 저당권등기의 말소를 청구할 수 없다. 반면에 丁이 시효완성 사실을 모르고 甲에게 기한의 유예를 요청하였다면 시효이익의 포기가 되지 않으므로 丁은 甲에게 저당권등기의 말소를 청구할 수 없다.

참고판례

1. 대법원 1979. 2. 13. 선고 78다2157 판결

당사자의 원용이 없어도 시효완성의 사실로서 채무는 당연히 소멸하고, 다만 소멸시효의 이익을 받는 자가 소멸시효 이익을 받겠다는 뜻을 항변하지 않는 이상 그 의사에 반하여 재판할 수 없을 뿐이다.

2. 대법원 2001. 6. 12. 선고 2001다3580 판결

채무자가 소멸시효 완성 후 채무를 일부 변제한 때에는 그 액수에 관하여 다툼이 없는 한 그 채무 전체를 묵시적으로 승인한 것으로 보아야 하고, 이 경우 시효완성의 사실을 알고 그 이익을 포기한 것으로 추정되므로, 소멸시효가 완성된 채무를 피담보채무로 하는 근저당권이 실행되어 채무자 소유의 부동산이 경락되고 그 대금이 배당되어 채무의 일부 변제에 충당될 때까지 채무자가 아무런 이의를 제기하지 아니하였다면, 경매절차의 진행을 채무자가 알지 못하였다는 등 다른 특별한 사정이 없는 한, 채무자는 시효완성의 사실을 알고 그 채무를 묵시적으로 승인하여 시효의 이익을 포기한 것으로 보아야 한다.

3. 대법원 1997. 12. 26. 선고 97다22676 판결

소멸시효가 완성된 경우 이를 주장할 수 있는 사람은 시효로 인하여 채무가 소멸되는 결과 직접적인 이익을 받는 사람에 한정되므로, 채무자에 대한 일반 채권자는 자기의 채권을 보전하기 위하여 필요한 한도 내에서 채무자를 대위하여 소멸시효 주장을 할 수 있을 뿐 채권자의 지위에서 독자적으로 소멸시효의 주장을 할 수 없다.

4. 대법원 1991. 1. 29. 선고 89다카1114 판결

주채무가 시효로 소멸한 때에는 보증인도 그 시효소멸을 원용할 수 있으며, 주채무자가 시효의 이익을 포기하더라도 보증인에게는 그 효력이 없다.

5. 대법원 2004. 1. 16. 선고 2003다30890 판결

타인의 채무를 담보하기 위하여 자기의 물건에 담보권을 설정한 물상보증인은 채권자에 대하여 물적 유한책임을 지고 있어 그 피담보채권의 소멸에 의하여 직접 이익을 받는 관계에 있으므로 소멸시효의 완성을 주장할 수 있다.

7. 대법원 1965. 12. 28. 선고 65다2133 판결

채권의 소멸시효가 완성된 후에 채무자가 그 기한의 유예를 요청하였다면 그때에 소멸시효의 이익을 포기한 것으로 보아야 한다.

8. 대법원 2009. 7. 9., 선고, 2009다14340, 판결

채무자가 소멸시효 완성 후에 채권자에 대하여 채무를 승인함으로써 그 시효의 이익을 포기한 경우에는 그때부터 새로이 소멸시효가 진행한다.

2. 종합문제

[27] 부동산 이중매매

사례

甲은 乙과 자신의 토지 X에 대한 매매계약을 체결하고 매매대금 3억원을 모두 수령하였다. 주유소를 운영 중인 乙은 세차시설과 편의점을 개설할 계획을 가지고 인접한 X를 매수하여 인도받았지만 아직 X에 대한 소유권이전등기는 경료하지 못하였다. 이러한 사실을 알게 된 이웃의 주유소 운영자 丙은 甲에게 X를 3억 5,000만원에 자신에게 매도할 것을 요청하였다. 그러나 甲이 丙의 요청에 응하지 아니하자 丙은 甲에게 이중매매는 민·형사상 아무런 문제가 되지 않으며 만일 문제가 된다면 자기가 모든 책임을 지겠다고 하였다. 또한 丙은 甲에게 X를 자기에게 양도하면 그곳에 편의점을 개설하여 편의점 운영권을 주겠다고 甲을 적극적으로 설득하였다. 甲은 丙의 설득에 넘어가 X에 대한 매매계약을 체결하고, 소유권이전등기도 경료하여 주었다.

[문제1] X의 소유권자는 누구이며, X의 소유권자가 행사할 수 있는 권리는?
[문제2] 乙이 가지는 권리와 그 구제방법은?
[문제3] 만일 丙이 X를 丁에게 전매하였다면 丁의 법적 지위와 구제방법은?

[개요]

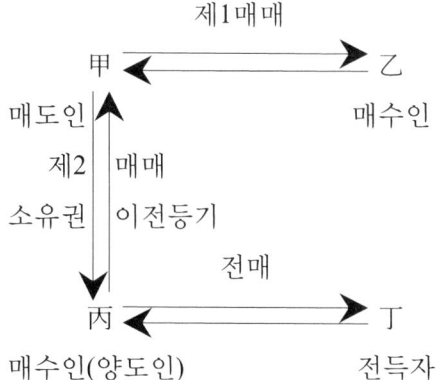

[해결]

Ⅰ. 문제의 제기

(1) 甲은 乙과 X에 대한 매매계약을 체결하고 X를 인도하여 주었지만 乙은 아직 X에 대한 소유권이전등기를 경료하지 않았으므로 X의 소유권은 여전히 甲에게 있다. 그러나 甲이 이를 기화로 丙과 X에 대한 제2의 매매계약을 체결하고 丙에게 X의 소유권이전등기를 경료하여 주었다. 그러므로 X의 소유권은 甲이 丙과 체결한 이중매매가 유효한지의 여부에 달려 있다고 할 것이다.

(2) 乙이 甲과 X에 대한 매매계약을 체결하고 매매대금을 모두 지급하였지만 甲은 丙과 X에 대한 제2의 매매계약을 체결하고 丙에게 X의 소유권이전등기를 경료하여 주었다. 그러므로 乙은 甲에게 채무불이행을 이유로 손해배상청구권과 계약해제권, 불법행위를 이유로 손해배상청구권을 행사할 수 있을 것이다. 한편 甲이 丙과 체결한 이중매매가 반사회질서 법률행위로서 무효가 되는 경우에 乙은 甲이 丙에 대하여 가지는 X에 대한 소유권이전등기말소청구권을 대위행사할 수 있을 것이다. 또한 乙은 丙에게 제3자에 의한 채권침해를 이유로 손해배상청구권을 행사할 수 있을 것이다. 나아가 乙은 甲이 丙과 공모하여 사해행위를 하였으므로 甲이 丙과 체결한 이중매매를 취소하고 원상회복을 청구할 수 있을 것이다.

(3) 丙이 丁에게 X를 전매한 경우에 甲과 丙 사이의 이중매매가 반사회질서 법률행위로서 절대적 무효이므로 丁은 丙이 X를 유효하게 취득한 것으로 믿었다고 하더라도 이중매매의 유효를 주장할 수 없을 것이다. 이 경우 丁은 丙에게 담보책임을 물을 수 있을 것이다.

Ⅱ. X의 소유권자의 권리행사

1. X의 법적 상태

우리 민법은 부동산물권변동에 대하여 성립요건주의를 채택하고 있다 (제186조 참조). 그러므로 매수인은 매매계약의 체결만으로는 당해 부동산의 소유권을 취득할 수 없으며, 등기가 있을 때까지 매도인이 여전히 당해 부동산의 소유권을 보유하게 된다. 따라서 매도인은 제2의 매매계약을 체결하고 매수인 중 1인에게 소유권이전등기를 경료해 줄 수 있으며, 이 경우 토지의 소유권 취득은 이중매매의 유효성 여부에 따라 달라진다. 사안에서 甲은 丙과 이중매매를 하였으므로 그 유효성 여부에 대한 검토가 필요하다.

2. X의 소유권자는 누구인가?

1) 이중매매의 유효성 여부

부동산의 이중매매(2중양도)라 함은 부동산의 매도인이 매매계약을 체결하고 매수인에게 등기 이전을 완료하지 않은 상태에서 그 부동산에 대하여 제2의 매매계약을 체결하는 것을 말한다. 부동산의 이중매매는 계약 체결의 자유가 인정되고, 동일 채무자에게 동일한 내용의 채무가 복수적으로 귀속될 수 있는 채권의 특질상 제2의 매수인이 악의라고 하여 이중매매가 항상 반사회질서 법률행위라고 할 수 없다. 다만, 제2의 매수인이 매도인의 배임행위에 적극 가담한 경우에 그 유효성 여부에 대하여 **다수설과 판례**(대판 1969. 11. 25, 66다1565)는 부동산의 이중매매는 반사회질서 법률행위로서 무효라고 하고, **소수설**은 반사회질서 법률행위가 아니라고 한다. 생각건대 제2의 매수인이 매매계약의 존재를 알았을 뿐만 아니라 이중매매를 적극적으로 권유하여 매도인이 배임행위를 한 경우에는 이중매매는 반사회질서 법률행위로서 무효라고 할 수 있다.

2) 부동산 이중매매가 반사회질서 법률행위인지의 여부

부동산 이중매매가 반사회질서 법률행위가 되기 위한 요건으로는(제103조),

첫째, 제2의 매수인이 매도인의 배임행위에 적극 가담하는 행위가 있었어야 한다. 여기서 제2의 매수인이 매도인의 배임행위에 '적극 가담하는 행위'는 제2의 매수인이 다른 사람에게 매매목적물이 매도된 것을 안다는 것만으로는 부족하고, 적어도 그러한 매도사실을 알고도 매도를 요청하여 매매계약에 이르는 정도가 되어야 한다(대판 1994. 3. 11, 93다55289). 특히 부동산의 이중매매가 사회질서에 반하여 무효인지의 여부를 판단하기 위해서는 "소유자의 그러한 제2의 소유권양도의무를 발생시키는 원인이 되는 매매 등의 계약이 소유자의 위와 같은 의무위반행위를 유발시키는 계기가 된다는 것만을 이유로 이를 공서양속에 반하여 무효라고 할 것이 아님은 물론이다. 그것이 공서양속에 반한다고 하려면, 다른 특별한 사정이 없는 한 상대방에게도 그러한 무효의 제재, 보다 실질적으로 말하면 나아가 그가 의도한 권리취득 자체의 좌절을 정당화할 만한 책임귀속사유가 있어야 한다."고 한다(대판 2013. 10. 11, 2013다52622). 그리고 이를 판단함에 있어서는, 그가 당해 계약의 성립과 내용에 어떠한 방식으로 관여하였는지('소유자의 배임행위에 적극 가담하였는지' 여부라는 기준은 대체로 이를 의미한다)를 일차적으로 고려할 것이고, 나아가 계약에 이른 경위, 약정된 대가 등 계약내용의 상당성 또는 특수성, 그와 소유자의 인적 관계 또는 종전의 거래상태, 부동산의 종류 및 용도, 제1양도채권자의 점유 여부 및 그 기간의 장단과 같은 이용현황, 관련 법규정의 취지·내용 등과 같이 법률행위가 공서양속에 반하는지 여부의 판단에서 일반적으로 참작되는 제반 사정을 여기서도 종합적으로 살펴보아야 할 것이다. 사안에서 丙은 甲과 乙 사이에 X에 대한 제1의 매매계약이 체결되었다는 사실을 알았으며, 甲이 丙의 요청에 응하지 아니하자 丙은 甲에게 이중매매는 민·형사상 아무런 문제가 없으며 만일 문제가 된다면 자기가 모든 책임을 지겠다고 하였고,

丙은 乙과 이웃에서 주유소를 경영하고 있다. 나아가 丙은 X를 자기에게 양도하면 그곳에 편의점을 개설하여 편의점 운영권을 주겠다고 甲을 적극적으로 설득하였다.

둘째, 제1의 매수인이 등기를 경료하지 않아 소유권은 취득하지 못하였지만 매도인에게 대금을 지급하고 점유를 이전받아 사실상 소유자의 지위에 있어야 한다. 사안에서 乙은 甲으로부터 X를 매수하여 인도받았지만 아직 X에 대한 소유권이전등기는 경료하지 못하였다.

결론적으로 丙은 乙이 甲으로부터 X를 매수하여 인도받았지만 아직 X에 대한 소유권이전등기는 경료하지 못한 사정을 이용하여 甲에게 적극적으로 배임행위를 권유하여 제2의 매매계약을 체결한 후 X에 대한 소유권이전등기를 넘겨받았다. 이는 제2의 매수인이 매도인의 배임행위에 적극 가담한 경우로 판단되며, 따라서 甲과 丙 사이의 이중매매는 사회정의 관념에 위배된 반사회질서 법률행위로서 무효이다(대판 1969. 11. 25, 66다1565).

3) 소결

甲과 丙 사이의 이중매매가 반사회질서 법률행위로서 무효가 되면 甲이 丙에게 이전하여 준 X에 대한 소유권등기도 원인무효로 된다. 따라서 X가 丙 명의로 등기되어 있더라도 그 소유권자는 甲이 된다.

3. X의 소유권자의 권리행사

1) 甲의 법적 지위

甲은 丙과 제2의 매매계약을 체결하고 X에 대한 소유권이전등기를 경료하여 주었으나 제2의 매매계약이 무효이므로 甲은 丙에게 이미 이행한 급부의 반환을 청구할 수 있다. 이 경우 甲이 丙에게 이전하여 준 소유권등기는 법률상 원인없는 급부가 되었으므로 부당이득반환청구권을 행사하여 소유권등기를 반환받을 수 있는지의 여부가 문제된다. 또한 甲은 X의 소유권자로서 丙에게 소유권등기의 말소를 청구할 수 있는지의 여부가 문제된다.

2) 甲의 丙에 대한 급부반환청구 가부

甲이 丙과 체결한 이중매매는 반사회질서 법률행위로서 무효이다. 그러므로 甲이 丙에게 이미 이행한 급부를 부당이득으로 반환청구할 수 있지만 만일 그 급부가 제746조의 '불법원인급여'에 해당하면 부당이득반환청구권은 배제된다. 그러므로 이중매매가 제746조의 불법원인급여에 해당하는지의 여부가 검토되어야 하며, 이에 대하여는 학설상 논란이 있다. **반환청구부정설**은 제103조와 제746조는 표리일체의 관계에서 불법한 법률행위에 대하여 법적 구제를 거부하는 것으로 본다. 따라서 이중매매의 경우에 매도인과 제2의 매수인 모두에게 불법원인이 있는 때에는 제746조의 본문에 따라 매도인은 제2의 매수인에게 소유권이전등기청구권을 행사할 수 없다고 한다. **반환청구인정설**은 다시 인정근거에 따라 여러 가지 견해로 나누어지며, 이중매매가 사회질서에는 반할지라도 그것에 기한 급여는 불법원인급여가 아니므로 제746조가 적용되지 않는다고 한다. 따라서 이중매매의 경우에 매도인은 제2의 매수인에게 소유권이전등기청구권을 행사할 수 있다고 한다. **절충설**은 제746조의 불법은 제103조의 선량한 풍속 기타 사회질서에 위반하는 것을 의미하지만 예외적으로 이중매매와 같이 재산이 원래 귀속되어야 할 제3자에게 자동적으로 귀속되는 경우에는 제746조의 적용을 배제하여야 한다고 한다. 따라서 매도인은 제2의 매수인에게 소유권이전등기청구권을 행사할 수 있다고 한다. **판례**는 "민법 제746조는 단지 부당이득제도만을 제한하는 것이 아니라 동법 제103조와 함께 사법의 기본이념으로서, 결국 사회적 타당성이 없는 행위를 한 사람은 스스로 불법한 행위를 주장하여 복구를 그 형식 여하에 불구하고 소구할 수 없다는 이상을 표현한 것이므로, 급여를 한 사람은 그 원인행위가 법률상 무효라 하여 상대방에게 부당이득반환청구를 할 수 없음은 물론 급여한 물건의 소유권은 여전히 자기에게 있다고 하여 소유권에 기한 반환청구도 할 수 없고 따라서 급여한 물건의 소유권은 급여를 받은 상대방에게 귀속된다."고 한다(대판(전) 1979. 11. 13, 79다483). 생각건대 제746조가 부당이득반환청구권을 인정하지 않는 것은 급여자가 스스로 불법으로 급여한 재산을 이후에 반사회질서 법률행위에 의한 무효를 주장하여 그 반환을 청구하는 것이 공평과 신의성실의 원칙에 반하기 때문이다. 사안에서 甲은 丙에게 이미 경료하여 준 소유권이전등기의 반환을 청구할 수 없다.

3) 甲의 丙에 대한 물권적 청구권 행사 가부

甲이 丙과 체결한 이중매매가 무효로 되는 경우에 이에 기하여 행하여진 X에 대한 소유권이전등기도 원인무효가 되는지의 여부 및 이 경우 甲이 소유권자로서 丙에게 물권적 청구권을 행사할 수 있는지의 여부가 문제된다.

첫째, 이중매매가 반사회질서 법률행위로서 무효로 되는 경우에 이에 기하여 행하여진 물권행위도 무효로 되는지의 여부가 문제된다. 이에 대하여 판례와 다수설이 취하는 물권행위의 유인성설에 따르면 물권행위도 무효가 되므로 매도인이 처음부터 소유권자이다. 그러므로 소유권자는 소유물반환청구권을 가지지만 부당이득반환청구권은 가지지 않는다고 한다. 이에 대하여 무인성설에 따르면 매도인은 소유권자가 아니므로 소유물반환청구권은 인정되지 않고 부당이득반환청구권만 가진다고 한다. 한편 제3설은 이중매매가 무효로 되는 경우에 급부의 반환문제는 기본적으로 부당이득반환의 성질을 가지므로 부당이득반환청구권만이 인정된다고 한다. 생각건대 물권적 청구권은 원물반환의 영역에서는 부당이득을 반환하도록 하는 특별한 수단이므로 소유권자는 소유물반환청구권을 가진다고 할 수 있다.

둘째, 이중매매가 반사회질서 법률행위로서 무효로 되는 경우에 매도인이 소유권자로서 제2의 매수인에게 물권적 청구권을 행사할 수 있는지의 여부가 문제된다. 판례는 불법원인급여의 경우에 **급여자가 급여한 물건의 소유권이 여전히 자기에게 있다고 하여도 소유권에 기한 반환청구는 할 수 없다** 고 한다(대판(전) 1979. 11. 13, 79다483).

사안에서 甲이 丙과 체결한 이중매매가 반사회질서 법률행위로서 무효이므로 X의 소유권자는 甲이다. 그러나 甲이 丙에게 이전한 X에 대한 소유권등기는 불법원인급여이므로 甲은 丙에게 X에 대한 소유권이전등기말소를 청구할 수 없다. 따라서 X의 소유권자는 등기명의를 가진 丙이다.

4) 소결

甲이 丙과 체결한 이중매매가 무효로 되는 경우에 이에 기하여 행하여진 물권행위도 무효로 된다. 따라서 X의 소유권자는 甲이다. 그러나 甲의 급부는 불법원인급여에 해당되므로 X의 소유권자는 등기명의를 가진 丙이다. 따라서 甲은 丙에게 부당이득반환청구로서 소유권이전등기청구나 물권적 청구권의 행사로서 소유권이전등기말소청구를 할 수 없다.

Ⅲ. 乙이 가지는 권리와 구제수단

1. 乙의 법적 지위

乙은 甲과 X에 대한 매매계약을 체결하고 매매대금을 모두 지급하였으며 X를 인도받았지만 X에 대한 소유권이전등기를 마치지 않았으므로 매수인의 법적 지위를 가진다. 그러나 매도인 甲이 丙과 제2의 매매계약을 체결하고 乙에게 채무의 내용에 좇은 급부를 이행하지 않았으므로 乙은 甲에게 채무불이행으로 인한 손해배상을 청구할 수 있다. 또한 甲은 丙과 공동으로 乙에 대하여 배임행위를 하였으므로 乙은 甲과 丙을 상대로 공동불법행위로 인한 손해배상을 청구할 수 있다. 한편 甲이 丙과 체결한 이중매매가 반사회질서 법률행위로서 무효가 되었으므로 乙은 甲이 丙에 대하여 가지는 X에 대한 소유권이전등기말소청구권을 대위행사 할 수 있는지의 여부가 문제된다. 또한 乙이 丙에게 제3자에 의한 채권침해를 이유로 손해배상청구권을 행사할 수 있는지도 문제된다. 나아가 乙은 甲의 배임행위와 丙의 적극적인 가담에 의한 사해행위를 이유로 甲이 丙과 체결한 이중매매를 취소하고 원상회복을 청구할 수 있는지의 여부도 문제된다.

2. 甲에 대한 권리행사

1) 채무불이행을 이유로 하는 권리구제

甲이 乙과 X에 대한 매매계약을 체결한 이후, 丙과 X에 대한 제2의 매매계약을 체결하였으므로 乙이 甲에 대하여 채무불이행 책임을 물을 수 있는지가 문제된다(제390조).

첫째, 甲이 丙과 X에 대한 제2의 매매계약을 체결하고 소유권이전등기를 경료하여 주었으므로 甲의 乙에 대한 소유권이전의무가 이행불능이 되었는지의 여부가 문제된다. 부동산의 소유권이전등기의무자가 목적물을 제3자에게 양도하고 이전등기를 마친 경우에 원칙적으로는 이행불능이 된다(대판 1965. 7. 27, 65다947). 그러나 부동산의 소유권이전등기의무자가 제3자에게 등기를 이전하였더라도 이를 회복하거나 또는 처분·이행이 가능한 때에는 예외적으로 이행불능이 되지 않는다. 사안에서 甲이 丙과 X에 대한 제2의 매매계약을 체결하고 소유권이전등기를 경료하여 주었으며, 甲이 丙 명의의 X에 대한 소유권이전등기말소를 청구할 수 없는 한 甲의 소유권이전의무는 사회통념상 불능에 해당한다. 따라서 乙은 甲에게 이행불능을 이유로 손해배상을 청구하거나 丙 명의의 등기를 말소한 후에 자신의 명의로 등기할 수 있다.

둘째, 甲은 乙에게 소유권이전등기를 경료하여 줄 의무를 부담하고 있지만 이를 이행하지 않고 있으므로 乙은 甲에게 이행지체로 인한 손해배상을 청구할 수 있다(제390조). 이 경우 乙은 이미 甲에게 자신의 의무를 이행하였으므로 동시이행관계는 성립하지 않으며, 또한 X로부터 생긴 과실을 취득할 수 있다(제587조).

셋째, 乙은 甲에게 소유권이전등기의무의 이행을 최고하고 상당한 기간 내에 그 이행이 없으면 甲과 체결한 X에 대한 매매계약을 해제할 수 있다(제544조).

2) 불법행위를 이유로 하는 권리구제

甲이 丙과 체결한 X의 이중매매가 불법행위가 되기 위해서는(제750조),

첫째, 가해자의 고의·과실에 의한 가해행위가 있어야 한다. 사안에서 이중매매는 甲의 고의에 의한 배임행위로서 乙의 甲에 대한 채권인 소유권이전등기청구권을 침해하였다.

둘째, 가해행위가 위법하여야 한다. 사안에서 이중매매는 반사회질서 법률행위로서 당연 무효이다.

셋째, 가해행위에 의하여 손해가 발생하였어야 한다. 사안에서 乙은 甲의 이중매매로 인하여 X를 취득하지 못하는 손해를 입었다.

따라서 乙은 甲에게 불법행위를 이유로 손해배상을 청구할 수 있다.

3. 丙에 대한 권리행사

1) 등기말소청구권의 대위행사 가부

甲과 丙 사이에 체결된 이중매매가 반사회질서 법률행위로서 무효가 되었으므로 乙은 甲이 丙에 대하여 가지는 X에 대한 소유권이전등기말소청구권을 대위행사할 수 있는지의 여부가 문제된다.

채권자대위권이 성립하기 위한 요건으로는(제404조),

첫째, 채권자가 자기의 채권을 보존할 필요가 있어야 한다. 즉 채권자대위권을 행사하려면 채권이 존재하여야 하고, 그 채권을 보존할 필요성이 있어야 한다. 이 경우 채무자는 원칙적으로 무자력이 요구되어야 하지만 등기청구권과 같은 특정물채권을 보전할 필요성이 있을 때에는 예외적으로 무자력이 요구되지 않는다(대판 1980. 5. 27, 80다565). 사안에서 乙은

甲에 대하여 소유권이전등기청구권을 가지고 있다.

둘째, 채무자가 제3자에 대하여 대위행사에 적합한 권리를 가지고 있어야 한다(대판 1980. 6. 10, 80다891). 여기서 甲과 丙 사이에 체결된 이중매매가 반사회질서 법률행위로서 무효로 되는 경우에 甲이 丙에 대하여 소유권이전등기말소를 부당이득반환청구의 대상으로 삼을 수 있는지의 여부가 문제된다. **반환청구부정설**에 따르면 甲은 丙에 대하여 아무런 권리를 가지고 있지 않으므로 乙은 甲을 대위하여 丙에게 X에 대한 소유권이전등기말소청구권을 행사할 수 없다고 한다. 이에 대하여 **반환청구인정설**에 따르면 이중매매의 제1의 매수인은 매도인을 대위하여 제2의 매수인에게 소유권이전등기말소청구권을 행사할 수 있다고 한다. 한편 **절충설**에 따르면 乙은 甲을 대위하여 丙에게 丙 명의의 X에 대한 소유권이전등기말소청구권을 행사할 수 있다고 한다. **판례**는 이중매매가 배임행위로서 반사회질서 법률행위에 의한 것이라면 제1매수인은 매도인을 대위하여 제2의 매수인 앞으로 경료된 소유권등기의 말소를 구할 수 있다고 한다(대판 1980. 5. 27, 80다565). 생각건대 급여자의 수익자에 대한 급부반환청구권은 존재하지만 급여자는 이를 행사할 수 없다. 그러나 불법원인급여를 하지 않은 급여자의 채권자는 급여자에 대한 자기의 채권을 보전하기 위하여 급여자를 대위하여 수익자에게 급부의 반환을 청구할 수 있다. 사안에서 甲과 丙 사이에 이중매매가 행하여졌지만 乙은 甲에 대한 자기의 소유권이전등기청구권을 보전하기 위하여 甲을 대위하여 丙에게 소유권이전등기말소를 청구할 수 있다.

셋째, 채무자가 스스로 그 권리를 행사하지 않아야 한다(이설 없음, 대판 1969. 2. 25, 68다2352,2353).

결론적으로 乙은 甲이 丙에 대하여 가지는 X에 대한 소유권이전등기말소청구권을 대위행사할 수 있다. 그 결과 丙 명의의 등기가 말소되면 乙은 甲에 대하여 제1의 매매계약에 기한 소유권이전등기청구권을 행사할 수 있다.

2) 제3자의 채권침해에 의한 손해배상청구 가부

(1) 제3자의 채권침해에 의한 손해배상청구권이 성립하기 위해서는,

첫째, 제3자에 의하여 채권이 침해되어야 한다. 그러나 제3자에 의한 채권침해가 불법행위를 구성할 수 있지만 제3자의 채권침해가 반드시 언제나 불법행위가 되는 것은 아니므로 채권침해의 태양에 따라 불법행위 성립여부를 구체적으로 검토하여 정하여야 한다(대판 1975. 5. 13, 73다1244). 사안에서 丙은 甲이 乙과 매매계약을 체결하였다는 사실을 알면서 제2의 매매계약을 체결하고 소유권등기를 이전받음으로써 乙의 甲에 대한 채권인 소유권이전등기청구권을 침해하였다.

둘째, 제750조의 불법행위 성립요건을 갖추어야 한다. 판례는 "제3자의 행위가 채권을 침해하는 것으로서 불법행위에 해당한다고 할 수 있으려면, 그 제3자가 채권자를 해한다는 사정을 알면서도 법규를 위반하거나 선량한 풍속 기타 사회질서를 위반하는 등 위법한 행위를 함으로써 채권자의 이익을 침해하였음이 인정되어야 하고, 이때 그 행위가 위법한 것인지 여부는 침해되는 채권의 내용, 침해행위의 태양, 침해자의 고의 내지 해의의 유무 등을 참작하여 구체적·개별적으로 판단하되, 거래자유 보장의 필요성, 경제·사회정책적 요인을 포함한 공공의 이익, 당사자 사이의 이익균형 등을 종합적으로 고려하여 판단하여야 한다."고 판시하고 있다(대판 2007. 9. 21, 2006다9446). 여기서는 가해자인 제3자의 고의·과실과 위법성이 문제된다. 즉 채권은 일반적인 공시방법이 없으므로 제3자가 채권의 존재를 알고 있어야 한다. 그리고 채권은 배타성이 없기 때문에 위법성이 인정되기 위해서는 제3자의 채권취득행위가 부정한 경업을 목적으로 하거나 이중매매가 반사회질서 법률행위에 해당되어 무효로 되어야 한다. 사안에서 丙은 甲이 乙과 매매계약을 체결하였다는 사실을 알면서 제2의 매매계약을 체결하였고, 이러한 계약체결을 위하여 丙은 甲에게 이중매매는 민·형사상 아무런 문제가 되지 않으며 만일 문제가 된다면 자기가 모든 책임을 지겠다고 하였고, 또한 X를 자기에게 양도하면 그곳에 편의점을 개설

하여 편의점 운영권을 주겠다고 甲을 적극적으로 설득하였다.

결론적으로 丙은 甲으로부터 X에 대한 소유권등기를 이전받음으로써 乙의 甲에 대한 채권인 소유권이전등기청구권을 침해하였다.

(2) 제3자의 채권침해가 불법행위로 되는 경우에 채권자는 가해자인 제3자에 대하여 손해배상청구권을 행사할 수 있다. 이는 채권자의 다른 권리 행사에 영향을 미치지 않으므로 乙의 丙에 대한 소유권이전등기말소청구권의 대위행사와 함께 행사할 수 있다.

한편 丙은 甲에게 적극적으로 배임행위를 권유하여 제2의 매매계약을 체결하고 X에 대한 소유권이전등기를 넘겨받았으므로 乙은 甲과 丙을 상대로 공동불법행위책임을 물을 수 있다(대판 1967. 9. 5, 67다1255).

3) 채권자취소권 행사 가부

채권자취소권이 성립하기 위한 요건으로는(제406조), 첫째 채권자가 보존하여야 할 채권을 가지고 있어야 하고, 둘째 채권자를 해하는 행위(사해행위)가 있어야 하며, 셋째 채무자가 행위 당시 채권자를 해함을 알고서 행위를 한 것이어야 하고, 넷째 수익자·전득자도 채권자를 해한다는 사실을 알고 있어야 한다. 첫째의 요건과 관련하여 특정물에 대한 소유권이전청구권을 보전하기 위하여 채권자취소권을 행사할 수 있는지의 여부에 대하여는 견해가 나뉜다. 다수설과 판례는 특정물채권을 보전하기 위해서는 채권자취소권을 행사할 수 없다고 하고(대판 1999. 4. 27, 98다56690), 소수설은 특정물채권을 보전하기 위해서는 채권자취소권을 행사할 수 없지만 공동담보를 보전하기 위한 경우이거나 또는 채무자의 유책사유로 인한 이행불능에 따른 손해배상청구권을 확보하기 위해서는 채권자취소권을 행사할 수 있다고 한다. 생각건대 채권자취소권은 모든 채권자의 이익을 위하여 그 효력이 있으므로 등기청구권과 같이 금전채권이 아닌 특정물채권은 모든 채권자들이 평등한 변제를 받는 데에 적합하지 않다. 그러므로 이를 보전하기 위해서 채권자취소권을 행사하는 것은 허용되지 않는다고 보아야 한다. 사안에서 乙은 甲의 이중매매로 인하여 甲으로부터 X에 대한 소유권등기를 이전받을 이익을 침해당하였다고 하더라도 乙은 甲의 丙에 대한 이중매매를 사해행위를 이유로 취소할 수 없다.

VI. 丁의 법적 지위와 구제방법

1. 丁의 법적 지위

부동산 이중매매가 반사회질서 법률행위에 해당하는 경우에 이중매매는 절대적으로 무효이다. 그러므로 당해 부동산을 제2의 매수인으로부터 다시 취득한 제3자는 제2의 매수인이 당해 부동산의 소유권을 유효하게 취득한 것으로 믿었더라도 이중매매가 유효하다고 주장할 수 없다(대판 1996. 10. 25, 96다29151). 사안에서 丙이 丁에게 X를 전매한 경우에 甲과 丙 사이의 이중매매는 반사회질서 법률행위로서 절대적 무효이므로 丁은 丙이 X를 유효하게 취득한 것으로 믿었다고 하더라도 소유권이전등기와 관련하여 丙이나 甲 또는 乙에게 대항할 수 없다.

2. 丁의 권리행사

등기의 공신력이 인정되지 않는 현행법에 따르면 전득자는 매도인이 제2의 매수인과 이중매매를 체결한 사실을 몰랐다고 하더라도 자신의 소유권이전등기가 유효하다고 주장할 수 없다. 따라서 전득자는 제2의 매수인에 대하여 제570조의 담보책임을 물어 계약을 해제하고 원상회복으로서 매매대금과 그 이자의 반환 및 손해배상을 청구할 수밖에 없다. 사안에서 丁은 丙에게 담보책임을 물어 계약을 해제하고 손해배상을 청구하는 것에 만족할 수밖에 없다.

V. 사안의 해결

(1) 甲과 丙 사이의 이중매매가 반사회질서 법률행위로서 무효가 되면 甲이 丙에게 이전하여 준 X에 대한 소유권등기도 원인무효가 된다. 따라서 X가 丙 명의로 등기되어 있더라도 그 소유권자는 甲이 된다. 그러나 甲의 급부는 불법원인급여에 해당되므로 甲은 丙에게 부당이득반환청구로서 소유권이전등기청구나 물권적 청구권의 행사로서 소유권이전등기말소청구를 할 수 없다.

(2) 乙은 甲과 X에 대한 매매계약을 체결하고 매매대금을 모두 지급하였으며 X를 인도받았지만 등기를 완료하지 않은 상태에 있으며, 이를 기화로 甲은 丙과 X에 대한 제2의 매매계약을 체결하고 소유권이전등기를 경료하여 주었다. 그러므로 乙은 甲에게 채무불이행을 이유로 손해배상청구권과 계약해제권, 불법행위를 이유로 손해배상청구권을 행사할 수 있다. 한편 乙은 甲이 丙에 대하여 가지는 X에 대한 소유권이전등기말소청구권을 대위행사할 수 있으며, 제3자에 의한 채권침해를 이유로 손해배상청구권도 행사할 수 있다. 그러나 乙은 甲의 이중매매로 인하여 甲으로부터 X에 대한 소유권등기를 이전받을 이익을 침해당하였다고 하더라도 甲의 丙에 대한 이중매매를 사해행위를 이유로 취소할 수 없다.

(3) 丙이 丁에게 X를 전매한 경우에 甲과 丙 사이의 이중매매가 반사회질서 법률행위로서 절대적 무효이므로 丁은 丙이 X를 유효하게 취득한 것으로 믿었다고 하더라도 이중매매의 유효를 주장할 수 없다. 이 경우 丁은 丙에게 담보책임을 물어 계약을 해제하고 손해배상을 청구하는 것에 만족할 수밖에 없다.

참고판례

1. 대법원 1994.3.11. 선고 93다55289 판결

부동산의 이중매매가 반사회적 법률행위로서 무효가 되기 위하여는 매도인의 배임행위와 매수인이 매도인의 배임행위에 적극 가담한 행위로 이루어진 매매로서, 그 적극 가담하는 행위는 매수인이 다른 사람에게 매매목적물이 매도된 것을 안다는 것만으로는 부족하고, 적어도 그 매도사실을 알고도 매도를 요청하여 매매계약에 이르는 정도가 되어야 한다.

2. 대법원 2009.9.10. 선고 2009다23283 판결

어떠한 부동산에 관하여 소유자가 양도의 원인이 되는 매매 기타의 계약을 하여 일단 소유권 양도의 의무를 짐에도 다시 제3자에게 매도하는 등으로 같은 부동산에 관하여 소유권 양도의 의무를 이중으로 부담하고 나아가 그 의무의 이행으로, 그러나 제1의 양도채권자에 대한 양도의무에 반하여, 소유권의 이전에 관한 등기를 그 제3자 앞으로 경료함으로써 이를 처분한 경우에, 소유자의 그러한 제2의 소유권양도의무를 발생시키는 원인이 되는 매매 등의 계약이 소유자의 위와 같은 의무위반행위를 유발시키는 계기가 된다는 것만을 이유로 이를 공서양속에 반하여 무효라고 할 것이 아님은 물론이다. 그것이 공서양속에 반한다고 하려면, 다른 특별한 사정이 없는 한 상대방에게도 그러한 무효의 제재, 보다 실질적으로 말하면 나아가 그가 의도한 권리취득 자체의 좌절을 정당화할 만한 책임귀속사유가 있어야 한다. 제2의 양도채권자에게 그와 같은 사유가 있는지를 판단함에 있어서는, 그가 당해 계약의 성립과 내용에 어떠한 방식으로 관여하였는지(당원의 많은 재판례가 이 문제와 관련하여 제시한 "소유자의 배임행위에 적극 가담하였는지" 여부라는 기준은 대체로 이를 의미한다)를 일차적으로 고려할 것이고, 나아가 계약에 이른 경위, 약정된 대가 등 계약내용의 상당성 또는 특수성, 그와 소유자의 인적 관계 또는 종전의 거래상태, 부동산의 종류 및 용도, 제1양도채권자의 점유 여부 및 그 기간의 장단과 같은 이용현황, 관련 법규정의 취지·내용 등과 같이 법률행위가 공서양속에 반하는지 여부의 판단에서 일반적으로 참작

되는 제반 사정을 여기서도 종합적으로 살펴보아야 할 것이다. 그리고 법률행위로 인한 부동산물권변동에 등기를 요구하는 민법 제186조의 입법취지 등에 비추어 보면, 제2의 양도채권자가 소유자가 같은 부동산에 대하여 이미 다른 사람에 대하여 소유권양도의무를 지고 있음을 그 채권발생의 원인이 되는 계약 당시에 알고 있었다는 것만으로 당연히 위와 같은 책임귀속이 정당화될 수는 없다.

3. 대법원 1979.11.13. 선고 79다483 전원합의체 판결

민법 제746조는 단지 부당이득제도만을 제한하는 것이 아니라 동법 제103조와 함께 사법의 기본이념으로서, 결국 사회적 타당성이 없는 행위를 한 사람은 스스로 불법한 행위를 주장하여 복구를 그 형식 여하에 불구하고 소구할 수 없다는 이상을 표현한 것이므로, 급여를 한 사람은 그 원인행위가 법률상 무효라 하여 상대방에게 부당이득반환청구를 할 수 없음은 물론 급여한 물건의 소유권은 여전히 자기에게 있다고 하여 소유권에 기한 반환청구도 할 수 없고 따라서 급여한 물건의 소유권은 급여를 받은 상대방에게 귀속된다.

4. 대법원 1980.5.27. 선고 80다565 판결

소외인으로부터 피고에게 소유권이전등기가 경료된 것이 원고에 대한 배임행위로서 반사회적 법률행위에 의한 것이라면 원고는 소외인을 대위하여 피고앞으로 경료된 등기의 말소를 구할 수 있다.

5. 대법원 1975.5.13. 선고 73다1244 판결

제3자에 의한 채권침해가 불법행위를 구성할 수 있지만 제3자의 채권침해가 반드시 언제나 불법행위가 되는 것은 아니고 채권침해의 태양에 따라 불법행위 성립여부를 구체적으로 검토하여 정하여야 한다.

6. 대법원 1969.11.25. 선고 66다1565 판결

이중매도인의 배임행위에 적극 가담하여 매수한 매매행위는 사회정의 관념에 위배된 반사회적인 법률행위로서 무효한 것이라 할 것이다.

7. 대법원 2007.9.21. 선고 2006다9446 판결

제3자의 행위가 채권을 침해하는 것으로서 불법행위에 해당한다고 할

수 있으려면, 그 제3자가 채권자를 해한다는 사정을 알면서도 법규를 위반하거나 선량한 풍속 기타 사회질서를 위반하는 등 위법한 행위를 함으로써 채권자의 이익을 침해하였음이 인정되어야 하고, 이때 그 행위가 위법한 것인지 여부는 침해되는 채권의 내용, 침해행위의 태양, 침해자의 고의 내지 해의의 유무 등을 참작하여 구체적·개별적으로 판단하되, 거래자유 보장의 필요성, 경제·사회정책적 요인을 포함한 공공의 이익, 당사자 사이의 이익균형 등을 종합적으로 고려하여 판단하여야 한다.

8. 대법원 1999. 4. 27. 선고 98다56690 판결

[1] 채권자취소권에 의하여 보호될 수 있는 채권은 원칙적으로 사해행위라고 볼 수 있는 행위가 행하여지기 전에 발생된 것임을 요하나, 그 사해행위 당시에 이미 채권 성립의 기초가 되는 법률관계가 발생되어 있고, 가까운 장래에 그 법률관계에 기하여 채권이 성립되리라는 점에 대한 고도의 개연성이 있으며, 실제로 가까운 장래에 그 개연성이 현실화되어 채권이 성립된 경우에는, 그 채권도 채권자취소권의 피보전채권이 될 수 있다.

[2] 부동산을 양도받아 소유권이전등기청구권을 가지고 있는 자가 양도인이 제3자에게 이를 이중으로 양도하여 소유권이전등기를 경료하여 줌으로써 취득하는 부동산 가액 상당의 손해배상채권은 이중양도행위에 대한 사해행위취소권을 행사할 수 있는 피보전채권에 해당한다고 할 수 없다.

[3] 채권자취소권을 특정물에 대한 소유권이전등기청구권을 보전하기 위하여 행사하는 것은 허용되지 않으므로, 부동산의 제1양수인은 자신의 소유권이전등기청구권 보전을 위하여 양도인과 제3자 사이에서 이루어진 이중양도행위에 대하여 채권자취소권을 행사할 수 없다.

민법조문 색인

제1조	30, 33	제103조	161, 216, 290
제2조	41	제104조	162, 215
제3조	49, 106	제107조	170
제4조	58, 72	제108조	181
제5조	58, 63, 72, 73, 74	제109조	190
제6조	68, 74	제110조	192, 212, 260
제12조	83	제111조	145
제13조	84	제114조	137, 244
제15조	78	제118조	90
제16조	80	제120조	234
제17조	77	제126조	225, 244
제22조	89	제129조	236
제23조	89	제130조	244
제25조	90	제131조	247
제27조	95	제132조	248
제28조	96	제133조	248
제29조	97, 98	제134조	246, 247
제30조	53	제135조	249
제31조	106	제137조	238
제34조	106, 129	제139조	182, 255
제35조	121, 130, 138, 140	제140조	58, 85
제41조	109	제141조	59, 195
제47조	146	제142조	58, 85
제48조	146	제144조	76
제57조	137	제146조	85
제58조	137, 141	제157조	97, 279
제59조	109, 119, 137	제162조	278
제60조	109, 137	제166조	279
제61	141	제183조	281
제65조	132, 141, 142	제184조	280

제186조	155, 289	제741조	62
제201조	44, 259	제746조	164, 292
제211조	41, 44	제747조	198
제213조	148, 197, 259	제748조	198, 258
제214조	197, 259	제750조	51, 140, 251, 260, 296, 298
제275조	108	제751조	50
제276조	110	제752조	52
제390조	257, 295	제762조	51
제396조	131	제763조	131
제404조	296	제766조	175
제406조	184, 299	제827조	224
제433조	282	제833조	100
제492조	62	제840조	98
제544조	296	제909조	72
제551조	259	제911조	73
제555조	146	제950조	68
제565조	267	제997조	53
제569조	254, 259	제1000조	52
제570조	183, 259	제1003조	53
제575조	199	제1005조	53, 149, 229
제580조	194, 199	제1029조	229
제582조	200	제1031조	229
제587조	295	제1041조	229
제681조	257	제1042조	229

판례색인

대판 1961. 10. 19, 4293민상204 42	대판(전) 1979. 12. 11, 78다481 · 482;
대판 1962. 4. 12, 61다1021 249	1981. 12. 22, 80다2762 · 2763; 1993.
대판 1965. 12. 15, 65스2 95	9. 14, 93다8057 147
대판 1965. 12. 28, 65다2133 283	대판 1980. 5. 27, 80다484 42
대판 1966. 10. 18, 66다1335 53	대판 1980. 5. 27, 80다565 296
대(전) 1967. 5. 18, 66다2618 260	대판 1980. 5. 27, 80다565) 297
대판 1967. 9. 5, 67다1255 299	대판 1980. 6. 10, 80다891 297
대판 1969. 2. 25, 68다2352,2353 297	대판 1981. 1. 13, 79다2151 227
대판 1969. 9. 30, 69다1093 60	대판 1981. 8. 11, 80다2885,2886 199
대판 1969. 11. 25, 66다1565 289, 291	대판 1981. 8. 20, 80다2587 44
대판 1970. 1. 27, 69다1820 91	대판 1981. 12. 8, 81다332 238
대판 1970. 1. 27, 69다719판결 90	대판 1982. 9. 14, 80다3063 91
대판 1970. 2. 10, 69다2171 60	대판 1983. 6. 14, 80다3231 29
대판 1970. 2. 24, 69다1568 64, 73	대판 1984. 7. 24, 84도1093 224
대판 1970. 9. 29, 70다466 182, 185	대판 1984. 7. 24, 85다카1819 245
대판 1971. 5. 24, 70다2878 193	대판 1984. 10. 10, 84다카780 236
대판 1971. 12. 14, 71다2045 77	대판 1984. 12. 11, 84다카1402 217
대판 1973. 7. 30, 72다1631 237	대판 1985. 4. 9, 85도167 194
대판 1973. 10. 23, 73다268 260	대판 1985. 4. 23, 84다카890 192, 205
대판 1974. 2. 26, 73다1143 217	대판 1987. 4. 28, 86다카2534 129
대판 1975. 5. 13, 73다1244 298	대판 1987. 9. 22, 86다카1996,1997
대판 1976. 5. 11, 75다1656 146	197
대판 1977. 3. 22, 77다81·82 97	대판 1988. 2. 9, 87다카273 245
대판 1977. 5. 24, 75다1394 182, 196	대판 1988. 9. 27, 87다카422,423 163
대판 1977. 12. 13, 76다2179 216	대판 1989. 1. 31, 87다카2358 155
대판 1978. 2. 28, 77누155 119, 120	대판 1990. 3. 23, 89다카555 122
대판 1979. 2. 13, 78다2157 279	대판 1991. 1. 29, 89다카1114 282
대판 1979. 3. 27, 79다234 236, 237	대판 1991. 5. 28, 91다7200 218
대판(전) 1979. 11. 13, 79다483	대판 1991. 5. 28, 91다7750 105
293, 294	대판 1991. 7. 12, 90다11554 170

대판 1991. 7. 26, 90다15488   174
대판 1991. 10. 25, 91다27273   42
대판 1991. 11. 22, 91다8821   119
대판 1991. 12. 24, 90다12243   268
대판(전) 1991. 12. 24, 90다12243   266
대판 1992. 2. 14, 91다24564   109, 138
대판 1992. 4. 14, 94스2   96
대판 1992. 5. 26, 91다32190   244
대법(전) 1992. 6. 23, 91다33070   261
대판 1992. 7. 10. 선고 92다2431   105
대판 1992. 9. 8, 92다15550   227, 257
대판 1992. 9. 8, 92다19989   267
대판 1992. 10. 9, 92다23087   107
대판 1993. 2. 26, 92다48635,48642
                                    199
대판 1993. 3. 23, 92다39372   43, 45
대판 1993. 4. 27, 92다56087   132
대판 1993. 4. 27, 93다4663   52
대판 1993. 5. 14, 92다45025
                          197, 198, 199
대판 1993. 8. 27, 93다21156   235
대판 1993. 9. 10, 93다20283   259
대판 1993. 9. 25, 73다1100   50
대판 1993. 10. 12, 92다43586   173
대판 1993. 10. 26, 93다2629   154
대판 1994. 3. 11, 93다55289   290
대판 1994. 8. 26, 94다20952   163
대판 1994. 9. 27, 94다21542   97
대판 1994. 9. 27, 94다20617   228
대판 1994. 12. 23, 94다40734   280
대판 1995. 8. 25, 94다27069   43
대판 1996. 2. 27, 95다38875   239
대판 1996. 3. 8, 95다51847   174

대판 1996. 4. 26, 94다12074   185
대판 1996. 4. 26, 94다34432   161
대판 1996. 6. 14, 96다46374   215
대판 1976. 9. 14, 76다1365   51
대판 1996. 11. 12, 96다34061   215
대판 1997. 3. 25, 96다47951   213
대판 1997. 6. 27, 97다9369   268
대판 1997. 8. 29, 97다18059   121
대판 1997. 9. 26, 96다54997   197
대판 1997. 11. 11, 97다36965   268
대판 1997. 12. 26, 97다22676
                               282, 283
대판 1998. 2. 10, 97다44737   206
대판 1998. 2. 27, 97다50985   183
대판 1998. 2. 28, 97다53366   280
대판 1998. 5. 29, 97다55317   236
대판 1998. 5. 8, 95다30390   61
대판 1998. 7. 10, 98다18988   225, 226
대판 1998. 9. 4, 98다17909   181
대판 1998. 11. 27, 98다7421   76
대판 1998. 12. 22, 98다44376   269
대판 1999. 4. 23, 99다4504   105
대판 1999. 4. 27, 98다56690   299
대판(전) 1999. 6. 17, 98다40459
                               268, 270
대판 1999. 7. 9, 98다9045   145, 146
대판 2000. 1. 18, 98다18506   195
대판 2000. 1. 28, 99다40524   267
대판 2000. 5. 12, 2000다12259
                          191, 192, 204
대판 2001. 5. 29, 2000다10246   106
대판 2001. 6. 12, 2001다3580   280
대판 2001. 7. 10, 2001다3764   192

대결 2001. 9. 21, 2000그98　139
대판 2001. 11. 9, 2001다44291
　　　　　　　　　　　255, 256
대판 2002. 5. 24, 2002다14112　133
대판 2002. 6. 28, 2001다49814　244
대판 2002. 10. 25, 2002다23840　218
대판 2003. 4. 11, 2002다60528　171
대판 2003. 4. 25, 2002다11458　170
대판 2003. 5. 13, 2002다73708,73715
　　　　　　　　　　　213, 214
대판 2003. 7. 22, 2002다64780　111
대판(전) 2003. 7. 24, 2001다48781　31
대판 2003. 7. 25, 2002다27088　122
대판 2003. 7. 25, 2002다27088　130
대판 2003. 11. 14, 2001다61869　44
대판 2004. 1. 16, 2003다30890　283
대판 2004. 2. 27, 2003다15280　122
대판 2004. 5. 28, 2003다70041　185

대판 2001. 11. 9, 2001다44291　227
대판 2005. 4. 15, 2003다60297・60303
　・60310・60327　　　　　　60
대판 2005. 10. 28, 2003다69638　142
대판 2005. 12, 23, 2003다30159　121
대판(전) 2007. 2. 15, 2004다50426
　　　　　　　　　　　　　164
대판 2007. 9. 21, 2006다9446　298
대판 2007. 11. 16, 2005다71659,71666,
71673　　　　　　　　　　66
대판(전) 2007. 11. 16, 2005다
71659,71666,71673　　　74, 75
대판 2008. 1. 18, 2005다34711　140
대판 2009. 4. 23, 2008다95861　225
대판 2009. 5. 28, 2008다56392　237
대판 2010. 2. 25, 2009다58173　42
대판 2013. 10. 11, 2013다52622　290

사항색인

ㄱ

가액반환청구	99
강박	210
경정등기	155
공동대표	137
관습법	29, 31
구상권	132, 142
권리남용	40
권리능력	48, 106
권리능력 없는 사단	105
권한을 넘은 표현대리	237
규범적 해석	153

ㄷ

단순승인	229
대리권 소멸 후의 표현대리	236
대표권 남용	120
대표권 제한	136
대표권제한	109
동기의 착오	190, 202, 203
동시사망	53

ㅁ

명의신탁	217
무권대리	242
무권리자	252

ㅁ

물권적 청구권	293
물상보증인	283
미성년자	71
민법	33
민법 제35조 제1항	130

ㅂ

반사회질서 법률행위	161, 216, 290
법률행위의 일부 취소	202
법률행위의 해석	153
법인	116
법정대리인	89
법정추인	76
복대리	233
복대리인	235
부당해고	172
부재자	88
부재자 재산관리인	88
불공정한 법률행위	162, 215
불법원인급여	292
불법행위	214, 260, 296
불법행위책임	250
비법인사단	103

ㅅ

사기	192

사기에 의한 의사표시	260
사무집행	141
사용이익 반환	43
상계	62
상속권자	52
선이자	163
소멸시효	277
소멸시효 완성	278
소멸시효 이익의 포기	280
소멸시효의 효과	279
속임수	77
신용구매계약	63
신용카드이용계약	58
신의칙	62, 65
실효의 원칙	43, 174

ㅇ

연대보증인	281
외형이론	122
원물의 반환	197
원상회복	195
유동적 무효	264
이익의 반환	197
이중매매	287
이중효	217
이행책임	250
이혼사유	98
일상가사대리권	222
임의대리권	224
임의대리인	234

ㅈ

제3자의 채권침해	298
자연적 해석	153
재건축조합	106
재단법인	144
정지조건설	51
제한능력자	60
조합	105
종원	30, 32
종중	30, 33
중대한 과실	192
직무관련성	130
진의 아닌 의사표시	170

ㅊ

착오	154, 188
채권 회수행위	88
채권자대위권	296
채권자취소권	183, 299
채무보증행위	107
처분	61, 65, 74
처분행위	226, 252, 254
철회권	79, 247
초과이자	162
총유	108
최고권	247
추인	254
추인거절권	248
추인권	248

출연재산	144
취소권 행사	85

ㅌ

타인권리 매매	259
태아	48
토지거래허가	266
통정허위표시	179, 181

ㅍ

표현대리	222, 225, 233, 242
피한정후견인	82

ㅎ

하자	195
하자담보책임	199
한정승인	229
해약금	267
해제조건설	51
행위능력	139
현존이익	59
협력의무	268
확답촉구권	78
확정적 무효	269
확정적 유효	269

| 저자 소개 |

정 진 명

[약력]
- 충남대학교 법과대학 졸업
- 동 대학원 졸업(법학박사)
- 독일 뮌헨대학교 방문연구원
- 부산외국어대학교 교수 역임
- 사법시험 위원
- (현) 단국대학교 법과대학 교수

[주요 저서 및 논문]
- 「독일민법의 기초」(디터 메디쿠스 저), 법원사, 1999
- 「가상공간법 연구(1)」, 법원사, 2003
- 「물권법 사례연습」, 동방문화사, 2020
- 계약해제의 효과에 관한 연구 외 90여 편

민법총칙 사례연습[개정증보판]

지 은 이 / 정진명 초판 발행 / 2017. 3. 30.
펴 낸 이 / 조형근 개정증보판/ 2021. 10. 11
펴 낸 곳 / 도서출판 동방문화사
　　　　　서울시 서초구 방배로 16길 13. 지층
　　　　　전 화 : (02) 3473-7294
　　　　　팩 스 : (02) 587-7294
　　　　　메 일 : 34737294@hanmail.net
　　　　　등 록 : 서울 제22-1433호

파본은 바꿔 드립니다.　본서의 무단복제행위를 금합니다.
정 가 : 26,000원　　ISBN 979-11-89979-43-0　93360